GRAMMAR
BITE

이 책과 함께 미래를 디자인하는 나를 위해 응원의 한마디를 적어 보세요.

_____

_____

GRAMMAR BITE
SUM

CONCEPT
문법 개념 이해부터 내신 대비까지 완벽하게 끝내는
문법 필수 개념서

BOOK GRADE

구성
비율

개념
수준

문제
수준

문제
경향

WRITERS

미래엔콘텐츠연구회
No.1 Content를 개발하는 교육 전문 콘텐츠 연구회

PROOFREADER

Sam Woo

COPYRIGHT

인쇄일 2021년 12월 1일(2판4쇄)
발행일 2018년 9월 10일

펴낸이 신광수
펴낸곳 ㈜미래엔
등록번호 제16-67호

교육개발2실장 김용균
개발책임 이보현
개발 정규진, 한고운, 김은송, 정유진

개발기획실장 김효정
개발기획책임 이병욱

디자인실장 손현지
디자인책임 김기욱
디자인 장병진, 윤지혜

CS본부장 강윤구
CS지원책임 강승훈

ISBN 979-11-6233-741-7

GRAMMAR BITE SUM

Prologue

"흔들리지 않고 피는 꽃이 어디 있으랴"

활짝 핀 꽃은 사람들의 눈을 즐겁게 하고 기분을 좋게 합니다.
그런데 이 꽃은 처음부터 그렇게 환하게 우리에게 왔을까요?
그렇지 않습니다.
거친 땅을 뚫고 싹을 틔우고, 줄기를 세우고
비바람을 견뎌내고서야 드디어 화려한 꽃을 피웁니다.

영어공부도 마찬가지입니다.
하루아침에 우리말처럼 영어가 술술 나오지는 않으니까요.
영어 속담에 이런 말이 있습니다.
Little drops of water make the mighty ocean.
작은 물방울이 모여 거대한 바다를 이룬다는 말이지요.
영어 공부는 반복입니다.
어제 배운 것을 오늘 다시 잊어버리지 않게 반복하고,
오늘 배운 것은 내일 다시 또 한 번 더 보면서 익숙하게 내 것처럼 만들어야만 합니다.
이렇게 반복하다 보면 어느 순간, 화려한 꽃처럼
영어가 어렵지 않게, 술술 피어오르는 경험을 하게 될 것입니다.

영어 공부는 성실함과 꾸준함입니다.
오늘도 하루 학습 목표를 세우고, 목표한 바를 해내는 여러분이
결국 최후의 영어 승자가 될 것입니다.
GRAMMAR BITE가 여러분을 응원합니다.

What is SUM?

[sʌm] ⓝ 총합(總合), 전부

"영어 문법의 모든 것"이 들어 있어, 단 한권으로 끝낼 수 있는 영어 문법 종합서입니다.

핵심 문법 개념을 마스터하고, 문법 적용을 통해 수능 어법까지 체계적으로 준비할 수 있습니다.

1 문법 핵심 마스터

핵심 문법의 개념 이해는 영어 학습의 첫걸음이다.

일반적인 문법 문제는 핵심 문법 사항을 문장이나 지문에 적용시켜 알맞은 것을 고르거나 문장 구조를 파악하는 형태로 출제됩니다.

문법 학습 [핵심 문법 형태와 의미의 정확한 이해] → [연습문제를 통한 체계적인 문법 적용 훈련]

SUM 전략
- 시험에 잘 나오는 핵심 문법을 실용적인 예문들을 통해 효과적으로 학습해야 합니다.
- 단순한 문법 암기에 그치지 않고, 문장 구조 파악 및 독해에 적용할 수 있는 능력을 키워야 합니다.

미리보기 with a picture

대표 예문을 통해 핵심 문법 사항을 미리 맛보며 앞으로 어떤 내용을 학습하게 될지 감 잡을 수 있습니다.

체계적인 문법 설명

핵심 문법 사항을 예문과 함께 체계적이고 상세하게 설명하고 있습니다. 해당 문법 사항에 대해 알아야 할 모든 내용을 구석구석 파헤쳐 한 눈에 볼 수 있게 정리하여 효율적인 학습을 할 수 있습니다.

Exercise

앞에서 배운 문법 사항을 바로 점검하고 연습할 수 있습니다. 간단하고, 기본적인 형태이지만 핵심적인 문장들로 구성하여 학습 이해도를 확인할 수 있습니다.

Grammar Practice

Exercise에서 확인한 문법 사항들을 좀 더 실질적인 문제들을 통해 훈련할 수 있는 문법 적용 단계입니다. 다양한 문제들을 통해 학습한 문법 내용을 적용할 수 있습니다.

2 수능 어법 스타트

수능 어법 유형은 이렇게 출제된다.

기본적인 핵심 문법 사항들을 독해 지문 속에서 이해하고 있는지를 묻습니다. 앞뒤 문맥의 흐름을 파악하고 글을 이해하는 데 꼭 필요한 문법 항목을 적절히 사용했는지를 묻는 어법 문제가 1~2개 출제되고 있습니다.

어법 학습 1. 둘 중 어법에 알맞은 것 고르기   2. 밑줄 친 부분 중 어법상 틀린 것 고르기

SUM 전략
• 수능 어법에 자주 출제되는 핵심 문법 사항들을 출제 포인트별로 미리 학습해 두어야 합니다.
• 전체 독해 지문을 다 읽을 필요 없이 핵심 문법이 포함된 문장만을 읽고 적용시켜 봅니다.
• 핵심 문법 사항 및 문장 구조를 파악하며 전체 지문을 이해하도록 합니다.

수능 FOCUS

수능 어법 경향을 문법 포인트별로 짚어 출제 의도를 파악할 수 있는 가이드와 문제 풀이 전략을 제시한 후, 기출 어법 문제 중 해당 문법이 출제된 문장을 발췌하여 수능 어법 유형으로 문제를 구성했습니다. 수능에서 꼭 알아야 할 핵심 문법을 학습할 뿐만 아니라 수능 어법 문제에 대한 적응력도 기를 수 있습니다.

Let's Do It!

학습한 내용을 수능 어법 유형에 적용하는 최종 단계로, 기출문제를 실전처럼 풀어볼 수 있게 구성하였습니다. 기출 어법 문제를 통해 핵심 문법을 정리하고 수능 독해로 이어질 수 있는 체계적인 수능 준비가 가능합니다.

Real Test

총괄 평가 개념으로 챕터별 수능 FOCUS에서 학습한 기출 어법 핵심 포인트를 다시한번 복습할 수 있습니다. 기출 어법 문제를 통해 수능에 대한 실전 감각을 기를 수 있습니다.

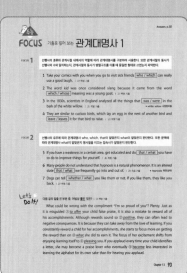

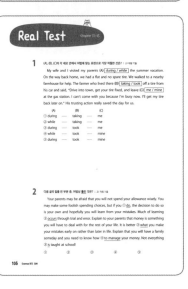

GRAMMAR BITE SUM
Contents

Chapter 01 기본시제	01-1 현재시제	6
	01-2 과거시제 / 미래시제	
	01-3 진행형	
	01-4 시제의 일치	

Chapter 02 완료시제	02-1 현재완료	12
	02-2 과거완료 / 미래완료	
	02-3 주의해야 할 완료시제	

Chapter 03 조동사 1	03-1 can / could, may / might, will / would	18
	03-2 must, have to, should / ought to	
	03-3 had better, need, used to	

Chapter 04 조동사 2	04-1 조동사 + have + p.p.	24
	04-2 should의 특별 용법	
	04-3 조동사의 관용적 표현	

Chapter 05 동사의 종류	05-1 1형식 / 2형식 / 3형식 동사	30
	05-2 4형식 동사	
	05-3 5형식 동사	

| Real Test | Chapter 01~05 | 36 |

Chapter 06 수동태	06-1 수동태의 쓰임	40
	06-2 4형식 / 5형식의 수동태	
	06-3 by 이외의 전치사를 쓰는 수동태	
	06-4 주의해야 할 수동태	

Chapter 07 to부정사 1	07-1 명사적 용법	46
	07-2 형용사적 용법	
	07-3 부사적 용법	
	07-4 too ~ to / enough to	

Chapter 08 to부정사 2	08-1 to부정사의 의미상 주어	52
	08-2 to부정사의 시제와 수동태	
	08-3 원형부정사	
	08-4 to부정사의 관용 표현	

Chapter 09 동명사	09-1 동명사의 쓰임	58
	09-2 동명사 vs. to부정사	
	09-3 자주 쓰이는 동명사 표현	
	09-4 동명사의 여러 가지 형태	

Chapter 10 분사	10-1 형용사 역할을 하는 분사	64
	10-2 분사구문의 의미	
	10-3 주의해야 할 분사구문	

| Real Test | Chapter 06~10 | 70 |

Chapter 11 접속사 1	11-1	등위접속사	76
	11-2	상관접속사	
	11-3	병렬구조	
	11-4	명사절을 이끄는 접속사와 간접의문문	
Chapter 12 접속사 2	12-1	시간 / 조건의 부사절	82
	12-2	이유 / 대조의 부사절	
	12-3	접속사 vs. 전치사(구)	
Chapter 13 관계대명사 1	13-1	관계대명사 who, which	88
	13-2	관계대명사 that	
	13-3	관계대명사 what	
Chapter 14 관계대명사 2	14-1	접속사 that vs. 관계대명사 that	94
	14-2	전치사 + 관계대명사	
	14-3	관계대명사의 계속적 용법	
Chapter 15 관계부사	15-1	관계부사 where, when, why, how	100
	15-2	주의해야 할 관계부사	
	15-3	복합관계사	
Real Test	Chapter 11~15		106
Chapter 16 명사와 대명사	16-1	대명사 it의 쓰임	110
	16-2	부정대명사 one / other / another	
	16-3	재귀대명사	
	16-4	수 일치	
Chapter 17 형용사와 부사	17-1	형용사 vs. 부사	116
	17-2	주의해야 할 형용사	
	17-3	주의해야 할 부사	
Chapter 18 비교 구문	18-1	원급 구문	122
	18-2	비교급 구문	
	18-3	최상급 구문	
	18-4	주의해야 할 비교 구문	
Chapter 19 가정법	19-1	가정법 과거 / 가정법 과거완료	128
	19-2	wish / as if + 가정법	
	19-3	주의해야 할 가정법 구문	
Chapter 20 기타 구문	20-1	도치	134
	20-2	강조	
	20-3	생략 / 동격	
Real Test	Chapter 16~20		140

Chapter 01 기본시제

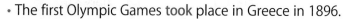

- The first Olympic Games **took** place in Greece in 1896.
- The Olympics **takes** place every four years.

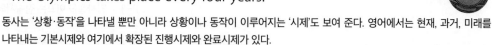

동사는 '상황·동작'을 나타낼 뿐만 아니라 상황이나 동작이 이루어지는 '시제'도 보여 준다. 영어에서는 현재, 과거, 미래를 나타내는 기본시제와 여기에서 확장된 진행시제와 완료시제가 있다.

01-1 현재시제 현재시제는 기본적으로 현재의 상황이나 동작을 의미하지만, 경우에 따라서는 미래의 뜻을 나타내기도 한다.

1 현재시제의 쓰임

❶ You **look** very tired today. What's up? 〈현재의 상황〉

❷ I often **bite** my fingernails when I'm nervous. 〈습관〉

❸ Honesty **is** the best policy. 〈속담/격언〉

❹ Water **boils** at 100 degrees Celsius and **becomes** vapor. 〈일반적 사실〉

　　cf. I <u>learned</u> that the sum of all the angles in a triangle **is** 180 degrees.
　　　 과거시제　　　　　　　　　　　　　　　　　　　　　　　　　　　　　　　→ was (×)

　　　▶ that절의 내용이 일반적 사실이므로 주절의 시제와 상관없이 현재시제를 쓴다.

2 현재시제가 미래를 나타내는 경우

❶ Midterm exams **start** next Monday. 〈가까운 미래에 정해진 일〉

❷ The train for Daejeon **leaves** in thirty minutes. 〈go류의 동사〉

　　▶ go, come, start, begin, leave, arrive 등의 오고 가고, 출발하고 도착하는 의미를 가진 동사는 현재시제로 미래의 의미를 나타낼 수 있는데, 시간표나 일정표와 같이 확실히 정해진 일인 경우에 주로 쓰인다.

❸ I'll have dinner with my parents when they **come** home. 〈시간 / 조건의 부사절에서의 미래 표현〉
　　　　　　　　　　　　　　　　　　　　　　　　　　　　　　 will come (×)

• 최초의 올림픽 경기는 1896년에 그리스에서 개최되었다. • 올림픽은 4년마다 열린다. **1** ❶ 너는 오늘 매우 피곤해 보여. 무슨 일이니? ❷ 나는 긴장하면 종종 손톱을 물어뜯는다. ❸ 정직이 최선의 방책이다. ❹ 물은 섭씨 100도에서 끓어서 수증기가 된다. cf. 나는 삼각형에서의 모든 각의 합이 180도라는 것을 배웠다. **2** ❶ 중간고사는 다음 주 월요일에 시작된다. ❷ 대전행 기차는 30분 후에 출발한다. ❸ 나는 부모님이 집에 오시면 그분들과 함께 저녁을 먹을 것이다.

Exercise **A** 괄호 안의 동사를 알맞은 형태로 쓰시오.

1 People say the early bird ＿＿＿＿＿＿(catch) the worm.

2 Light ＿＿＿＿＿＿(travel) almost 300,000 kilometers per second.

3 He said that he ＿＿＿＿＿＿(walk) to school every morning.

4 We will not go on the field trip if it ＿＿＿＿＿＿(rain).

B 밑줄 친 동사가 실제로 나타내는 때를 고르시오.

1 The next movie <u>begins</u> at 5 p.m. 　　　　　　(현재 / 미래)

2 She <u>seems</u> to know something about it. 　　　　(현재 / 미래)

3 What are you going to do if it <u>snows</u> on Christmas Day? 　(현재 / 미래)

01-2 과거시제/미래시제 과거에 이미 지나간 일을 나타낼 때는 동사의 과거형으로 과거시제를 나타낸다. 미래를 나타내는 will과 be going to를 사용하여 미래시제를 나타낸다.

1 과거시제의 쓰임
❶ Her family **moved** to another city a few years ago. 〈과거의 상황〉
❷ I **knew** that World War II **broke out** in 1939. 〈역사적 사실〉
had broken out (×)

2 미래시제의 쓰임
❶ Don't worry. You **will do** a lot better the next time. 〈will+동사원형〉
❷ My teacher **is going to have** a baby next month. 〈be going to+동사원형〉
▶ will과 be going to는 둘 다 미래를 표현하지만 will은 '(막연히) ~할 것이다'라는 의미로 주어의 의지를 나타내거나 미리 계획하지 않고 즉흥적으로 미래의 일을 표현할 때 쓰는 반면, be going to는 가까운 미래에 행할 일이나 구체적인 계획이 있는 일을 나타낸다.

---

1 ❶ 그녀의 가족은 몇 년 전에 다른 도시로 이사 갔다. ❷ 나는 2차 세계대전이 1939년에 일어났다는 것을 알고 있었다. 2 ❶ 걱정하지 마. 넌 다음 번에 훨씬 더 잘할 거야. ❷ 우리 선생님은 다음 달에 아기를 낳을 예정이다.

Exercise 괄호 안에서 알맞은 것을 고르시오.

1 Danny (do / did) a lot of work yesterday.

2 Bombay (changed / will change) its name to Mumbai in 1995.

3 We (invited / are going to invite) you to the party next month.

01-3 진행형 진행 중인 동작을 나타낼 때 「be동사+-ing」 형태의 진행형을 쓰며, be동사의 시제로 진행 중인 때를 나타낸다.

1 기본 형태: 「be동사+-ing」
❶ The number of obese children **is increasing** in Korea. 〈현재진행형: 「am/is/are+-ing」〉
❷ He **was sleeping** when I entered his room. 〈과거진행형: 「was/were+-ing」〉
❸ I **will be traveling** by the time you return. 〈미래진행형: 「will be+-ing」〉

2 현재진행형이 가까운 미래를 나타내는 경우
· I **am leaving** for Sokcho next week.   · He **is coming** back from a trip tomorrow.
▶ 가까운 미래에 하기로 계획된 일은 진행형으로 미래시제를 나타낼 수 있으며, 이때 미래를 표현하는 부사가 자주 함께 쓰인다.

3 진행형을 쓸 수 없는 동사: resemble, have, know, believe, belong to, forget, remember, like, hate, need, prefer, realize, understand, seem ...
· An avocado **resembles** a pear in shape.   · Mozart **had** an amazing talent for music.
is resembling (×)   was having (×)
▶ 동작을 나타내는 동사만 진행형이 가능하고, 상태를 나타내는 동사는 진행형으로 쓸 수 없다.
   cf. I **was having** lunch with Jessica when you called me.
   ▶ have가 '가지고 있다'의 의미가 아니라 '먹다, (시간을) 보내다'의 의미로 쓰인 경우에는 진행형이 가능하다.

---

1 ❶ 비만 어린이의 수가 한국에서 증가하고 있다. ❷ 내가 그의 방에 들어갔을 때, 그는 자고 있었다. ❸ 네가 돌아올 때까지는 나는 여행 중일 것이다. 2 나는 다음 주에 속초로 떠날 것이다. / 그는 내일 여행에서 돌아올 것이다. 3 아보카도는 모양이 배와 닮았다. / 모차르트는 음악에 놀라운 재능을 가지고 있었다. *cf.* 네가 나에게 전화했을 때, 나는 Jessica와 점심을 먹고 있었다.

Exercise 밑줄 친 부분이 어법상 맞으면 ○, 틀리면 ×표 하고 바르게 고치시오.

1 Take an umbrella. It <u>is raining</u> hard.

2 The book on the table <u>is belonging</u> to me.

3 Time passes quickly when you <u>are having</u> a good time.

4 <u>I'm knowing</u> that reading books is important.

01-4 시제의 일치

주절과 종속절로 이루어진 복문에서 종속절의 시제를 주절 동사의 시제에 맞추는 것을 시제 일치라고 한다. 시제를 일치시켜 시간 관계가 논리적으로 맞게 하는 것이 원칙이나 예외의 경우도 있으니 주의해야 한다.

1 주절의 시제가 현재, 미래, 현재완료일 때 → 종속절에 모든 시제가 가능

I **think** (that) he **was** a great poet.
〈주절 – 현재〉　　　　　〈종속절 – 과거〉

2 주절의 시제가 과거일 때 → 종속절에 과거, 과거완료, 과거진행형이 가능

She **knew** that Jane **would** be sick.
〈주절 – 과거〉　　　　〈종속절 – 과거〉

3 시제 일치의 예외

① 불변의 진리나 일반적 사실, 현재의 습관, 속담 / 격언은 항상 현재시제로 표현

I **knew** that the sun **sets** in the west. 〈일반적 사실〉

② 역사적 사실이나 과거의 사건임이 분명한 경우는 항상 과거시제로 표현

He **will learn** that the Korean War **broke** out in 1950. 〈역사적 사실〉

③ 시간 / 조건의 부사절에서 미래를 현재시제로 표현 |참조| 12-1 시간/조건의 부사절 (p. 82)

If it **is** fine tomorrow, we're going on a picnic. 〈조건의 부사절에서의 미래 표현〉

---

1 나는 그가 훌륭한 시인이었다고 생각한다.　**2** 그녀는 Jane이 아플 것을 알고 있었다.　**3** ① 나는 해가 서쪽으로 진다는 것을 알고 있었다.　② 그는 한국전쟁이 1950년에 일어났다는 것을 배울 것이다.　③ 내일 날씨가 좋으면, 우리는 소풍을 갈 것이다.

Exercise 밑줄 친 부분을 어법에 맞게 고치시오.

1 She told me that the Earth <u>moved</u> round the sun.

2 You will learn that Columbus <u>discovers</u> America in 1492.

3 I lost my watch that I <u>bought</u> the day before.

4 Didn't you know the proverb that there <u>was</u> a time for everything?

5 When she <u>will come</u> tomorrow, I'll tell her about it.

Grammar Practice

Answers p.2

A 괄호 안의 동사를 알맞은 형태로 바꿔 쓰시오.

1 Water _____(consist) of hydrogen and oxygen.

2 According to the weather forecast, it _____(be) sunny tomorrow.

3 Even though he _____(die) a long time ago, we still _____(remember) him.

4 When I _____(get) up tomorrow morning, my mother will be preparing breakfast.

> consist of ~로 구성되다
> hydrogen 수소
> oxygen 산소
> according to ~에 따르면
> forecast 예측(하다), 예보(하다)
> even though 비록 ~이더라도

B 밑줄 친 부분을 어법에 맞게 고치시오.

1 From now on, I <u>rode</u> a bike more often for my health.

2 Our school <u>is having</u> a history of seventy years.

3 When we went for a walk in the park, a cool breeze <u>is blowing</u>.

4 He <u>has</u> a terrible experience yesterday. If you <u>will hear</u> about it, you won't believe it.

> from now on 지금부터
> breeze 산들바람, 미풍
> blow 불다
> terrible 끔찍한

C 우리말과 일치하도록 괄호 안의 단어들을 이용하여 문장을 완성하시오.

1 몇몇 손님들은 일찍 도착할 것이다. (arrive)
→ Some guests _____ _____ _____ _____ early.

2 그는 내가 샤워하고 있는 동안에 전화를 했다. (call, take)
→ He _____ me while I _____ _____ a shower.

3 나는 그때 점심으로 빵과 우유를 먹고 있었다. (have)
→ I _____ _____ bread and milk for lunch then.

4 우리는 1997년에 영국이 홍콩을 중국에 반환했다고 배웠다. (learn, return)
→ We _____ that the United Kingdom _____ Hong Kong to China in 1997.

> guest 손님
> take a shower 샤워하다
> for lunch 점심식사로
> return 반환하다, 돌려주다

D

밑줄 친 부분이 어법상 맞으면 ○, 틀리면 ×표 하고 바르게 고치시오.

1 I didn't know that whales <u>were</u> mammals.

2 If you <u>have</u> any questions, please raise your hand.

3 A: What are you doing tonight?
B: I <u>watch</u> a movie with Brandon.

4 Please keep quiet. The baby <u>was sleeping</u> in the room now.

whale 고래
mammal 포유류
raise 들어 올리다
quiet 조용한

E

어법상 <u>틀린</u> 부분을 찾아 바르게 고치시오.

1 A study found that women's blood pressure will rise less than men's in response to a stressor.

2 When you will develop a reputation for always telling the truth, you will enjoy strong relationships based on trust.

3 Storing medications correctly is very important because many drugs will become ineffective if they will not be stored properly.

blood pressure 혈압
in response to ~에 반응하여
stressor 스트레스 요인
develop 얻다
reputation 평판
relationship 관계
trust 믿음
medication 약
ineffective 효과 없는
properly 적절하게

서술형 F

[보기] 중의 단어를 한 번씩 활용하고 시제에 유의하여 주어진 글을 완성하시오.

{ 보기 }
decrease   be   have

Several studies have found that pet owners (1) _____ lower levels of stress. Pets can be a plus in the workplace. A study found that in the course of workday, stress levels (2) _____ for workers who brought in their dogs. The differences in stress between days the dog was present and absent (3) _____ significant. The employees had a higher job satisfaction than industry norms.

decrease 감소하다
workplace 근무지, 일터
workday 근무일, 근무시간
significant 상당한, 중요한
satisfaction 만족(감)
industry 산업, 업계
norm 표준

FOCUS 기출로 짚어 보는 기본시제

FOCUS 1 현재, 과거, 미래를 나타내는 부사구에 주의하여 문맥에 알맞은 시제가 쓰였는지 파악한다.

1 The Art Institute of INC [host / is hosting] the "2017 Korean Dish Competition" next week. | 고1 학평 기출 응용

2 In the summer of 2001, he [visited / has visited] Asan, Korea, to participate in a house-building project. | 수능 기출

3 Those who give small amounts to many charities are not so interested in whether what they are [doing / do] helps others. 고1 학평 기출

FOCUS 2 여러 절로 이루어진 복합 문장일 경우 절끼리의 시제 일치가 기본 원칙이고 병렬구조를 이루는 동사의 시제도 일치시켜야 한다. 단, 시간/조건의 부사절에서 시제 일치를 하지 않는 것에 주의해야 한다.

4 Stephen Austin felt that Texas [has / had] to become a safer place. | 고1 학평 기출

5 Touring caravans are mobile homes which are connected to the back of your family car and [tow / towed] to where you want to go. | 고1 학평 기출

6 If a developed country [gives / will give] food to poor countries, their local farmers will find it difficult to produce food to sell. | 고1 학평 기출 응용

Let's Do It!

다음 글의 밑줄 친 부분 중, 어법상 틀린 것은? | 고1 학평 기출

Native people create legends to explain unusual events in their environment. A legend from the Hawaiian island of Kauai explains ①how the naupaka flower got its unusual shape. The flower looks like half a small daisy. The legend says that the marriage of two young lovers on the island ②was opposed by both sets of parents. The parents found the couple together on a beach one day, and ③to prevent them from being together, one of the families moved to the mountains, separating the young couple forever. As a result, the naupaka flower was separated into two halves; one half moved to the mountains, and the other half ④staying near the beach. This story is a good example of a legend ⑤which native people invented to make sense of the world around them.

02 완료시제

- How long **have** you **played** the piano?
- **I've played** the piano for ten years.

완료시제는 현재, 과거, 미래의 어느 한 시점에 국한된 것이 아니라, 그 이전 시점부터 그 시점까지의 기간 동안 일어난 일을 표현한다.

02-1 현재완료
현재완료시제는 과거의 어느 시점부터 현재 시점까지 걸쳐 이루어진 행동이나 상황을 나타내며, 「have (has)+과거분사」 형태로 쓴다.

1 현재완료의 개념
- I <u>lost</u> my cellphone. I <u>don't have</u> my cellphone.
  <small>과거   현재</small>
- → I **have lost** my cellphone.
  <small>현재완료 → '(과거에) 휴대전화를 잃어버려서 (현재) 그것을 가지고 있지 않다'는 의미를 나타냄</small>
- ▶ 우리말에는 과거시제와 현재시제만 있는 반면, 영어에는 과거와 현재를 잇는 현재완료시제가 있다. 과거의 일이 현재까지 영향을 미치면서, 현재에 초점이 맞추어진 표현이다.

2 현재완료의 쓰임 : 「have(has)+과거분사」
❶ 완료: I **have** *just* **finished** cleaning the house.

❷ 경험: **Have** you *ever* **seen** such a beautiful view?

❸ 계속: I'**ve known** him *since* my childhood.

❹ 결과: Would you like some more?
　　　　— I'**ve had** enough.

※ 현재완료시제와 함께 쓰이는 부사

> - 완료: just(막, 방금), already(이미, 벌써), yet(아직, 여전히)
> - 경험: ever(한 번이라도), never(결코 ~ 아닌), before(~ 전에), once(한 번), twice(두 번) …
> - 계속: for(~ 동안), since(~ 이래로)

3 〈have been to〉 vs. 〈have gone to〉
❶ I **have been to** Japan, the U.S., and Canada. 〈경험〉
❷ He's not here. He **has gone to** London. 〈결과〉
　　▶ have been to는 '~에 갔다 온 적이 있다'는 '경험'의 의미를 나타내고, have gone to는 '~으로 가 버렸다 (그래서 지금 여기에 없다)'는 '결과'의 의미로 나타낸다.

· 피아노를 얼마나 오랫동안 쳤니? · 나는 10년 동안 피아노를 쳤어.　**1** 나는 내 휴대전화를 잃어버렸다. 나는 내 휴대전화를 가지고 있지 않다. → 나는 내 휴대전화를 잃어버렸다.　**2** ❶ 나는 막 집 청소를 끝냈다. ❷ 그렇게 아름다운 풍경을 한 번이라도 본 적이 있니? ❸ 나는 어린 시절부터 그를 알고 지내 왔다. ❹ 좀 더 드시겠어요? — 충분히 먹었습니다. (배부릅니다.)　**3** ❶ 나는 일본, 미국, 캐나다에 간 적이 있다. ❷ 그는 여기에 없다. 그는 런던으로 가 버렸다.

Exercise 현재완료를 이용하여 우리말과 일치하도록 빈칸에 알맞은 말을 쓰시오.

1 나의 가족은 서울에서 5년 동안 살아 왔다.

→ My family _____ in Seoul for 5 years.

2 나는 그를 배웅하러 그 역에 간 적이 있다.

→ I _____ the station to see him off.

3 그들은 아직 여기에 도착하지 않았다.

→ They _____ here yet.

4 나의 오빠는 여기에 없다. 그는 음악을 공부하러 뉴욕에 갔다.

→ My brother is not here. He _____ New York to study music.

02-2 과거완료 / 미래완료

과거완료시제는 과거 이전의 어느 시점부터 과거 시점까지의 상황을 표현하며, 「had+과거분사」 형태로 쓴다. 미래완료시제는 미래 이전의 어느 시점부터 미래 시점까지의 상황을 나타내며, 「will have+과거분사」 형태로 쓴다.

1 과거완료의 쓰임 : 「had+과거분사」

❶ 완료: When I arrived at the station, the train **had** already **left**.

❷ 경험: I **had** never **been** abroad before I became a college student.

❸ 계속: My grandfather passed away after he **had been** sick in bed for years.

❹ 결과: My father **had gone** to Japan when I was born.

cf. I **lost** the watch that my parents **had given** me for my birthday. 〈대과거〉
　　　　과거　　　　　　　　　　　　　　　　대과거 (→ 시계를 잃어버린 것보다 먼저 일어난 일)
▶ 「had+과거분사」는 과거에 발생한 두 가지 일 중에 먼저 일어난 일을 나타낼 때도 쓰이는데, 이를 '대과거'라 한다.

2 미래완료의 쓰임 : 「will have+과거분사」

❶ 완료: I **will have finished** my homework by the time you come back.

❷ 경험: If I see this movie again, I **will have seen** it five times.

❸ 계속: I **will have stayed** here for three weeks by tomorrow.

❹ 결과: I **will have gone** home when you come back.

---

1 ❶ 내가 역에 도착했을 때, 기차가 이미 떠나 버린 상태였다. ❷ 나는 대학생이 되기 전에는 해외에 가 본 적이 없었다. ❸ 나의 할아버지는 수년간 병석에 누워 계시다가 돌아가셨다. ❹ 나의 아버지는 내가 태어났을 때 일본에 가고 없으셨다. *cf.* 나는 부모님이 내 생일날 내게 주신 시계를 잃어버렸다.　2 ❶ 나는 네가 돌아올 때까지는 숙제를 끝냈을 것이다. ❷ 내가 이 영화를 또 보면, 그것을 다섯 번 보는 셈이 된다. ❸ 내일이면 나는 여기에 3주간 머문 셈이 된다. ❹ 네가 돌아올 때면 나는 집에 가고 없을 것이다.

Exercise 괄호 안의 동사를 알맞은 형태로 바꿔 쓰시오.

1 I recognized him at once as I _____ (see) him before.

2 Ken _____ (be) to Seoul twice before he lived there.

3 If I read the book once more, I _____ (read) it three times.

4 By the time I finish the work, Tim _____ (arrive).

5 Eric _____ (live) in New York for two years before he went back to London.

1 완료진행형 :「have/has/had+been+현재분사」

❶ How long **have** you **been learning** English?

— I**'ve been learning** English for six years.
현재완료(have learned)+진행형(be learning) → 현재완료진행형

❷ He **had been working** for the company for ten years.
과거완료(had worked)+진행형(be working) → 과거완료진행형

2 완료수동태 :「have/has/had+been+과거분사」

❶ The book **has been read** by many people for many years.
현재완료(has read)+수동태(be read) → 현재완료수동태

❷ The project **will have been completed** by next year.
미래완료(will have completed)+수동태(be completed) → 미래완료수동태

3 과거시제 vs. 현재완료시제

· I**'ve been** to China *two years ago*. (×)

→ I **visited** China *two years ago*. (○)

· *When* **have** you **left** your hometown? (×)

→ *When* **did** you **leave** your hometown? (○)

▶ 현재완료시제는 과거부터 현재까지 이어진 상황을 표현하기 때문에 과거의 한 시점을 나타내는 부사구와는 함께 쓸 수 없다.

※ 과거 부사(구): ago, yesterday, then, last+명사, in+연도, when+과거시제 …

1 ❶ 당신은 얼마나 오랫동안 영어를 배워오고 있나요? — 저는 6년 동안 영어를 배워오고 있어요. ❷ 그는 그 회사에서 10년 동안 일해 오고 있었다. 2 ❶ 그 책은 수년 동안 많은 사람들에게 읽혀 왔다. ❷ 그 프로젝트는 내년까지는 완료될 것이다. 3 나는 2년 전에 중국을 방문했다. / 당신은 언제 고향을 떠났나요?

Exercise 괄호 안에서 알맞은 것을 고르시오.

1 It (has been rained / has been raining) hard for three days.

2 A new farming method (has been tested / has been testing) for growing crops rapidly.

3 The truck was full of dust. It (hadn't been using / hadn't been used) for months.

4 I don't want to see this movie. I (saw / have seen) it last week.

5 When we came to the museum, it (had been closed / had been closing).

6 The Great Wall of China (became / has become) a World Heritage Site in 1987.

7 Scientists (discovered / have discovered) a hole in the ozone layer over Antarctica in the 1980's.

Grammar Practice

Answers p.4

A 밑줄 친 완료시제의 의미가 경험, 완료, 계속 중 어디에 해당되는지 쓰시오.

1 They have just completed the research. _____

2 We have known each other for a long time. _____

3 How long have you been in Korea? _____

4 I had been to Busan on vacation many times. _____

5 I will have finished the work when you come next Monday.

_____

complete 완료하다
research 연구, 조사

B 빈칸에 알맞은 말을 [보기]에서 골라 알맞은 형태로 바꿔 쓰시오.

┌─[보기]──────────────────────────────┐
│ be   go   break into   leave │
└──────────────────────────────────────┘

1 Sora _____ to Paris with her family two years ago.

2 Sam and I _____ good friends since we met.

3 By the time he has breakfast, the school bus _____.

4 When I got home last night, I realized someone _____ my house.

break into ~에 침입하다
graduate from ~를 졸업하다
project 과제, 연구 프로젝트

C 우리말과 일치하도록 괄호 안의 단어들을 이용하여 문장을 완성하시오.

1 나는 그렇게 아름다운 석양을 본 적이 없다. (see)

→ I _____ such a beautiful sunset.

2 나는 지갑을 사무실에 두고 왔다는 것을 알았다. (leave, wallet)

→ I found that I _____ in the office.

3 당신을 너무 오랫동안 기다리게 해서 미안합니다. (keep, wait)

→ I'm sorry to _____ so long.

4 에베레스트 산은 수천 명의 사람들에 의해 등반되어 왔다. (climb)

→ Mount Everest _____ by thousands of people.

sunset 일몰, 석양 (↔ sunrise)
thousands of 수천의

D 대화의 빈칸에 알맞은 말을 쓰시오.

1 A: How long have you been working for this company?

B: I _____ for it _____ twelve years.

2 A: Have you ever been to Europe?

B: No, I _____ there.

3 A: Why don't you watch this movie?

B: I'm sorry. I _____ already _____ it.

4 A: Where is Fred now?

B: He isn't here at the moment. He _____ to China.

at the moment 지금

E 밑줄 친 부분을 어법에 맞게 고치시오.

1 I <u>was</u> on radio since three years ago, but this is my first time on television.

2 We were less surprised on the second occasion than we <u>were</u> on the first.

3 In the past, eye charts <u>have used</u> to check people's eyesight. But these days a new device is being used instead.

4 After graduating from university, he <u>has joined</u> the Toei Animation Company in 1963.

occasion 경우, 기회
eye chart 시력 검사표
device 장치, 기구

서술형 F 다음 글의 밑줄 친 부분 중 어법상 **틀린** 것을 **모두** 찾아 바르게 고치시오.

At that time, a man named Lu Sheng ① <u>has volunteered</u> to bring Emperor Qin Shi Huang the elixir of life. Overjoyed, the emperor ② <u>gave</u> him a lot of gold and silver for his trip. Several months later he returned, saying that he ③ <u>had gone</u> to a fairyland and seen those who had the elixir. He said that they ④ <u>had refused</u> to give it, but had given him a secret book instead. ＊elixir of life 불로장생의 약

overjoyed 매우 기뻐하는
fairyland 무릉도원, 요정의 나라

FOCUS 기출로 짚어 보는 완료시제

FOCUS 1

현재완료시제와 함께 자주 쓰이는 부사(구)가 있는지 확인하되, 전체 문맥을 통해 적절한 시제를 고른다. 명확한 과거를 나타내는 부사구와 현재완료시제는 함께 쓰이지 않는다.

1 Students at Wilson High School are very proud of all that they learned / have learned since the beginning of this year. | 고2 학평 기출

2 Former U.S. President Jimmy Carter, who promotes Habitat for Humanity, has toured various countries in / since 1994. | 수능 기출

FOCUS 2

문장 안에 절이 있는 복합문에서 과거시제를 기준으로 더 이전의 일(대과거)을 나타낼 때는 과거완료시제로 쓴다.

3 Yesterday he heard that he had / was passed the test after all. | 고1 학평 기출

4 Later, the police realized that they have made / had made a terrible mistake. | 고1 학평 기출

FOCUS 3

완료진행형과 완료수동태의 경우, 문맥을 통해 have/has/had been 다음에 현재분사가 와야 하는지 과거분사가 와야 하는지 판단한다.

5 Advertising dollars have simply been followed / following the migration trail across to these new technologies. | 수능 기출

6 When the men who had been trained / training by him were sent into service, even immoral rulers valued their honesty. | 고1 학평 기출

Let's Do It!

다음 글의 밑줄 친 부분 중, 어법상 틀린 것은? | 고1 학평 기출

Alfred Chandler was Professor of Business History in the Graduate School of Business Administration, Harvard University. He was an economic historian ① whose work has centered on the study of business history and, in particular, administration. He long ② argued that this is a much neglected area in the study of recent history. His studies of big business ③ have been carried out with grants from a number of sources including the Alfred P. Sloan Foundation. His work ④ has been internationally recognizing, his book *The Visible Hand* being awarded the Pulitzer Prize for History and the Bancroft Prize. Chandler ⑤ taught at a variety of universities in the US and Europe.

Chapter 03 조동사 I

• Can I come in?
— Yes, you may.

조동사는 본동사를 도와서 '가능, 추측, 허가, 의무, 필요, 미래' 등의 부가적인 의미를 나타내는 것으로, 본동사 앞에 위치하며 본동사는 동사원형이 된다. 조동사는 주어의 수와 인칭에 관계없이 같은 형태를 쓴다.

03-1 can/could, may/might, will/would
일반적으로 can은 '능력, 허가', may는 '허가, 추측', will은 '미래시제, 주어의 의지'를 나타낸다.

1 can/could

❶ 가능: Hyenas **can** survive for several days without water. (~할 수 있다)

❷ 능력: There is a saying that money **can't** buy happiness. (~할 수 있다)
> ▶ can이 능력의 의미를 나타낼 때는 be able to로 바꿔 쓸 수 있다.

❸ 허가: **Can** I borrow your scissors for a second? (~해도 좋다)

❹ 추측: **Can** it be true? (과연 ~일까?)
     — It **cannot** be true. (~일리가 없다)

❺ 공손한 표현: **Could** you recommend a good restaurant around here? (~해 주시겠어요?)
> ▶ could는 can의 과거형으로 쓰일 뿐만 아니라, 시제와 상관없이 공손한 표현을 나타내기도 한다.

2 may/might

❶ 허가: **May** I take the day off tomorrow? (~해도 좋다)
> ▶ can과 may는 모두 허가를 구할 때 쓸 수 있지만, may가 can보다 좀 더 정중한 표현이다.

❷ 추측: We **may** be just a little late for the movie. (~일지도 모른다)
     He **might not** come because he is busy.
> ▶ might는 may보다 일어날 가능성이 더 적음을 나타낸다.

3 will/would

❶ 미래시제: My car **won't** start. (~일 것이다)

❷ 주어의 의지: I **will** give you a call tonight. (~할 것이다)

❸ 공손한 표현: **Would** you do me a favor? (~해 주시겠어요?)
> ▶ would 역시 will의 과거형으로 쓰일 뿐만 아니라 will보다 공손한 표현을 나타내기도 한다.

• 들어가도 되나요? — 네, 그렇게 하세요. **1** ❶ 하이에나는 물 없이도 여러 날 동안 생존할 수 있다. ❷ 돈은 행복을 살 수 없다는 속담이 있다. ❸ 잠깐 네 가위 좀 빌려도 되겠니? ❹ 그것이 사실일까? — 그것은 사실일 리가 없다. ❺ 이 근처에 좋은 식당을 좀 추천해 주시겠어요? **2** ❶ 제가 내일 하루 쉬어도 되나요? ❷ 우리는 영화 시간에 조금 늦을지도 모른다. / 그는 바빠서 안 올지도 모른다. **3** ❶ 내 차는 시동이 걸리지 않을 것이다. ❷ 오늘 밤에 너에게 전화할게. ❸ 부탁 하나 들어 주시겠어요?

Exercise 밑줄 친 부분에 유의하여 다음 문장을 우리말로 해석하시오.

1 In Korea, people <u>can</u> vote from the age of 19.

2 It <u>may</u> or <u>may not</u> be true.

3 <u>May</u> I see your ID card?

4 My dog <u>would</u> not eat anything.

5 <u>Could</u> you bring me a glass of water?

03-2 must, have to, should/ought to

must, have to, should/ought to는 모두 '~해야 한다'는 필요나 의무를 나타내며, must의 경우 '~임에 틀림없다'라는 강한 확신의 의미도 함께 갖고 있다.

1 must

❶ 의무, 필요: You **must** wear your seat belt in a car. (~해야 한다)

❷ 강한 금지: Do I have to leave now?

    — No, you **must not**. 〈강한 금지〉

    — No, you **don't have to**. 〈불필요〉

    ▶ must의 부정형은 must not(~해서는 안 된다)과 don't have to(~할 필요가 없다)가 가능한데, 둘 사이의 의미 차이에 유의해서 문맥에 맞게 써야 한다.

❸ 강한 확신: You **must** have the wrong number. (~임에 틀림없다)

    cf. She **cannot** be at home today. 〈강한 부정적 확신〉

    ▶ '강한 확신'의 의미로 쓰인 must의 부정은 cannot(~일 리가 없다)으로 쓸 수 있다.

2 have to: 의무, 필요

❶ We **have to** make plans to use our time wisely. (현재: ~해야 한다)

She **has to** work on weekends from time to time.

    ▶ must와 달리 have to는 주어의 수와 인칭에 따라 have/has to로 형태가 변한다.

❷ I **had to** skip breakfast because I got up late. (과거: ~해야 했다)

❸ To finish the report by tomorrow, I **will have to** stay up late. (미래: ~해야 할 것이다)

    ▶ must와 달리 have to는 과거시제(had to)와 미래시제(will have to)를 표현할 수 있다.

3 should/ought to: 당연한 의무(~해야 한다)

❶ You **should not** eat too much late at night.

❷ Etiquette **ought to** be taught at home.

    ▶ should / ought to는 제안이나 당위성을 띤 의무로 must보다는 의무의 강도가 약하다.

❸ Such things **ought not to** be allowed. ▶ ought to의 부정형은 to 앞에 not을 붙인다.

---

1 ❶ 차에서는 안전벨트를 매야 한다. ❷ 제가 지금 떠나야 하나요? — 아니, 그래서는 안 된다. / 아니, 그럴 필요 없다. ❸ 당신은 잘못된 전화번호를 가지고 계신 게 틀림없습니다. (전화를 잘못 거셨어요.) *cf.* 그녀는 오늘 집에 있을 리가 없다. 2 ❶ 우리는 시간을 현명하게 사용하기 위해서 계획을 세워야 한다. / 그녀는 가끔 주말에 일해야 한다. ❷ 나는 늦게 일어나서 아침을 걸러야 했다. ❸ 내일까지는 보고서를 끝내기 위해, 나는 늦게까지 깨어 있어야 할 것이다. 3 ❶ 밤늦게 너무 많이 먹으면 안 된다. ❷ 예절은 가정에서 가르쳐져야 한다. ❸ 그런 일들이 허용되어서는 안 된다.

Exercise 괄호 안에서 알맞은 것을 고르시오.

1 You (must / cannot) be very happy to receive such a special gift.

2 We (must not / don't have to) carry heavy books if we use digital textbooks.

3 It's a secret. You (must not / will not) tell anyone.

4 You (ought to / ought not to) violate traffic rules.

5 I will (have to / must) be polite to my parents from now on.

6 Sam (had to / must) study hard for the test yesterday.

7 All persons here (ought / should) not make other users uncomfortable.

03-3 had better, need, used to 일반적인 조동사의 형태는 아니지만 had better, need, used to도
조동사의 역할을 하므로, 각각의 의미와 쓰임을 잘 익혀 두어야 한다.

1 had better: ~하는 게 좋을 것이다, ~하는 게 낫다
- You **had better** wear your coat. It's cold outside.
- You'**d better not** talk about it. (부정: ~하지 않는 게 낫다)

  ▶ had better는 충고할 때 쓰이는데, 간접적인 명령이나 경고의 어조를 갖고 있으므로 사용할 때 주의해야 한다.

2 need: ~할 필요가 있다
- He **need not** go there. 〈need(조동사)+동사원형〉

  = He **doesn't need** to go there. 〈need(일반동사)+to부정사〉

  ▶ need가 일반동사로 쓰이면 뒤에 to부정사가 오고 부정문과 의문문 등을 만들 때는 do/does/did를 이용한다.

3 used to: ~하곤 했다, ~했었다, ~이었다
- When I was younger, Mom **used to** read storybooks at bedtime. 〈과거의 습관〉

  ▶ used to는 과거의 습관이나 상태를 나타내며, 과거의 습관이나 상태가 현재는 그렇지 않다는 의미를 포함한다.

  cf. He **would** often walk to school when he was in middle school.

    ▶ would도 '~했었다'는 의미로 과거의 습관을 나타낸다. would는 과거의 상태를 나타낼 때는 쓰지 않음에 유의해야 한다.

- There **used to** be a big pond over there. 〈과거의 상태〉

  (→ There was a big pond in the past, but there isn't a pond now.)

---

1 너는 외투를 입는 게 좋겠다. 밖이 춥다. / 너는 그것에 대해서 말하지 않는 게 낫다.   2 그는 거기에 갈 필요가 없다.   3 내가 어렸을 때, 엄마는 잠잘 때 동화책을 읽어 주시곤 했다. *cf.* 그가 중학생이었을 때, 그는 종종 학교에 걸어가곤 했다. / 저쪽에 큰 연못이 하나 있었다. (→ 과거에는 연못이 있었지만 지금은 없다.)

Exercise **A** 우리말과 일치하도록 빈칸에 알맞은 말을 쓰시오.

1 너는 지금 일어나는 게 낫다. 그렇지 않으면 지각할 것이다.

→ You _____ _____ get up now, or you'll be late for school.

2 나는 친구들과 밖에서 많은 시간을 보냈었다.

→ I _____ _____ spend a lot of time outside with my friends.

3 그는 그 질문에 대답할 필요가 없다.

→ He _____ _____ answer the question.

B 의미가 통하도록 빈칸에 알맞은 조동사를 쓰시오.

1 There _____ _____ be a restaurant here. It's a shoe store now.

2 You _____ _____ wear a school uniform today. Just wear casual clothes.

3 You _____ _____ _____ drink a lot of coffee at night. You can't sleep well.

Grammar Practice

Answers p.6

A 밑줄 친 조동사의 의미에 해당되는 것에 동그라미 하시오.

1 Smartphones <u>can</u> distract you while you are studying.

☐ 가능 ☐ 추측

2 Some animals <u>can</u> use tools like humans. ☐ 능력 ☐ 허가

3 It's getting dark. We <u>must</u> go home now. ☐ 의무 ☐ 확신

4 I <u>would</u> travel alone when I was a college student.

☐ 의지 ☐ 과거의 습관

5 You <u>may</u> lose your appetite when it's too hot.

☐ 허가 ☐ 추측

> distract 방해하다, (정신을) 산만
> 하게 하다
> tool 도구, 수단
> appetite 식욕

B 두 문장이 같은 뜻이 되도록 빈칸에 알맞은 말을 쓰시오.

1 We should not touch the electric wire with wet hands.

→ We ＿＿＿＿＿ ＿＿＿＿＿ ＿＿＿＿＿ touch the electric wire with wet hands.

2 You must think twice before you decide anything.

→ You ＿＿＿＿＿ ＿＿＿＿＿ think twice before you decide anything.

3 Is it okay if I use your dictionary?

→ ＿＿＿＿＿ I use your dictionary?

4 There was a school around here, but there isn't a school now.

→ There ＿＿＿＿＿ ＿＿＿＿＿ be a school around here.

> electric wire 전깃줄
> wet 젖은, 축축한
> decide 결정하다

C 우리말과 일치하도록 괄호 안의 단어와 조동사를 이용하여 문장을 완성하시오.

1 그는 숙제를 빨리 할 필요가 없었다. (do)

→ He ＿＿＿＿＿＿＿＿＿ his homework quickly.

2 오전 9시와 오후 5시 사이에는 여기에 주차할 수 없습니다. (park)

→ You ＿＿＿＿＿＿＿＿＿ between 9 a.m. and 5 p.m.

3 이번 주말에는 등산을 가지 않는 게 낫다. (go)

→ You ＿＿＿＿＿＿＿＿＿ hiking this weekend.

4 나는 내일 너를 만나러 갈 수 있을 것이다. (go)

→ I ＿＿＿＿＿＿＿＿＿ meet you tomorrow.

D 두 문장의 빈칸에 공통으로 알맞은 조동사를 쓰시오.

1 It is said that clapping your hands _____ make you healthier.
Whales _____ communicate with each other from dozens of kilometers away.

2 In order to succeed, you _____ not be afraid of making mistakes.
Each kid _____ bring their own notebook computer.

3 _____ you make posters for the school festival?
When we were young and didn't have the money to go anywhere else, we _____ walk there almost every day.

4 I'm not sure where Jack is. He _____ be in the office.
You _____ smoke if you like.

clap 손뼉을 치다
whale 고래
dozens of 수십의
succeed 성공하다

E 밑줄 친 부분을 어법에 맞게 고치시오.

1 A friend of mine <u>was used to pay</u> his young children one dollar each time they wrote a thank-you note.

2 Those who received less money thought, "I <u>not need to</u> be paid much to do something I enjoy.

3 You <u>are able to</u> use the Radio Music Festival logo, but you're not allowed to change its colors in any way.

each time ～할 때마다
thank-you note 감사편지
those who ~ ～하는 사람
allow 허락하다

서술형 F 문맥상 다음 글의 빈칸에 알맞은 조동사를 쓰시오.

　　Last Memorial Day, I was invited to my cousin's house. The last thing I wanted to do was spend hours in traffic. So I decided to take a different route; I traveled the back roads instead of the highway. My family and I enjoyed the scenery, and there was hardly any traffic. A simple change changed our whole day. Try something new at least once a day. It _____ _____ _____ be anything major. Even a small disruption in the routine can create a new way of looking at things.

Memorial Day 현충일
scenery 풍경, 경치
major 중대한, 주요한
disruption 파괴
routine 일상

FOCUS 기출로 짚어 보는 조동사 1

FOCUS 1 각 조동사의 의미와 쓰임을 정확히 알고 전체 문맥을 통해 알맞은 조동사를 선택한다.

1 I hate all the noise, crowds, and traffic that people in the city are able to / have to put up with. | 고1 학평 기출

2 As you read a new word in context, there is a very good chance that you will be able to / have to guess its meaning. 고1 학평 기출 응용

3 Since you can't / don't have to use gestures or make faces in writing, you must rely on words to do both the telling and the showing. 고1 학평 기출 응용

FOCUS 2 조동사처럼 사용되는 had better, used to, need 등의 쓰임을 문맥을 통해 선택한다. 문맥에 따라 조동사 used to가 쓰일지 수동태로 쓰인 be used to가 쓰일지 파악한다.

4 The university catalog can be used to / used to help the freshman who is confused by university life. | 고2 학평 기출

5 When there were bad storms with wind and snow, Barry is used to / used to go out to find the travelers who lost their way. | 고1 학평 기출

6 If you want to be a mathematician, you used to / had better expose your new ideas to the criticism of others. | 수능 기출

Let's Do It!

다음 글의 밑줄 친 부분 중, 어법상 틀린 것은? | 고1 학평 기출

Even flowers can work for us. Not only they look ① pretty but also one kind of flowers ② used to tell how much smog is in the air over Tokyo. Its name is Winter Queen Gamma 3, ③ which is a kind of begonia. ④ When left out for six days in smog, it gets white spots on its leaves. If the smog continues for two more days, the spots turn into blisters. Then the leaves turn brown and are filled with holes. The flowers are working ⑤ to warn people living there of this danger.

＊blister 물집, 수포

04 조동사 2

Chapter

- Becky must have forgotten to bring her umbrella.
- She should have brought it.

04-1 조동사 + have + p.p.

조동사 다음에 「have + p.p.」 형태가 오면, 과거 사실에 대한 '추측'이나 '확신' 또는 '후회'나 '유감' 등을 나타낸다. 조동사별로 어떤 의미를 나타내는지 알아 두어야 한다.

1 may(might) have p.p.: ~했을지도 모른다 〈추측〉
She **may have heard** the rumor about herself.

2 must have p.p.: ~했음에 틀림없다 〈강한 확신〉
I lost my hat. I **must have left** it at the restaurant.

3 cannot have p.p.: ~했을 리가 없다 〈부정적 확신〉
Jason **cannot have said** such a foolish thing.

4 should have p.p.: ~했어야 했다 (안 해서 유감이다) 〈후회〉
I **should not have stayed** up too late last night.
→ I'm sorry that I stayed up too late last night.
cf. should *not* have p.p.: ~하지 말았어야 했는데 (해서 유감이다)

5 could have p.p.: ~이었을 수도 있다 〈추측 · 가능성〉
Alexander **could have conquered** the whole world.

• Becky는 우산 가져가는 것을 깜빡했음에 틀림없다. • 그녀는 그것을 갖고 갔어야 했다. **1** 그녀는 자신에 관한 소문을 들었을지도 모른다. **2** 나는 모자를 잃어버렸다. 내가 그것을 식당에 두고 왔음에 틀림없다. **3** Jason이 그렇게 어리석은 말을 했을 리가 없다. **4** 나는 어젯밤에 너무 늦게까지 깨어 있지 말았어야 했다. → 나는 어젯밤에 너무 늦게까지 깨어 있었던 것이 유감이다. **5** 알렉산더는 전 세계를 정복했을 수도 있다.

Exercise 괄호 안에서 알맞은 것을 고르시오.

1 Dad didn't answer the phone. He (should / may) have been driving.

2 My stomach hurts. I (should / shouldn't) have eaten too much ice cream.

3 Jinho is honest. He (must / cannot) have told a lie.

4 He didn't show up there. He (must / should) have forgotten his plans with me.

5 A: Who sent the gift?
B: I'm not sure. It (should / could) have been your dad.

04-2 should의 특별 용법 제안·요구·명령·주장 등을 나타내는 말과 당연·필요·감정·판단을 나타내는 말 다음에 오는 that절에는 「(should+)동사원형」을 쓴다.

1 제안·요구·명령·주장을 나타내는 동사 다음의 that절

· 주어 + | suggest | propose | require |
| demand | recommend | insist | + that + 주어 + (should +) 동사원형

▶ should를 생략하고 동사원형만 쓸 수도 있다.

❶ The doctor *suggested* that I (**should**) get regular checkups.

❷ The employees *demanded* that their salaries (**should**) be raised.

❸ He *insisted* that his daughter (**should**) come home by 8 p.m.

cf. He *insisted* that his daughter **came** home at 8 p.m. yesterday.

▶ '~해야(되어야) 한다'는 '당위성'이 포함된 경우에는 「should+동사원형」을 쓰지만, 이미 일어난 '사실'을 말할 때는 should 없이 시제를 일치시켜서 쓰는 것에 유의한다.

2 당연·필요·감정·판단을 나타내는 말 다음의 that절

· It is + | natural | necessary | essential | important |
| strange | surprising | wonderful | a pity | + that + 주어 + (should +) 동사원형

❶ It is *natural* that he (**should**) miss his hometown.

❷ It is a *pity* that you (**should**) have missed such a golden opportunity.

cf. It is *a pity* that you **missed** such a golden opportunity.

▶ 주관적 판단과 감정을 나타내는 말 다음에 that절이 오는 경우 그 판단이나 감정을 강조하기 위해 should를 쓰는 경우가 있으나 구어체에서는 should 없이 시제 일치시켜 쓰기도 한다.

---

1 ❶ 의사는 내가 정기적인 건강검진을 받을 것을 제안했다. ❷ 직원들은 봉급이 인상되어야 한다고 요구했다. ❸ 그는 자신의 딸이 저녁 8시까지는 집에 와야 한다고 주장했다. *cf.* 그는 자신의 딸이 어제 저녁 8시에 집에 왔다고 주장했다. 2 ❶ 그가 자신의 고향을 그리워하는 것은 당연하다. ❷ 네가 그렇게 좋은 기회를 놓쳤다는 건 유감스러운 일이다. *cf.* 네가 그렇게 좋은 기회를 놓쳤다는 건 유감스러운 일이다.

Exercise 괄호 안의 동사를 알맞은 형태로 바꿔 쓰시오.

1 The teacher demanded that no one _____ (use) a cellphone in class.

2 He insisted that the judgement _____ (be) unfair.

3 Studies suggest that chewing gum _____ (be) good for your memory.

4 It is necessary that we _____ (go) there immediately.

5 It is important that the process _____ (be) fair for everyone.

조동사의 관용적 표현 조동사가 포함된 관용 표현들을 숙어처럼 외워 두어야 한다.

1 cannot but+동사원형: ~하지 않을 수 없다 (= cannot help -ing)
I **cannot but** fall in love with her.
= I **cannot help** falling in love with her.

2 cannot ~ too(enough) …: 아무리 …해도 지나치지 않다
Safety training **cannot** be **too** stressed.
= Safety training **cannot** be stressed **enough**.

3 may well+동사원형: ~하는 것도 당연하다 / 아마 ~일 것이다
Parents **may well** love their children.

4 may as well A (as B): (B하느니) A하는 것이 더 낫다 (= had better)
You **may as well** do your homework now **as** later.

5 would like to+동사원형: ~하고 싶다
I **would like to** make a reservation for a table.

6 would rather A than B: B하느니 차라리 A하겠다
Kids **would rather** play **than** study.
cf. Kids **prefer** playing **to** studying.
▶ prefer A to B에서 to가 전치사이므로 A, B 자리에는 명사나 동명사가 오는 것에 주의한다.

---

1 나는 그녀와 사랑에 빠지지 않을 수 없다.   2 안전 교육은 아무리 강조해도 지나치지 않다.   3 부모가 자녀를 사랑하는 것은 당연하다.   4 너는 숙제를 나중에 하느니 지금 하는 것이 낫다.   5 테이블 하나를 예약하고 싶습니다.   6 아이들은 공부하기보다는 차라리 놀려고 한다. *cf.* 아이들은 공부하는 것보다는 노는 것을 더 좋아한다.

Exercise 밑줄 친 부분을 우리말로 해석하시오.

1 Whenever I look at the baby, I cannot help smiling.

2 His son became a famous writer. He may well be proud of his son.

3 I feel tired. I would rather stay home than go to the movies.

4 I'm going to go hiking this weekend. Would you like to join me?

5 It cannot be too often repeated that we should be careful when we drive.

6 This party isn't much fun. We may as well go home now.

Grammar Practice

Answers p.8

A 괄호 안의 동사를 문맥상 알맞은 형태로 쓰시오.

1 I didn't hear the phone ring. I must _____ (be) fast asleep.

2 The Japanese insisted that they _____ (find) Dokdo for the first time in the 17th century.

3 Alex was too busy doing something. He couldn't _____ (pay) attention to my lecture.

4 The instructor suggested to the students that they _____ (think) about the second problem in relation to the first one.

fast asleep 깊이 잠든
for the first time 처음으로
pay attention to ~에 집중하다
lecture 강의, 수업
instructor 강사
in relation to ~와 연관지어

B 괄호 안의 단어들을 이용하여 문장을 완성하시오.

1 나는 택시에 내 지갑을 놓고 내린 것 같다. (may, leave)
→ I _____ _____ _____ my wallet in the taxi.

2 너는 바이러스가 있는 그 파일을 클릭하지 말았어야 했어. (should, not, click)
→ You _____ _____ _____ on the file with virus.

3 1970년대까지 대부분의 올림픽 경기는 운동선수들이 아마추어여야 함을 요구했다. (require, be)
→ Until the 1970's, most Olympic events _____ that the athletes _____ amateurs.

4 그에게 요청하느니 벽에 얘기하는 게 낫다. (may, talk)
→ You _____ _____ _____ _____ to the wall _____ ask him

wallet 지갑
click (마우스를) 클릭하다
athlete 운동선수
amateur 아마추어
wall 벽

C 두 문장이 같은 뜻이 되도록 빈칸에 알맞은 말을 쓰시오.

1 I regret not having thought more about my finance before the trip.
→ I _____ more about my finance before the trip.

2 I'm sure that he was a real genius to figure them out.
→ He _____ a real genius to figure them out.

3 African farmers cannot help growing those crops.
→ African farmers _____ grow those crops.

4 You were able to help her, but you didn't.
→ You _____ her.

regret 후회하다
finance 재정, 자금
genius 천재
figure out 계산하다
crop 곡물

D 우리말과 일치하도록 빈칸에 알맞은 말을 쓰시오.

get angry with ~에게 화를 내다
scene 장면

1 그가 너에게 화를 내는 것은 당연하다.

→ He _____ _____ get angry with you.

2 당신의 친절에 아무리 감사해도 지나치지 않습니다.

→ I _____ thank you _____ for your kindness.

3 나는 대학에 가기보다는 특별한 기술을 배우겠다.

→ I _____ _____ learn special skills _____ go to university.

4 나는 그 장면을 보고 웃지 않을 수 없었다.

→ I _____ _____ laughing at the scene.

E 밑줄 친 부분 중 어법상 틀린 것을 찾아 바르게 고치시오.

impressionable 감수성이 예민한, 쉽게 외부의 영향을 받는
overnight 하룻밤 사이에
not quite 그다지 ~하지는 않는
victim 희생자
capital letter 대문자
mere 단순한, 단지 ~만의
emphasize 강조하다

1 Impressionable teens ① may as well see the final product and ② imagine that success really ③ can happen overnight.

2 ① Would people rather work than play? ② Not quite. So why do people prefer Friday ③ than Sunday?

3 We often ① hear stories of ordinary people who ② could have become great artists or scientists. Those victims of education ③ should receive training to develop their creativity while in school.

4 You ① shouldn't have often heard that typing an e-mail or other writings in all capital letters ② "shouts" your message to your readers. Perhaps this is so, because the mere size alone of every letter ③ emphasizes its importance.

서술형 F 글의 흐름으로 보아 밑줄 친 부분을 바르게 고치시오.

pay attention to ~에 주의를 기울이다
serious 심한

My brother became ill yesterday. I paid little attention to him and did not send him to hospital, because his illness did not seem to be serious. Now his condition is changing for the worse. I regret having paid little attention to him. In other words, I should be paid more attention to him.

FOCUS 기출로 짚어 보는 조동사 2

FOCUS 1 문맥상 「조동사 + 동사원형」이 필요한지 「조동사 + have p.p.」가 필요한지 파악한다. 조동사가 포함된 주요 관용표현과 「조동사 + have p.p.」의 의미를 명확히 구별해야 한다.

1 The cubit sticks must / cannot have been very accurate because the lengths of the sides of the Great Pyramid vary by only a few centimeters. | 고1 학평 기출 응용

2 Children who visit the institution cannot / must not but remember what their parents or grandparents once were and be depressed by their incapacities. | 수능 기출 응용

3 If you've ever gone snorkeling, you may see / have seen an amazing sight. | 고3 평가원 기출

FOCUS 2 주절에 recommend, insist, suggest 등의 동사가 쓰인 경우, 목적어로 쓰인 that절의 내용이 의무·당연의 내용일 때는 「(should+)동사원형」이 쓰이고, 이미 일어난 사실일 때는 문장의 시제를 따른다.

4 A study recommends that babies be / is moved into their own room by three months of age. | 수능 기출 응용

5 City officials went to the state capital again and again to ask that something is / be done about quieting the highway noise. | 고3 학평 기출

6 Many witnesses insisted that the accident take / took place in the crosswalk. | 수능 기출

Let's Do It!

다음 글의 밑줄 친 부분 중, 어법상 틀린 것은? | 고3 학평 기출

Our early ancestors may have used the fingers of their hands or cut notches like /// on tree branches to indicate ① how many apples they had picked that day. But they ② must soon realize that no tree branch could be long enough to count ③ a very large number of apples. They eventually invented names for groups of notches and, since we don't know what language they spoke, we ④ might as well imagine that they spoke English and said "one" for /, "two" for //, "three" for ///, or "nine" for /////////, and so on. Thus ⑤ special words did become useful substitutes for notches.

Chapter 05 동사의 종류

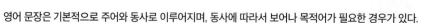

- He **swims** well.
- He **is** a good swimmer.
- He will **win** the race.

영어 문장은 기본적으로 주어와 동사로 이루어지며, 동사에 따라서 보어나 목적어가 필요한 경우가 있다.

05-1 1형식/2형식/3형식 동사

동사의 종류에 따라 뒤에 보어나 목적어가 필요한지 알 수 있으며, 보어와 목적어의 유무로 문장의 형식을 나눌 수 있다. 보어나 목적어가 없는 1형식, 보어가 필요한 2형식, 목적어가 필요한 3형식 문장이 있다.

1 1형식: 주어+동사(+부사구)

- My brother usually **gets up** late on weekends.
  주어　　　부사　　　동사　　　　　부사구

  ▶ 1형식 문장은 대개 부사(구), 전치사구의 수식을 받는 경우가 많다.

2 2형식: 주어+동사+주격보어

❶ Mr. Yun **is** my homeroom teacher. He **is** kind and friendly. ▶ 보어의 형태: 명사, 형용사
　주어　동사　　보어(명사)　　　　주어 동사　　보어(형용사)

❷ 상태동사: keep, stay(~인 채로 있다) / become, turn, go(~해지다)

The rice field **turns** yellow in the fall.

❸ 감각동사: look(~하게 보이다), sound(~하게 들리다), taste(~한 맛이 나다), smell(~한 냄새가 나다),

feel(~하게 느끼다)

The blanket **feels** soft and smooth.
　　　　　　softly and smoothly (✗)

  ▶ 감각동사는 형용사를 보어로 취한다. 해석이 '~하게'라고 된다고 해서 보어 자리에 부사를 쓰지 않도록 유의한다.

3 3형식: 주어+동사+목적어

❶ I **lost** my cellphone last Sunday. I **need** to buy a new one. ▶ 목적어의 형태: 명사, to부정사, 동명사
　주어 동사　　목적어(명사구)　　　　　주어 동사　　목적어(to부정사구)

❷ We **discussed** the matter for a long time.
　　　　discussed about (✗)

※ 전치사 없이 목적어만 오는 동사 ▶ 우리말 해석 때문에 전치사를 쓰지 않도록 유의한다.

> discuss(~에 대해 논의하다), reach(~에 도착하다), enter(~에 들어가다), attend(~에 참석하다), marry(~와 결혼하다),
> resemble(~와 닮다), call(~에게 전화하다), answer(~에 답하다) …

• 그는 수영을 잘한다. • 그는 수영을 잘하는 사람이다. • 그는 시합을 이길 것이다. 1 나의 오빠는 주말에 보통 늦게 일어난다. 2 ❶ 윤 선생님은 나의 담임선생님이시다. 그는 친절하고 다정하시다. ❷ 논은 가을에 누렇게 된다. ❸ 그 담요는 부드럽고 매끈하게 느껴진다. 3 ❶ 나는 지난 일요일에 내 휴대전화를 잃어버렸다. 나는 새것을 하나 살 필요가 있다. ❷ 우리는 그 문제에 대해 오랫동안 논의했다.

Exercise

A 문장의 목적어와 보어에 밑줄을 치고, 목적어인지 보어인지 밝히시오.

1 You look sick. Get some rest.

2 The bananas turned brown but tasted good.

3 They resemble each other, but they are not brothers.

4 The man raised his hat and smiled brightly at me.

B 어법상 <u>틀린</u> 부분을 찾아 바르게 고치시오.

1 Will you marry with me?

2 I was not able to attend at the meeting.

3 You can reach to me at my cellphone number.

4 Let's discuss about the matter later.

05-2 4형식 동사

'~에게(간접목적어)'와 '~을(직접목적어)'에 해당하는 두 개의 목적어를 취하는 동사가 4형식 동사이며, 이를 '수여동사'라고 한다.

1 **4형식 문장: 주어＋동사＋간접목적어＋직접목적어**

· <u>The teacher</u> **gave** <u>us</u> <u>homework</u> for summer break.
　　주어　　　　　동사　간접목적어 직접목적어

　▶ '~에게'에 해당하는 간접목적어에는 '사람'이, '~을/를'에 해당하는 직접목적어에는 '사물'이 주로 온다.

2 **4형식 문장 → 3형식 문장 전환** : 간접목적어 앞에 전치사를 붙여 직접목적어 뒤로 보내면 「주어＋동사＋목적어＋부사구」 형태의 3형식 문장이 된다.

　❶ 전치사 to를 쓰는 동사: give, show, bring, tell, pass, lend 등

　　· My grandmother **told** me her childhood memories.

　　　→ My grandmother **told** her childhood memories **to** me.

　❷ 전치사 for를 쓰는 동사: make, buy, get, find, cook, order 등

　　· My parents **bought** me a puppy on my birthday.

　　　→ My parents **bought** a puppy **for** me on my birthday.

　cf. 그 외 전치사 of를 쓰는 동사: ask → ask a favor of A (A에게 부탁을 하다)

---

1 선생님은 우리에게 여름 방학 숙제를 내주셨다.　　**2 ❶** 나의 할머니는 나에게 자신의 어린 시절 추억들을 이야기해 주셨다.　**❷** 나의 부모님은 내 생일날에 나에게 강아지한 마리를 사 주셨다.

Exercise **A** 문장의 간접목적어와 직접목적어에 밑줄을 치고, 3형식 문장으로 전환하시오.

1 He showed us some pictures of himself.　→ _____

2 Can you lend me your laptop for a while?　→ _____

3 I asked him a few questions about his dream.　→ _____

4 Fred made his sister some hot dogs yesterday.　→ _____

B 빈칸에 알맞은 전치사를 쓰시오.

1 Mom often makes chocolate cookies _____ us.

2 Her story gives hope _____ many people.

3 He cooks dinner _____ his family on weekends.

4 I asked a question _____ him.

05-3 5형식 동사

목적어와 목적어를 보충 설명하는 목적격보어를 취하는 동사를 5형식 동사라고 한다. 목적격보어 자리에는 명사, 형용사, 분사, to부정사, 동사원형 형태가 올 수 있다.

1 5형식 문장: 주어+동사+목적어+목적격보어(명사/형용사/to부정사)

❶ **명사 형태**: He **made** <u>his son</u> <u>a pianist</u>. (his son = a pianist)
　　　　　　　　　　　 목적어　　 목적격보어

　cf. 4형식: He **made** <u>his son</u> <u>a model plane</u>. (his son ≠ a model plane)
　　　　　　　　　　　 간접목적어　　 직접목적어

　▶ 목적격보어로 명사가 올 경우, 4형식 문장과 혼동할 수 있다. make의 경우, '~에게 …을 만들어 주다'의 4형식 동사와 '~을 …로 만들다'의 5형식 동사 둘 다로 쓰기 때문에 두 개의 명사구가 서로 같은 대상을 가리키는지 파악해야 한다.

❷ **형용사 형태**: I **found** the movie **boring**.

❸ **to부정사 형태**: The doctor **advised** me **to exercise** regularly.

　※ to부정사를 목적격보어로 취하는 동사

• want(~가 …하는 것을 원하다)	• expect(~가 …하는 것을 기대하다)	• tell(~에게 …하라고 말하다)
• advise(~에게 …하라고 충고하다)	• allow(~가 …하는 것을 허락하다)	• get(~에게 …하도록 시키다)
• persuade(~가 …하도록 설득하다)	• encourage(~가 …하도록 장려[독려]하다)	• cause(~가 …하게 하다)

2 지각동사(see, watch, listen to, hear, feel)+목적어+목적격보어(동사원형/분사)

❶ **동사원형 형태**: I **saw** someone **enter** the house.

❷ **현재분사 형태**: I **heard** someone **calling** my name. (← someone **was calling** my name)

❸ **과거분사 형태**: I **saw** my name **written**. (← my name **was written**)

　▶ 진행 중인 동작을 강조할 때는 현재분사를 쓰고, 목적어와 목적격보어의 관계가 수동이면 과거분사를 쓴다.

3 사역동사(let, make, have)+목적어+목적격보어(동사원형/과거분사)

❶ **동사원형 형태**: · **Let** me **introduce** myself to you.
　　　　　　　　　　 · Mom **makes** me **clean** my room.
　　　　　　　　　　 · I **had** him **fix** my bike.

　cf. Can you **help** me **(to) do** the dishes?　▶ help는 목적격보어로 to부정사 또는 동사원형을 쓴다.
　　 I **got** him **to carry** my bag.　▶ get은 목적격보어로 to부정사를 쓴다.

❷ **과거분사 형태**: He **had** (**got**) his watch **stolen**.(← His watch **was stolen**)

　▶ 목적어와 목적격보어의 관계가 수동일 때 목적격보어로 과거분사를 쓴다.

---

1 ❶ 그는 아들을 피아니스트로 만들었다. *cf.* 그는 아들에게 모형비행기를 만들어 주었다. ❷ 나는 그 영화가 지루하다는 것을 알게 되었다. ❸ 의사는 내게 규칙적으로 운동하라고 조언했다. 2 ❶ 나는 누군가가 그 집에 들어가는 것을 보았다. ❷ 나는 누군가가 내 이름을 부르고 있는 것을 들었다. ❸ 나는 내 이름이 쓰여 있는 것을 보았다. 3 여러분께 저를 소개하겠습니다. / 엄마는 나에게 내 방을 청소하도록 시키신다. / 나는 그에게 내 자전거를 고치게 했다. *cf.* 내가 설거지하는 것을 도와줄 수 있나요? / 나는 그에게 내 가방을 나르도록 시켰다. ❷ 그는 그의 시계를 도난당했다.

Exercise 괄호 안의 단어를 알맞은 형태로 쓰시오.

1 Heavy rain made us ＿＿＿＿＿＿(stay) home.

2 The teacher encouraged me ＿＿＿＿＿＿(try) again.

3 I had my homework ＿＿＿＿＿＿(do) before dark.

4 I saw him ＿＿＿＿＿＿(paint) the fence yesterday.

5 My friends helped me ＿＿＿＿＿＿(carry) my stuff.

Grammar Practice

Answers p.10

A 밑줄 친 부분을 어법에 맞게 고치시오.

1 This fish smells <u>badly</u>.

2 I <u>entered into</u> the room quietly.

3 The new driver drives the bus <u>careful</u>.

4 Calcium and vitamin D make your bones <u>strongly</u>.

quietly 조용히
calcium 칼슘
bone 뼈

B 다음 중 어법상 **틀린** 것을 찾아 바르게 고치시오.

1 ① The leaves will turn red and yellow.
   ② He helped me clean the garage.
   ③ Can I ask a favor of you?
   ④ Exams always make me nervously.
   ⑤ I'll send the application to you by email.

garage 차고
favor 호의
application 신청(서)

2 ① This idea may sound strange to you.
   ② These pants make you look slim.
   ③ I heard him to turn on the TV.
   ④ Tears keep your eyes clean and moist.
   ⑤ I usually have my hair cut once a month.

slim 날씬한
turn on ~을 켜다
tear 눈물
moist 촉촉한

C 우리말과 일치하도록 괄호 안의 단어들을 이용하여 문장을 완성하시오.

1 음식은 여름에 쉽게 상한다. (go, bad, easy)
   → Foods _____ in summer.

2 나는 잠시 동안 창문을 열어 두었다. (leave, open)
   → I _____ for a while.

3 나는 뭔가가 내 팔을 기어오르는 것을 느꼈다. (feel, crawl up)
   → I _____ my arm.

4 나무는 우리에게 그늘을 주고, 우리를 시원하게 해준다. (give, shade, keep, cool)
   → Trees _____ and _____.

open 열려 있는
crawl up ~위로 기어오르다
shade 그늘

D 우리말을 영어로 옮길 때 어법상 <u>틀린</u> 부분을 바르게 고치시오.

1 오후 1시 이후에는 언제든지 나에게 전화를 해도 된다.

→ You can call to me any time after 1 p.m.

2 이 계획은 잘 될 것 같다.

→ This plan is likely to work good.

3 줄거리와 인물의 자료로서, 그 소설이 더 적합해 보였다.

→ As a source of plot and character, the novel seemed more suitably.

4 그는 나에게 컴퓨터를 고치도록 했다.

→ He got me fix the computer.

be likely to ~인 것 같다
source 원천, 자료
plot 구성, 줄거리
character 등장인물
suitably 적합하게
fix 고치다, 수리하다

E 괄호 안의 단어를 알맞은 형태로 쓰시오.

1 Other teachers advised her _____(go) on with something else.

2 Families in Egypt had the body of the dead cat _____ (wrap) in cloth before it was buried.

3 Looking through the camera lens made him _____ (detach) from the scene.

4 Often, an untrained dolphin watches another dolphin _____(go) through its act and then follows the act perfectly without training.

go on with ~을 계속하다
wrap 싸다, 두르다
bury (시신을) 묻다
detach 분리하다, 떼어놓다
scene 현장, 장면
untrained 훈련받지 않은
go through ~을 겪다[거치다]

서술형 F 다음 글을 읽고, 물음에 답하시오.

"Annie, what a great picture you've made! What is it?" What's wrong with this reaction to a child's drawing? You're ⓐ <u>obviously</u> interested, and it sounds ⓑ <u>encouragingly</u> to your ears. But this kind of praise can ⓒ <u>actually</u> have the opposite effect. Generalized praise like "great picture" isn't as meaningful to children as something specific about their performance. <u>구체적인 칭찬은 아이들에게 확신을 준다</u> and lets them ⓓ <u>to know</u> you really care.

reaction 반응
obviously 분명하게
opposite 정반대의
generalized 일반화된
specific 구체적인
performance 성과
confidence 확신

(1) 밑줄 친 우리말과 일치하도록 빈칸에 알맞은 말을 쓰시오.

Specific praise gives confidence _____ your children

(2) 밑줄 친 ⓐ~ⓓ 중 어법상 <u>틀린</u> 것을 <u>모두</u> 골라 바르게 고치시오.

FOCUS 기출로 짚어 보는 **동사의 종류**

FOCUS 1 동사의 종류에 따라 문장의 구조를 파악한 후, 문장의 형식에 따라 형용사가 필요한지 부사가 필요한지 판단한다. 보어 자리에는 부사가 올 수 없다.

1 The Republic of South Africa is known for its diversity in languages. Eleven languages are official / officially recognized. | 고1 학평 기출

2 He was so anxious / anxiously to become a scholar that his mom sent him back to school. | 고1 학평 기출

3 The families were made miserably / miserable by the noise, and they complained to the city government. | 고3 학평 기출

FOCUS 2 5형식 문장의 목적격보어 자리에는 동사에 따라 명사, 형용사, to부정사, 동사원형, 분사 등 다양한 형태가 올수 있다. 동사의 종류와 의미에 따라 어떤 형태를 써야 하는지 명확히 알아 둔다.

4 Impressionist paintings are probably most popular; it is an easily understood art which does not ask the viewer work / to work hard to understand the imagery. | 고1 학평 기출

5 In this way, the rabbit makes the chase more difficult / difficultly and tiring for the coyote. | 고1 학평 기출

6 Collect 100 amazing artists in a room and have them draw / to draw the same chair. What do you get? One hundred very different chair drawings. | 고1 학평 기출

Let's Do It!

다음 글의 밑줄 친 부분 중, 어법상 틀린 것은? | 고1 학평 기출

I was working at a nursing home. It was late in the evening ①when I finished, so I ran down the street to the bus stop. I enjoyed the ride home and watched my fellow passengers ②got off at their stops. After a while, I was the only one ③left on the bus. As the bus approached my stop, the driver called out to me, "Where do you live?" I explained to him ④that I lived just up the next street. He then offered to drop me off outside my house. I was very grateful for his offer. I thanked the bus driver and walked to my door, ⑤knowing that I would never forget his kindness.

1 (A), (B), (C)의 각 네모 안에서 어법에 맞는 표현으로 가장 적절한 것은? | 고1 학평 기출

In living birds, feathers have many functions other than flight. They help to keep a bird (A) warm / warmly by trapping heat produced by the body close to the surface of the skin. Feathers may also be used to (B) attract / attracting mates. The tail of Caudipteryx carried a large fan of long feathers, a structure that would have made a very impressive display. The rest of the body seems to have been covered in much shorter feathers, (C) which / that would have kept out the cold. A few large feathers were present on the arms, and these might have been involved in display.

* Caudipteryx 깃털공룡

	(A)		(B)		(C)
①	warm	......	attract	......	which
②	warm	......	attracting	......	which
③	warm	......	attracting	......	that
④	warmly	......	attract	......	that
⑤	warmly	......	attracting	......	which

2 다음 글의 밑줄 친 부분 중, 어법상 틀린 것은? | 고1 학평 기출

Paul was an old man who ① lived under a bridge in the streets of Paris. He begged for money to keep himself ② warm and fed, and he liked his carefree life. Then one day just before Christmas a sick mother and her three children walked into his life. Though he tried ③ to ignore their troubles, Paul soon found ④ himself caring for the family and sharing his unusual home under the bridge with them. But the children missed having a home of their own. How could he make their Christmas wish ⑤ to come true?

①   ②   ③   ④   ⑤

3 (A), (B), (C)의 각 네모 안에서 어법에 맞는 표현으로 가장 적절한 것은? | 고1 학평 기출

The Inchcape Rock is a great rock in the North Sea. Most of the time it is covered with water. That causes many boats and ships (A) crash / to crash onto the rock. The rock is so close to the top of the water that all the vessels that try to sail over it (B) hit / hits it. More than a hundred years ago, a kind-hearted man lived nearby. He thought that it was tragic for so many sailors to die on that hidden rock. So he fastened a floating mark to the rock with a strong chain, on top of (C) it / which a bell was attached. When ships came near, the waves made the mark float back and forth and the bell ring clearly. Now, sailors were no longer afraid to cross the sea there.

	(A)		(B)		(C)
①	crash	⋯⋯	hit	⋯⋯	which
②	crash	⋯⋯	hits	⋯⋯	it
③	to crash	⋯⋯	hit	⋯⋯	it
④	to crash	⋯⋯	hits	⋯⋯	it
⑤	to crash	⋯⋯	hit	⋯⋯	which

4 다음 글의 밑줄 친 부분 중, 어법상 틀린 것은? | 고1 학평 기출

On April 6, 1976, I ① had born with no arms and no legs. My mother ② wasn't allowed to see me on the day when she gave birth to me. After one month, she could see me at last. Everybody was worried about her, but she wasn't ③ shocked at all. ④ "How cute you are!," my mother said when she saw me for the first time. She ⑤ looked so happy to see me. In those days parents hid handicapped children from the public, but my parents didn't. They took me out with them all the time.

①   ②   ③   ④   ⑤

5 (A), (B), (C)의 각 네모 안에서 어법에 맞는 표현으로 가장 적절한 것은? | 고1 학평 기출

Every place on the earth is different. Just like people, no two places can be (A) exact / exactly alike. However, some places are similar in certain ways. There are patterns in the way people live and use the land. The design of buildings shows one pattern. Many large cities have very tall buildings (B) called / calling skyscrapers. There is not enough land, so people make more room by building up into the sky. Other patterns can be found in the foods we eat, the way we dress, or the way we grow crops. Learning about these patterns (C) help / helps us to understand the world a little better.

(A)		(B)		(C)
① exact	·······	called	·······	help
② exact	·······	calling	·······	helps
③ exactly	·······	called	·······	helps
④ exactly	·······	calling	·······	help
⑤ exactly	·······	called	·······	help

6 다음 글의 밑줄 친 부분 중, 어법상 틀린 것은? | 고1 학평 기출 응용

Animals can become ① famous for many different reasons. One cow, for example, is known ② because of one of the worst disasters in history. The event, often ③ called "the Great Chicago Fire," began in a barn belonging to a woman named Mrs. O'Leary. Within minutes, buildings all over the city ④ were on fire. Much of the city was burned. People thought that Mrs. O'Leary's cow ⑤ must knock over a gas lamp.

①   ②   ③   ④   ⑤

7 (A), (B), (C)의 각 네모 안에서 어법에 맞는 표현으로 가장 적절한 것은? | 고3 평가원 기출

Our basic nature is to act, and not to be acted upon. Not only does this enable us to choose our response to particular circumstances, but this encourages us to (A) create / creating circumstances. Taking the initiative means recognizing our responsibility to make things happen. Over the years, I (B) am / have frequently counseled people who wanted better jobs to show more initiative. The response is usually agreement. Most people can see (C) what / how powerfully such an approach would affect their opportunities for employment or advancement.

	(A)		(B)		(C)
①	create	⋯⋯	have	⋯⋯	what
②	create	⋯⋯	am	⋯⋯	how
③	create	⋯⋯	have	⋯⋯	how
④	creating	⋯⋯	am	⋯⋯	what
⑤	creating	⋯⋯	have	⋯⋯	what

8 다음 글의 흐름으로 보아, 밑줄 친 부분 중 어법상 어색한 것은? | 고3 학평 기출

In 1893, U.S. President Grover Cleveland ① was informed that he had cancer. Surgery was done on Cleveland on his own yacht. Most of his upper left jaw ② was removed. The president insisted that the operation ③ had been kept secret. He was afraid that worries about his health might make worse the difficult economic problems the country ④ was facing at the time. Cleveland was fitted with an artificial jaw made of hard rubber, and no one ⑤ seemed to notice the difference. The secret was not revealed until 1917.

①   ②   ③   ④   ⑤

06 수동태

- Mom baked the bread.
- The bread was baked by Mom.

주어가 동작을 직접 하는 것은 '능동태'이고, 주어가 동작을 받는 것은 '수동태'이다. 따라서 능동태는 행위자에, 수동태는 행위를 받는 대상에 초점이 맞춰져 있다고 볼 수 있다.

06-1 수동태의 쓰임

수동태 문장은 능동태 문장의 목적어가 주어가 되고, 능동태의 동사는 「be동사+과거분사」로 바꿔 쓰며, 능동태의 주어는 「by+목적격」 형태로 동사 뒤에 온다.

1 수동태의 기본 형태: be동사+과거분사+by+행위자
- 능동태: Alexander Graham Bell **invented** the telephone in 1876.
- 수동태: The telephone **was invented by** Alexander Graham Bell in 1876.

2 수동태를 주로 쓰는 경우: 행위자가 누구인지 모르거나 일반인일 때, 또는 행위자가 누구인지가 중요하지 않을 때 수동태를 쓰며, 「by+ 행위자」는 보통 생략한다.
- The Colosseum **was built** in the 70's A.D.
- Both French and English **are spoken** in Canada.

3 수동태를 쓸 수 없는 경우
  ① 목적어를 쓰는 3형식 동사들 중 have(가지다), resemble(~와 닮다), lack(~이 없다(부족하다)) 등의 상태동사
  - Jisu **resembles** her mother.
    → Her mother **is resembled by** Jisu. (×)
  ② 목적어가 필요 없는 자동사(1형식 동사)
  - The sun **disappeared** behind a cloud.
    → The sun **was disappeared** behind a cloud. (×)

· 엄마는 빵을 구웠다. · 빵은 엄마에 의해 구워졌다. **1** Alexander Graham Bell이 1876년에 전화기를 발명했다. **2** 콜로세움은 서기 70년대에 세워졌다. / 캐나다에서는 불어와 영어가 둘 다 쓰인다. **3** ① 지수는 엄마를 닮았다. ② 태양이 구름 뒤로 사라졌다.

Exercise 능동태는 수동태로, 수동태는 능동태로 바꿔 쓰시오.

1 Someone stole my cellphone.
→ _____

2 They made the swings for their kids.
→ _____

3 This building was designed by a famous architect.
→ _____

4 Sign language for the deaf was first systematized by Ebbot Charles.
→ _____

06-2 4형식/5형식의 수동태

4형식 문장은 목적어가 두 개이므로 두 개의 수동태 문장이 가능하다. 사역동사와 지각동사가 쓰인 5형식 문장에서는 목적격보어로 쓰인 동사원형이 다른 형태로 변하는 것에 주의해야 한다.

1 4형식의 수동태

· Ms. Turner **teaches** us English conversation twice a week.
　　　　　　　　❶간접목적어　❷직접목적어

→ ❶ 간접목적어: We **are taught** English conversation twice a week **by** Ms. Turner.

→ ❷ 직접목적어: English conversation **is taught** _to us_ twice a week **by** Ms. Turner.

▶ 간접목적어를 주어로 하는 수동태를 주로 많이 쓰며, 직접목적어를 주어로 쓸 경우 간접목적어 앞에 전치사를 써준다.

_cf._ She **sends** me a Christmas card every year.

→ I **am sent** a Christmas card **by** her every year. (간접목적어 주어 ×)

→ A Christmas card **is sent** _to me_ **by** her every year. (직접목적어 주어 ○)

▶ 수여동사 가운데 send, pass, make, buy, write 등은 직접목적어만 수동태의 주어로 쓸 수 있다.

2 5형식의 수동태

❶ We **call** him a math genius.
　　　　目的語　　　目的格補語

→ _He_ **is called** a math genius (by us). (목적어 주어 ○)

→ _A math genius_ **is called** him (by us). (목적격보어 주어 ×)

▶ 5형식 문장은 목적어가 주어가 되고, 목적어 뒤에 있던 목적격보어는 수동태 동사 뒤에 그대로 남는다. 목적격보어가 명사인 경우, 목적격보어를 수동태 주어로 쓰지 않도록 주의한다.

❷ 지각동사: I **found** my sister crying on the street.

→ _My sister_ **was found** crying on the street.

❸ 사역동사: Mom **made** me _come_ home straight after school.

→ I **was made** _to come_ home straight after school by Mom.

▶ 지각동사와 사역동사가 쓰인 5형식 문장의 경우, 목적격보어로 쓰인 동사원형이 수동태 문장에서는 「to+동사원형」으로 바뀌는 것에 유의한다.

1 Turner 선생님은 일주일에 두 번 우리에게 영어 회화를 가르치신다. _cf._ 그녀는 매년 나에게 크리스마스카드를 보낸다. 2 ❶ 우리는 그를 수학 천재라고 부른다. ❷ 나는 내 여동생이 길에서 울고 있는 것을 발견했다. ❸ 엄마는 내가 방과 후에 곧장 집에 오게 했다.

Exercise 다음 문장을 수동태로 바꿔 쓰시오.

1 We found the movie very interesting.

→ _____ by us.

2 The teacher told me to stay after school.

→ _____ by the teacher.

3 Jessica saw Tim playing basketball with his friends.

→ _____ by Jessica.

4 He made me clean the windows.

→ _____ by him.

5 My uncle bought me this sweater yesterday.

→ _____ by my uncle.

06-3 by 이외의 전치사를 쓰는 수동태 아래에 정리된 수동태 표현은 숙어처럼 암기해 두어야 한다.

· I'm **interested in** drawing cartoons.
· She **was satisfied with** the results of the experiment.
· Korea **is known as** an IT superpower. *cf.* The tree **is known by** its fruit. 〈속담〉

※ by 이외의 전치사를 쓰는 수동태 표현

· be interested in(~에 관심 있다)	· be composed of(~로 구성되다)	· be satisfied with(~에 만족하다)
· be pleased with(~로 기뻐하다)	· be filled with(~로 가득 차 있다)	· be covered by/with(~로 덮여 있다)
· be made of(~로 만들어지다)	· be married to(~와 결혼한 상태이다)	· be surprised by/at(~에 놀라다)
· be engaged in(~에 종사하다)	· be known as(~로 알려져 있다)	· be known to(~에게 알려져 있다)
· be known for(~로 유명하다)	· be known by(~로 알 수 있다)	

나는 만화를 그리는 데 관심이 있다. / 그녀는 실험 결과에 만족했다. / 한국은 IT 강국으로 알려져 있다. *cf.* 나무는 열매를 보면 알 수 있다.

Exercise 빈칸에 알맞은 전치사를 쓰시오.

1 The story about him was known _____ all of the students.
2 The room was filled _____ colorful balloons!
3 My father is engaged _____ foreign trade.
4 My aunt is married _____ an American man.

06-4 주의해야 할 수동태 조동사와 같이 쓰이는 수동태와 동사구의 수동태 등은 어떤 형태인지 주의해서 알아 둔다.

1 조동사와 같이 쓰이는 수동태: 「조동사+be+과거분사」
· This program **can be downloaded** for free.

2 동사구의 수동태: 동사구를 하나의 동사처럼 취급한다.
· When his father died, he **was taken care of by** his eldest sister.

3 to부정사와 같이 쓰이는 수동태: 「be동사+과거분사+to+동사원형」
· Carnations **are used to celebrate** special days for parents and teachers.

4 목적어가 that절인 문장의 수동태: 「It + is〔was〕+ 과거분사 + that ~」
· **It is said that** Nick is sick in bed. → Nick **is said to be** sick in bed.

Tip ※ 알아두어야 할 동사구 표현
· account for: 설명하다
· deal with: 다루다
· look up to: 존경하다
· look after: 돌보다
· make fun of: 놀리다
· put off: 연기하다

1 이 프로그램은 무료로 다운받을 수 있다.   **2** 그의 아버지가 돌아가셨을 때, 그는 그의 큰 누나에 의해 보살핌을 받았다.   **3** 카네이션은 부모님과 선생님들을 위한 특별한 날을 축하하는 데 사용된다.   **4** Nick이 아파서 누워 있다고들 한다.

Exercise 괄호 안의 단어들을 이용하여 문장을 완성하시오

1 This report _____ (must, finish) by this Friday.
2 My sister _____ (run over) a bike yesterday.
3 CCTVs can _____ (use, prevent) crimes.
4 It is _____ (think) number 7 brings good luck.

Grammar Practice

A 괄호 안의 단어를 알맞은 형태로 바꿔 쓰시오.

1 The Gwangju Biennale ＿＿＿＿＿(hold) every two years.

2 This project must ＿＿＿＿＿(keep) strictly secret.

3 Three quarters of the Earth ＿＿＿＿＿(cover) with water.

4 This year, the numbers ＿＿＿＿＿(expect) to show a steeper decline.

5 It ＿＿＿＿＿(believe) that the couple have left the country.

hold 개최하다
strictly 엄격하게
quarter 4분의 1
steep 가파른
decline 감소

B 다음 중 어법상 틀린 부분을 찾아 바르게 고치시오.

1 She was made do all the housework.

2 I was not allowed go home early.

3 He was seen lie in bed all day long.

4 This shirt is made in pure cotton.

5 All of his books are known as everybody.

lie in ~에 누워 있다
pure 순수한
cotton 면

C 우리말과 일치하도록 괄호 안의 단어들을 이용하여 문장을 완성하시오.

1 이 식물은 일주일에 한 번 물을 준다. (water)
→ This plant ＿＿＿＿＿＿＿＿＿ once a week.

2 김 선생님은 그의 학생들에게 존경을 받았다. (look up to)
→ Mr. Kim ＿＿＿＿＿＿＿＿＿ his students.

3 그녀는 새 직장에 만족한다. (please)
→ She ＿＿＿＿＿＿＿＿＿ her new job.

4 우리는 Jason의 엄마에게 맛있는 저녁을 대접 받았다. (serve)
→ We ＿＿＿＿＿＿＿＿＿ by Jason's mom.

water ~에 물을 주다
look up to ~를 존경하다
serve (음식을) 제공하다, 차려 주다

D 다음 문장을 수동태로 바꿀 때 어법상 **틀린** 부분을 찾아 바르게 고치시오.

1 We heard several birds sing on the roof.
→ Several birds were heard sing on the roof.

2 A small group of French doctors founded Doctors Without Borders in 1971.
→ Doctors Without Borders was founded a small group of French doctors in 1971.

3 You must make reservations on our website.
→ Reservations must made on our website.

4 You sent us your cancellation request after the authorized cancellation period.
→ Your cancellation request was sent us after the authorized cancellation period.

E 밑줄 친 부분을 어법에 맞게 고치시오.

1 Suddenly, he <u>was disappeared</u> from the stage.

2 An eye with tears might <u>be used to standing</u> for "sorrow".

3 My children <u>were taken good care</u> by Ms. Simpson for the day.

4 All those who need a doctor's help <u>are had</u> a right to get medical care.

서술형 F 다음 글의 밑줄 친 부분 중, 어법상 **틀린** 것을 **모두** 골라 바르게 고치시오.

Botswana was once one of the poorest countries in Africa. It ① <u>used to be called</u> Bechuanaland. After gaining independence from Great Britain in 1966, it ② <u>renamed</u> Botswana. In 1967, large deposits of diamonds ③ <u>discovered</u> in the region. Suddenly, Botswana ④ <u>became</u> one of Africa's richest countries. Botswana is in southern Africa. About 70% of Botswana ⑤ <u>is covered by</u> the Kalahari Desert.

*deposit (광물의) 매장층

FOCUS 기출로 짚어 보는 수동태

FOCUS 1 주어와 동사의 관계를 파악하여 능동태 문장인지 수동태 문장인지 구분한다.

1 Many natural materials come from plants or animals, or they are 　dug / digging　 from the ground. | 고1 학평 기출

2 She even claims that she was once 　kidnapped / kidnapping　 by a devil and escaped three days later. | 고1 학평 기출

3 For decades, child-rearing advice from experts has 　encouraged / been encouraged　 the nighttime separation of baby from parent. | 수능 기출

FOCUS 2 4형식과 5형식 문장의 수동태, 조동사가 포함된 수동태, 동사구의 수동태 등과 같이 주의해야 할 수동태 구문을 정확히 익혀 둔다.

4 Most people want to be good, fair, and liked. Love others, and you will 　loved / be loved　 back. | 고1 학평 기출

5 In a busy parking lot of a large shopping center, these boys had 　left / been left　 completely alone in the car. | 고1 학평 기출

6 Our brains involve a more complicated system than can 　be accounted for / be accounted　 by images taken from nineteenth-century technology. | 수능 기출 응용

Let's Do It!

다음 글의 밑줄 친 부분 중, 어법상 틀린 것은? | 고1 학평 기출

The city of Pompeii is a ① partially buried Roman town-city near modern Naples. Pompeii was destroyed and buried ② during a long eruption of the volcano Mount Vesuvius in 79 AD. The eruption buried Pompeii under 4 to 6 meters of ash and stone, and it ③ lost for over 1,500 years before its accidental rediscovery in 1599. Since then, its rediscovery ④ has provided a detailed insight into the life at the height of the Roman Empire. Today, this UNESCO World Heritage Site is one of Italy's most popular tourist attractions, with about 2,500,000 people ⑤ visiting every year.

Chapter 07 to부정사 I

- What do you want **to eat**?
- I'd like something **to drink**.

to부정사는 「to+동사원형」의 형태로 문장에서 명사, 형용사, 부사의 역할을 한다. 한 가지 품사로 '정해지지 않았다(不定)'는 의미에서 '부정사'라는 이름이 붙었다.

07-1 명사적 용법 to부정사는 '~하는 것'의 의미로 문장 안에서 명사처럼 쓰여 주어, 목적어, 보어 역할을 한다.

1 주어로 쓰일 때

- **To ignore** his invitation would be rude.
  to부정사구(to부정사 + 목적어)

- **To walk** fast burns lots of calories.
  to부정사구(to부정사 + 부사)
- ▶ to부정사는 본래 동사의 기능을 가지고 있어서 뒤에 목적어, 보어, 부사를 수반한 'to부정사구'를 이루기도 하며, to부정사(구) 형태의 주어는 단수 취급한다.

- **To master** foreign languages is not easy.
  → **It** is not easy **to master** foreign languages.
  가주어   진주어
- ▶ to부정사구가 주어로 쓰이면 주로 가주어 it을 주어 자리에 쓰고, to부정사구는 문장 뒤로 보내어 「It ~ to부정사구」형태로 쓴다.
  |참조| 16-1 대명사 it의 쓰임 (p.110)

2 목적어로 쓰일 때

- My dad agreed **to ride** a bike with me every Saturday.
- King Sejong decided **to create** an alphabet for his people.
  - ▶ to부정사에는 '~할 것'이라는 미래의 의미가 포함되므로 want, expect, hope, agree, promise, plan, decide 등과 같이 미래의 일을 내포하는 동사들은 대개 to부정사를 목적어로 취한다.

3 보어로 쓰일 때

- The important thing is **to learn** from mistakes. (the important thing = to learn from mistakes)

· 무엇을 먹고 싶니? · 난 마실 뭔가가 있으면 좋겠어. **1** 그의 초대를 거절하는 것은 무례할 것이다. / 빨리 걷는 것은 많은 칼로리를 연소시킨다. / 외국어를 마스터하는 것은 쉽지 않다. **2** 아빠는 토요일마다 나와 함께 자전거를 타는 것에 동의하셨다. / 세종대왕은 자신의 백성을 위해서 문자를 만들기로 결심했다. **3** 중요한 것은 실수로부터 배우는 것이다.

Exercise 밑줄 친 to부정사구가 문장에서 어떤 역할을 하는지 쓰고, 문장을 우리말로 해석하시오.

1 To respect people is the basic idea of democracy. _____

2 It is exciting to watch a baseball game at the stadium. _____

3 My sister is planning to go abroad this summer vacation. _____

4 My goal is to become the best cook in Korea. _____

07-2 형용사적 용법 to부정사는 '~할, ~하는'의 의미로 문장 안에서 형용사처럼 쓰여, 명사를 수식하거나 보어로 쓰인다.

1 명사 수식: 명사(구)를 수식하는 형용사적 용법의 to부정사는 명사 뒤에서 수식한다.

- Running improves one's ability **to recall** memories.
- Please bring me a chair **to sit** on.
  sit on a chair (○) / sit a chair (×)

▶ 「명사+to부정사+전치사」 형태인 경우, to부정사의 수식을 받는 명사를 to부정사구의 의미상 목적어로 해석해 보면 전치사의 필요 여부를 알 수 있다.

▶ -thing, -one, -body로 끝나는 대명사는 형용사가 뒤에서 꾸며주는데, 형용사와 to부정사가 같이 수식하면 「-thing(-one, body) + 형용사 + to부정사」의 순으로 쓴다. *ex.* I want something cold **to drink**.

2 2형식 동사 + to부정사(보어)

- When I was young, time **seemed to go** very slowly.

▶ seem(~인 것 같다), appear(~인 것 같다), turn out(~임이 판명되다), be likely(~인 것 같다) 등은 to부정사와 자주 쓰이는 2형식 동사들이다.

▶ to부정사구는 5형식 문장에서 목적격보어로도 쓰인다. *ex.* I asked him **to help** me. |참조| 05-3 5형식 동사 (p.32)

1 달리기는 사람들의 기억을 되살리는 능력을 향상시킨다. / 나에게 앉을 의자를 가져다 주세요. *ex.* 나는 시원한 것을 마시고 싶다.　**2** 내가 어렸을 때, 시간은 매우 느리게 가는 것 같았다. *ex.* 나는 그에게 도와 달라고 부탁했다.

Exercise 밑줄 친 부분이 어법상 맞으면 ○, 틀리면 ×표 하고 바르게 고치시오.

1 Gyeongju has <u>many historical places to visit</u>.

2 Would you like <u>something eat</u>?

3 Please lend me <u>a pen with to write</u>.

4 The rumor <u>turned out be false</u>.

07-3 부사적 용법 to부정사는 부사처럼 동사, 형용사, 부사, 또는 문장 전체를 수식할 수 있는데, 목적, 원인, 정도, 결과, 판단의 근거 등을 나타낸다.

1 목적: ~하기 위해서 (= in order to, so as to)

- Salmon swim upstream **to lay** their eggs.
  = in order (so as) **to lay** their eggs

2 원인: ~하게 되어서

- I'm sorry **to hear** that he's leaving next week.　▶ 감정을 나타내는 동사나 형용사 뒤에 to부정사가 오면 to부정사는 '감정의 원인'을 나타낸다.

3 정도: ~하기에

- This problem is not easy **to solve**.　▶ to부정사가 형용사를 수식하는 형태이다.

4 결과: (~해서) …했다

- One morning, he awoke **to find** himself famous.
- He did his best **only to fail**.　▶ 관용적 표현: only to (~했지만) …했다 / never to (~해서) 결코 …하지 않았다

5 판단의 근거: ~하다니

- He must be very angry **not to say** a word.　▶ 부정어 not, never는 to부정사 앞에 쓴다.

1 연어는 알을 낳기 위해 상류로 헤엄친다.　**2** 그가 다음 주에 떠난다는 말을 들으니 유감이네요.　**3** 이 문제는 풀기 쉽지 않다.　**4** 어느 날 아침, 그는 잠에서 깨어 자신이 유명해진 것을 알게 되었다. / 그는 최선을 다했지만 실패했다.　**5** 그가 한마디도 하지 않다니 매우 화가 났음에 틀림없다.

Exercise 밑줄 친 부분에 유의하여 문장을 우리말로 해석하시오.

1 Many people go to Jeongdongjin <u>to see the sunrise</u>.

2 The traffic signs should be easy <u>to understand</u>.

3 She left her hometown <u>never to return</u>.

4 My grandmother must be happy <u>to hear my voice</u>.

5 I'm pleased to get <u>to know you</u>.

07-4 too~ to/enough to too ~ to와 enough to는 자주 쓰이는 구문이므로 의미를 확실히 알아 둔다.

1 「too + 형용사/부사 + to + 동사원형」: 너무 ~해서 …할 수 없다, …하기에는 너무 ~하다

= 「so + 형용사/부사 + that + 주어 + can't」

- The file was **too** large **to** send by email.

  = The file was **so** large **that** I **couldn't** send it by email.

2 「형용사/부사 + enough to + 동사원형」: ~하기에 충분히 …한(하게) = 「so + 형용사/부사 + that + 주어 + can」

- The room is large **enough to** hold over 20 people.

  = The room is **so** large **that** it **can** hold over 20 people.

  ▶ 여기서 enough는 '충분히'라는 의미의 부사로 쓰였으며, 부사 enough는 반드시 형용사나 부사 뒤에서 수식한다.

---

1 파일이 너무 커서 이메일로 보낼 수 없었다.   **2** 그 방은 20명 이상을 수용할 만큼 충분히 크다.

Exercise 우리말과 일치하도록 괄호 안의 단어들을 이용하여 문장을 완성하시오.

1 그 물은 마시기에 충분히 깨끗하다. (clean, drink)

→ The water is _____ .

→ The water is so _____ that I _____ .

2 그 상자는 너무 무거워서 나를 수 없다. (heavy, carry)

→ The box is _____ .

→ The box is so _____ that I _____ .

3 그들은 너무 가난해서 병원에 갈 수 없었다. (poor, go)

→ They were _____ to a hospital.

→ They were so _____ to a hospital.

4 대부분의 다른 새들은 스스로 올라가기에 충분히 작고 가볍다. (small and light, lift)

→ Most other birds are _____ themselves up.

→ Most other birds are so _____ themselves up.

Grammar Practice

Answers p.16

A 밑줄 친 부분을 어법에 맞게 고치시오.

1 I am really happy <u>work</u> with you again.

2 I don't have any paper <u>to write</u>.

3 The ice was <u>so thin to skate on</u>.

4 I'm <u>enough old to get</u> a driver's license.

5 The boys want <u>to cold something drink</u>.

> thin 얇은, 가는
> driver's license 운전면허증

B 밑줄 친 부분에 유의하여 문장을 우리말로 해석하시오.

1 A coffee stain is hard <u>to remove</u>.

2 You should make plans <u>in order to spend time wisely</u>.

3 It is important <u>to do your best at all times</u>.

4 I can't think of anything <u>to write about</u>.

> stain 얼룩
> remove 제거하다
> wisely 현명하게
> at all times 항상, 언제나

C 우리말과 일치하도록 괄호 안의 단어들을 이용하여 문장을 완성하시오.

1 보다 명쾌하고 빠르게 사고하기 위해서는 제대로 된 아침식사를 하라. (think)

→ _____ more clearly and faster, eat a good breakfast.

2 헬멧을 쓰지 않고 오토바이를 타는 것은 위험하다.
(is, ride a motorbike, it, to, dangerous)

→ _____ without wearing a helmet.

3 영어로 일기를 쓰는 것은 쓰기 능력을 향상시키는 데 도움이 될 수 있다.
(keep, a diary, in English, to)

→ _____ can improve your writing skills.

4 만약 당신이 너무 바빠서 세탁을 못하더라도 그것에 대해 걱정하지 마라.
(busy, do, laundry, too)

→ If you're _____, don't worry about it.

> motorbike 오토바이
> keep (일기 등을) 쓰다, 적다
> improve 향상시키다

D 어법상 <u>틀린</u> 부분을 찾아 바르게 고치시오.

1 He doesn't appear being nervous at all.

2 I was full of great plans finding success in the unknown land.

3 She promised working to protect children from violence.

4 Suppose you come home from school find a cushion torn apart on the living room floor.

unknown 미지의, 알려지지 않은
protect 보호하다
violence 폭력
tear apart ~을 갈가리 찢어놓다

E 두 문장이 같은 뜻이 되도록 빈칸에 알맞은 단어를 쓰시오.

1 I have no work I must do tonight.
→ I have no work _____ _____ tonight.

2 Jane went out so that she could buy some coffee.
→ Jane went out _____ _____ some coffee.

3 She grew up and became a doctor.
→ She grew up _____ _____ a doctor.

4 Eireen is tall enough to touch the shelf.
→ Eireen is _____ tall _____ she _____ touch the shelf.

5 My parents think I am too young to travel alone.
→ My parents think I am _____ young _____ I _____ travel alone.

서술형 F 밑줄 친 우리말과 일치하도록 괄호 안의 단어들을 이용하여 문장을 완성하시오.

As long as you brush your teeth, you are said (1) <u>입 냄새를 없앨 수 있다고</u>. The truth is that most people only brush their teeth for 30 to 45 seconds, which just doesn't solve the problem. (2) <u>당신의 이를 깨끗이 하기 위해서</u> sufficiently, you should brush for at least 2 minutes at least twice a day. (3) <u>당신의 혀를 닦는 것도 기억하라.</u>

bad breath 입 냄새
sufficiently 충분히

(1) _____ (to, not, have, bad breath)
(2) _____ (teeth, clean)
(3) _____ (brush, tongue, to, too, remember)

50 Grammar BITE SUM

FOCUS 기출로 짚어 보는 to부정사 1

FOCUS 1

to부정사가 명사적 역할을 하는지, 명사를 수식하는 형용사적 역할을 하는지, 혹은 형용사나 부사, 동사를 수식하는 부사적 역할을 하는지 문맥상 의미 파악을 통해 구별한다.

1 The best way is to bring / bring your phone to the customer service center. | 고3 학평 기출

2 On trips like this, he would always have a good story telling / to tell . | 고1 학평 기출

3 The average cat naps for 13-18 hours every day saving / to save energy and pass the time. | 고3 평가원 기출

FOCUS 2

목적어로 to부정사를 취하는 동사인지 동명사를 취하는 동사인지를 구별하고, to부정사가 오면 '미래'의 의미로 해석한다.

4 A public official was so honest that he refused taking / to take bribes. | 고2 학평 기출

5 You need motivate / to motivate yourself because there is no one to make you do your schoolwork. | 고3 학평 기출

6 As he made better and better spyglasses, Galileo decided pointing / to point one at the Moon. | 고1 학평 기출

Let's Do It!

(A), (B), (C) 각 네모 안에서 어법에 맞는 표현을 골라 짝지은 것으로 가장 적절한 것은? | 고1 학평 기출

School uniforms have some advantages. For example, they make all the students feel (A) equal / equally . People's standards of living differ greatly, and some people are well-off (B) during / while others are not. School uniforms make all the students look the same whether they are rich or not. They promote pride and raise the self-respect of students who cannot afford (C) to wear / wearing stylish clothing.

	(A)		(B)		(C)
①	equal	......	while	......	to wear
②	equal	......	during	......	to wear
③	equal	......	during	......	wearing
④	equally	......	while	......	wearing
⑤	equally	......	during	......	to wear

Chapter 08 to부정사 2

- It's difficult for him to stop laughing.
- He cannot help but laugh.

08-1 to부정사의 의미상 주어

to부정사는 동사의 성격을 갖기 때문에 해당 동사의 주체를 나타내는 의미상의 주어가 필요하다. 문장의 주어와 to부정사의 주어가 동일하거나, to부정사의 의미상 주어가 일반인인 경우에는 생략할 수 있지만, 그 외의 경우에는 의미상의 주어를 to부정사 앞에 써준다.

1 일반적으로 to부정사 앞에 「for+목적격」형태로 쓴다.
- It's almost impossible **for me** to solve this problem.

  to solve의 주어는 'I' → I solve the problem

2 사람의 성질을 나타내는 형용사가 보어로 쓰일 경우에는 「of+목적격」을 쓴다.
- It's *kind* **of you** to let me stay here.

  to let의 주어는 'you' → you let me stay here

※ 사람의 성질을 나타내는 형용사

• careful(주의 깊은)	• careless(부주의한)	• considerate(사려 깊은)	• cruel(잔인한)
• foolish(어리석은)	• generous(관대한)	• honest(정직한)	• kind/nice(친절한)
• polite(예의 바른)	• rude(무례한)	• stupid(어리석은)	• wise(현명한)

• 그가 웃음을 멈추는 것이 어렵다. • 그는 웃을 수밖에 없다. **1** 내가 이 문제를 푸는 것은 거의 불가능하다. **2** 저를 여기에 머물게 해 주시다니 당신은 친절하시네요.

Exercise 괄호 안의 단어들을 이용하여 문장을 완성하시오.

1 The region is too dry _____. (plants, grow)

2 It is too deep _____ here. (you, swim)

3 It's very careless _____ such a thing. (you, say)

4 It is nice _____ care of your younger sisters. (you, take)

08-2 to부정사의 시제와 수동태

to부정사는 동사의 성격을 가지므로 시제와 수동태를 표현할 수 있다.

1 to부정사의 시제 표현

❶ 주절의 시제와 to부정사의 시제가 같을 경우에는 「to+동사원형」을 쓴다.
- It <u>seems</u> that he <u>is</u> ill. (현재 = 현재)   → He seems **to be** ill.
- It <u>seemed</u> that he <u>was</u> ill. (과거 = 과거)   → He seemed **to be** ill.

❷ 주절의 시제보다 to부정사의 시제가 앞설 경우에는 「to have+과거분사」를 쓴다.
- It <u>seems</u> that he <u>was</u> ill. (현재＜과거)   → He seems **to have been** ill.
- It <u>seemed</u> that he <u>had been</u> ill. (과거＜과거완료) → He seemed **to have been** ill.

2 to부정사의 수동태

❶ to부정사와 의미상 주어의 관계가 수동일 때는 「to be+과거분사」 형태로 쓴다.

We respect others and hope **to be respected** as well.
→ we **are respected**의 의미

❷ to부정사의 시제가 문장 전체의 시제보다 앞선 경우의 수동태는 「to have been+과거분사」 형태로 쓴다.

Ten people are said **to have been hurt**.
→ ten people **were hurt**의 의미

---

1 ❶ 그는 아픈 것 같다. / 그는 아픈 것 같았다. **❷** 그는 아팠던 것 같다. / 그는 아팠었던 것 같았다. **2 ❶** 우리는 다른 사람들을 존중하며 또한 존중받기를 원한다. **❷** 열 명이 다쳤다고 한다.

Exercise 우리말과 일치하도록 괄호 안의 단어를 알맞은 형태로 바꿔 쓰시오.

1 그녀는 나에게 화난 것 같다. → She seems _____ (be) angry at me.

2 그는 젊었을 때 부자였던 것 같다. → He seems _____ (be) rich in his youth.

3 그 영화는 곧 개봉될 것이다. → The movie is going _____ (release) soon.

08-3 원형부정사

to 없이 동사원형만으로 이루어진 부정사를 '원형부정사'라고 한다. 대표적으로 지각동사와 사역동사의 목적격보어로 원형부정사를 쓴다.

1 지각동사와 사역동사의 목적격보어

- I **heard** someone **come** up to me.
- Please **have** him **return** my call.

▶ 지각동사와 사역동사의 목적격보어 자리에는 원형부정사 외에 현재분사나 과거분사가 올 수도 있다. |참조| 05-3 5형식 동사 (p. 32)

cf. Music **helps** me **(to) relieve** stress. ▶ help는 목적격보어로 to부정사도 오는데, 동사원형으로 쓰는 경우가 더 많다.

2 원형부정사가 포함된 관용 표현

❶ 「cannot (help) but+동사원형」: ~할 수밖에 없다 (= cannot help+-ing)

I **cannot (help) but** agree with you.

❷ 「do nothing but+동사원형」: ~하기만 하다

She **did nothing but** cry all day.

---

1 나는 누군가가 내게 다가오는 것을 들었다. / 그에게 저한테 다시 전화해 달라고 해 주세요. *cf.* 음악은 내가 스트레스를 푸는 데 도움을 준다. **2 ❶** 나는 당신 말에 동의할 수밖에 없다. **❷** 그녀는 하루 종일 울기만 했다.

Exercise 밑줄 친 부분을 어법에 맞게 고치시오.

1 I felt something <u>touched</u> my back.

2 They helped me <u>adapting</u> to the new environment.

3 Let me <u>taking</u> a look at your driver's license.

4 I was so sick that I couldn't help but <u>to cancel</u> my appointment.

to부정사의 관용 표현 자주 쓰이는 to부정사 구문들은 숙어처럼 암기해 두면 해석하는 데 도움이 많이 된다.

1 「**의문사+to부정사**」: 문장 내에서 명사의 역할을 하며, 「의문사+주어+should+동사원형」 형태의 절로 바꿔 쓸 수 있다.

- what+to부정사: 무엇을 ~해야 할지
- how+to부정사: 어떻게 ~해야 할지, ~하는 방법
- when+to부정사: 언제 ~해야 할지
- where+to부정사: 어디로(어디에서) ~해야 할지

▶ 의문사 중에서 why와 who는 이러한 형태로 쓰지 않는다.

- A good parent knows **when to talk** and **when to listen**.
- I can't decide **what to buy**. → I can't decide *what I should buy*.

2 숙어처럼 쓰이는 **to부정사** 구문들

- to begin with: 우선, 무엇보다도
- to make matters worse: 설상가상으로
- not to mention: ~은 말할 것도 없이
- to be honest: 솔직히 말하면
- to tell the truth: 사실을 말하자면
- strange to say: 이상한 얘기지만

- **To begin with**, let me tell you about my family.
- **To be honest**, the movie wasn't interesting at all.

▶ 숙어처럼 쓰이는 to부정사 구문들은 문장 전체를 꾸며주는 역할을 한다.

1 좋은 부모는 말해야 할 때와 들어야 할 때를 안다. / 나는 무엇을 사야 할지 결정할 수 없다.   **2** 우선, 저희 가족에 대해 말씀드리겠습니다. / 솔직히 말하면, 그 영화는 전혀 재미있지 않았다.

Exercise

A 우리말과 일치하도록 괄호 안의 단어들을 이용하여 문장을 완성하시오.

1 솔직히 말하면, 나는 내가 이길 수 있을지 확신하지 못했다. (honest, to)

→ _____ with you, I wasn't sure that I could win.

2 설상가상으로, 비가 내리기 시작했다. (matters, make, worse)

→ _____, it started to rain.

3 우리는 음식은 말할 것도 없고 물도 없었다. (food, mention, not)

→ We didn't have water, _____.

B 두 문장이 같은 뜻이 되도록 빈칸에 알맞은 단어를 쓰시오.

1 Do you know when you should go?

→ Do you know _____ _____ _____ ?

2 They haven't decided where they should meet.

→ They haven't decided _____ _____ _____.

3 I don't know what I should cook for dinner.

→ I don't know _____ _____ _____ _____.

4 It is important to know how you should control yourself.

→ It is important to know _____ _____ _____ _____.

Grammar Practice

Answers p.17

A

밑줄 친 부분을 어법에 맞게 고치시오.

1 It is not easy <u>of any of us</u> to learn a foreign language.

2 It is rude <u>for you</u> to come in without knocking.

3 The project is expected <u>to complete</u> in 2019.

4 Noah's Ark is believed <u>to be built</u> in Iraq.

5 No one noticed <u>him came</u> back here.

6 He does nothing <u>but watching</u> TV on weekends.

> rude 무례한
> complete 완성하다, 끝마치다
> Noah's Ark (성경) 노아의 방주
> notice 알아채다

B

밑줄 친 부분이 어법상 맞으면 ○, 틀리면 ×표 하고 바르게 고치시오.

1 This box is too heavy <u>for me</u> to lift.

2 It's foolish <u>for you</u> to believe what he said.

3 I want all these books <u>to return</u> by tomorrow.

4 I was so embarrassed that I didn't know <u>what to do</u> at first.

5 <u>Strange say</u>, I don't want to eat anything.

> lift 들어 올리다
> embarrassed 당황한

C

우리말과 일치하도록 괄호 안의 단어를 이용하여 문장을 완성하시오.

1 이 시는 내가 이해하기에 너무 어렵다. (understand)

→ This poem is too difficult _____.

2 할로윈은 고대 아일랜드 축제에서 유래한 것으로 보인다. (come)

→ Halloween seems _____ from an ancient Irish festival.

3 많은 학생들이 효율적으로 공부하는 법을 모른다. (study)

→ Many students don't know _____ efficiently.

4 사실을 말하면, 그것은 내 책임이다. (truth)

→ _____, I'm to blame for it.

> ancient 고대의
> Irish 아일랜드의
> efficiently 효율적으로
> be to blame for ~에 대해 책임이 있다

D 어법상 **틀린** 부분을 찾아 바르게 고치시오.

1 I cannot help but falling in love with her.

2 The above chart shows how cook meat by using a microwave oven.

3 Golden poison frogs seem to have been aware that they are not threatened by predators.

4 We can start to help our babies learning to love great foods even before they are born.

chart 차트, 도표
microwave oven 전자레인지
aware 알고 있는
threaten 위협하다
predator 포식자

E 두 문장이 같은 뜻이 되도록 빈칸에 알맞은 단어를 쓰시오.

1 It seems you have lost weight.
→ You seem _____ _____ _____ weight.

2 He was proud that he had been chosen as the captain of the team.
→ He was proud _____ _____ _____ _____ as the captain of the team.

3 Alice can solve this problem easily.
→ It is easy _____ _____ _____ _____ this problem.
→ This problem is _____ _____ Alice _____ _____.

4 It's very generous that you help them financially.
→ It's very generous _____ _____ _____ _____ them financially.

서술형 **F** 다음 글을 읽고 물음에 답하시오.

Our human body is made up of many muscles. All these muscles work together to help you ① <u>make</u> a motion. They basically cover the bones like a blanket. Muscles are fastened to the bones by tough bands called tendons. You can see your tendons when you move your finger up and down. Moving your fingers back and forth makes your tendons ② <u>moved</u>. (A) These muscles must be told ③ <u>when to move</u>. They are controlled by your thinking.

(1) 밑줄 친 ①~③ 중 어법상 **틀린** 것을 찾아 바르게 고치시오.

(2) (A) 문장과 뜻이 같도록 다음 빈칸에 알맞은 말을 쓰시오.
→ These muscles must be told when _____ _____ _____.

be made up of ~로 구성되다
muscle 근육
make a motion 움직이다
fasten 단단히 고정시키다
tendon 힘줄
back and forth 앞뒤로

FOCUS 기출로 짚어 보는 to부정사 2

FOCUS 1 to부정사는 동사의 성격을 가지고 있기 때문에 시제와 태(능동태, 수동태)를 표현할 수 있다. 문맥을 잘 파악하여 적절한 시제와 태를 사용할 수 있어야 한다.

1 The entire Northern Song Dynasty is thought to fall / to have fallen because of it.
| 고3 학평 기출

2 The wallet contained only three dollars and a crumpled letter that seemed to be / to have been there for years. | 고3 학평 기출

3 I resisted her at every opportunity. I hated to tell / be told what to do. | 고1 학평 기출

FOCUS 2 「동사 + 목적어 + 목적격보어」 구문에서 목적격보어로 to부정사를 쓰는 동사와 원형부정사를 쓰는 동사를 구분해서 알아두어야 한다. 또한 to부정사가 포함된 다양한 관용 표현도 기억해 두어야 한다.

4 This leads us make / to make all sorts of wrong decisions about national economic policy. | 고1 학평 기출

5 So many presents and so much money all at once made her eyes shone / shine .
| 고3 학평 기출

6 It told readers how to find firewood in a rainstorm and where put / to put your clothes when it's raining. | 고3 학평 기출

Let's Do It!

(A), (B), (C) 각 네모 안에서 어법에 맞는 표현을 골라 짝지은 것으로 가장 적절한 것은? | 수능 기출

On most subway trains, the doors open automatically at each station. But when you are on the Métro, the subway in Paris, things are different. I watched a man on the Métro (A) try / tried to get off the train and fail. When the train came to his station, he got up and stood patiently in front of the door, waiting for it (B) opened / to open . It never opened. The train simply started up again and went on to the next station. In the Métro, you have to open the doors yourself by pushing a button, depressing a lever or (C) slide / sliding them.

	(A)	(B)	(C)
②	try	opened	sliding
②	try	opened	slide
③	try	to open	sliding
④	tried	to open	slide
⑤	tried	opened	sliding

Chapter 09 동명사

- Jumping rope is fun.
- I enjoy jumping rope.

동명사는 동사를 명사처럼 사용하기 위해 동사원형에 -ing를 붙여 만든 형태를 말한다.

09-1 동명사의 쓰임

「동사원형+-ing」 형태의 동명사는 문장 안에서 주어, 목적어, 보어, 전치사의 목적어로 쓰인다. 동명사는 동사와 명사가 합쳐진 것으로 해석은 '~하기, ~하는 것'으로 한다.

1 주어: Learning to cook is not easy.
요리를 배우는 것
▶ 동명사(구) 주어는 단수 취급한다.

2 목적어: Harry enjoys **driving** his car on weekends.
그의 차를 운전하는 것

3 보어: My job is **writing** stories for kids.
아이들을 위한 이야기를 쓰는 것

4 전치사의 목적어: We are tired of **seeing** the same movie.
전치사+동명사구
▶ 전치사 뒤에는 명사(구) 형태가 와야 하므로 전치사 뒤에 동사가 올 경우에는 동명사 형태로 쓴다.

・줄넘기하는 것은 재미있다. ・나는 줄넘기하는 것을 즐긴다. **1** 요리를 배우는 것은 쉽지 않다. **2** Harry는 주말에 그의 차를 운전하는 것을 즐긴다. **3** 내 직업은 아이들을 위한 이야기를 쓰는 것이다. **4** 우리는 똑같은 영화를 보는 것에 지쳤다. (be tired of: ~에 지치다(싫증나다))

Exercise

밑줄 친 동명사구가 주어, 목적어, 보어, 전치사의 목적어 중 어떤 역할을 하는지 쓰고, 우리말로 해석하시오.

1 She likes reading fashion magazines. _____

2 Drinking plenty of water is good for your skin. _____

3 Thank you for helping me with my work. _____

4 My hobby is building famous landmarks with Legos. _____

5 I usually watch TV before falling asleep. _____

6 He finally finished writing his novel. _____

09-2 동명사 vs. to부정사

동사의 목적어로 동명사나 to부정사 형태가 올 수 있는데, 동명사만을 목적어로 취하거나 to부정사만을 목적어로 취하는 동사들이 있다. 또한 의미 변화 없이 동명사와 to부정사 둘 다 목적어로 취할 수 있는 동사가 있는가 하면 동명사를 취할 때와 to부정사를 취할 때 의미가 달라지는 동사들도 있다.

1 **동명사만을 목적어로 취하는 동사**: enjoy, finish, keep, mind, give up, delay, put off, avoid, deny 등
- Do you <u>mind</u> **parking** your car there?

2 **to부정사만을 목적어로 취하는 동사**: want, hope, learn, choose, stop, afford, decide, expect, plan, ask, promise, refuse 등
- We <u>expected</u> **to begin** our new project soon.

3 **의미 차이 없이 둘 다 목적어로 취하는 동사**: like, love, hate, begin, start, prefer, continue 등
- I <u>hate</u> **working** late. = I <u>hate</u> **to work** late.

4 **동명사와 to부정사를 취할 때 의미 차이가 있는 경우**
- ❶ 〈forget+-ing: ~했던 것을 잊다〉 vs. 〈forget+to부정사: ~할 것을 잊다〉
  - I forgot **seeing** him at the gym.
  - I forgot **to meet** him at the gym.
- ❷ 〈remember+-ing: ~했던 것을 기억하다〉 vs. 〈remember+to부정사: ~할 것을 기억하다〉
- ❸ 〈regret+-ing: ~했던 것을 후회하다〉 vs. 〈regret+to부정사: ~하게 되어 유감이다〉
  - *cf.* 〈stop+-ing: ~하는 것을 멈추다〉 vs. 〈stop+to부정사: ~하기 위해 멈추다〉
    He stopped **studying** and went out.
    We stopped **to look** at the lovely view.
    ▶ 〈stop+to부정사〉에서 to부정사는 목적어가 아니라 '~하기 위해 (목적)'의 부사적 용법으로 쓰인 것이다.

---

1 당신 차를 저쪽에 주차해 주시겠어요? 2 우리는 우리의 새로운 프로젝트를 곧 시작할 것으로 기대했다. 3 나는 늦게까지 일하는 것을 싫어한다. 4 ❶ 나는 체육관에서 그를 본 것을 잊었다. / 나는 체육관에서 그를 만날 것을 잊었다. *cf.* 그는 공부하는 것을 멈추고 나갔다. / 우리는 아름다운 경치를 보기 위해 멈췄다.

Exercise

A 괄호 안의 단어를 알맞은 형태로 바꿔 쓰시오.

1 Would you mind ＿＿＿＿＿＿＿ (turn) on the air conditioner?

2 Don't forget ＿＿＿＿＿＿＿ (do) your homework tonight.

3 The family never gave up ＿＿＿＿＿＿＿ (look for) their lost dog.

4 The two nations began ＿＿＿＿＿＿＿ (discuss) energy security problems.

B 밑줄 친 부분을 우리말로 해석하시오.

1 ⓐ He <u>remembered seeing</u> the movie. ＿＿＿＿＿＿＿＿＿＿＿＿

ⓑ He <u>remembered to see</u> the movie. ＿＿＿＿＿＿＿＿＿＿＿＿

2 ⓐ He should <u>stop talking</u> like that. ＿＿＿＿＿＿＿＿＿＿＿＿

ⓑ He <u>stopped to talk</u> to me for a minute. ＿＿＿＿＿＿＿＿＿＿＿＿

자주 쓰이는 동명사 표현 동명사가 포함된 관용 표현들은 숙어처럼 외워 두어야 한다.

1 전치사와 함께 쓰이는 동명사 표현
- feel **like** -ing ~하고 싶다
- look forward **to** -ing ~할 것을 고대하다
- be used(accustomed) **to** -ing ~에 익숙하다
- spend 시간(돈) **(on)** -ing ~하는 데 시간(돈)을 소비하다
- not(never) ~ **without** -ing …하지 않고는 ~하지 않는다
- prevent(keep, prohibit, stop) ~ **from** -ing
  ~로 하여금 …하지 못하게 하다
- have difficulty(trouble) **(in)** -ing ~하는 데 어려움을 겪다
- **on** -ing ~하자마자

2 그 외의 동명사 표현
- go -ing 하러 가다
- be worth -ing ~할 가치가 있다
- be busy -ing ~하느라 바쁘다
- can't help -ing ~하지 않을 수 없다
- It is no use -ing ~해도 소용없다

Exercise 밑줄 친 부분을 우리말로 해석하시오.

1 I don't feel like eating now.

2 They're busy preparing for the film festival on Saturday.

3 I'm looking forward to working at your store.

4 You shouldn't go into the water without wearing a life jacket.

동명사의 여러 가지 형태 동명사는 명사처럼 쓰이지만 동사의 성질도 갖고 있어 쓰임에 따라 여러 형태로 변한다.

1 동명사의 부정형: 동명사 앞에 not(never)을 붙인다.
- I'm sorry for **not calling** you on your birthday.

2 동명사의 의미상 주어: 동명사 앞에 소유격(또는 목적격)으로 쓴다.
- I'm really happy about **your coming** back.
  ▶ 동명사의 의미상 주어는 동명사의 행위를 나타내는 주체로, 문장의 주어와 일치하지 않을 경우에 동명사 앞에 소유격의 형태로 쓰는 것이 원칙이며, 목적격을 쓰기도 한다.

3 동명사의 수동태: 「being+p.p.」 형태로 수동의 의미를 나타낸다.
- **Being treated** equally is very important.

1 네 생일에 너에게 전화하지 못해서 미안해.   2 나는 네가 돌아와서 정말 행복하다.   3 동등하게 대우받는 것은 매우 중요하다.

Exercise 어법상 틀린 부분을 찾아 바르게 고치시오.

1 We can't imagine he teaching seven-year-old kids.

2 Nobody likes being ignoring by other people.

3 I'm very sorry for answering not your question.

Grammar Practice

Answers p.19

A 괄호 안의 단어를 알맞은 형태로 바꿔 쓰시오.

1 She felt ashamed of _____(ask) those questions.

2 My hope is _____ _____(not / make) a mistake.

3 How can you say no without _____(feel) guilty?

4 Sometimes _____(work) alone may be necessary in some situations.

ashamed 창피한
guilty 죄책감이 드는, 유죄의
situation 상황

B 밑줄 친 부분을 어법에 맞게 고치시오.

1 Have you finished to clean the room?

2 They are looking forward to go on a picnic.

3 The city should consider to install traffic lights as soon as possible.

4 Is the machine worth to buy for that price?

consider 고려하다
traffic light 교통 신호등

C 우리말과 일치하도록 괄호 안의 동사를 이용하여 문장을 완성하시오.

1 와이파이는 이용 가능하지만 우리는 그것에 연결하는 데 어려움을 겪었다. (connect)
→ Wi-fi is available, but we had _____ to it.

2 우리는 그가 여기 더 일찍 못 오는 것에 대해 사과드리고 싶습니다. (come)
→ We'd like to apologize for _____ here earlier.

3 누군가에게 사랑받는 것은 여러분에게 힘을 줍니다. (love)
→ _____ by someone gives you strength.

4 당신이 행복하고 싶다면 지금부터 걱정하는 것을 멈추는 게 좋다. (worry)
→ If you want to be happy, you had better _____ from now.

connect 연결하다
available 이용 가능한
apologize 사과하다
strength 힘, 활력
from now 지금부터

D 밑줄 친 부분이 어법상 맞으면 ○, 틀리면 ×표 하고 바르게 고치시오.

1 I avoid <u>to drink</u> coffee right before going to sleep.

2 James is used <u>to use</u> chopsticks because he lived in Korea.

3 Don't forget <u>turning</u> off the light before you go out.

4 Everyone stopped <u>to take</u> a picture of the man because he's a famous movie star.

chopstick 젓가락

E 어법상 **틀린** 부분을 찾아 바르게 고치시오.

1 Adapting novels are one of the most respectable movie projects.

2 As a child, you remember to go to your mother when you broke that garage window.

3 She spent an hour at the station to wait for her boyfriend to come.

4 Gravity is the pull of the earth's forces that keeps us from to fly into space.

adapt 각색하다, 개작하다
respectable 괜찮은, 훌륭한
gravity 중력
pull 끌어당김

서술형 F 다음 글의 밑줄 친 부분 중 어법상 틀린 것을 바르게 고치시오.

One day after grocery shopping, I ① <u>was sitting</u> at the bus stop. Not until I got home did I realize that I ② <u>had left</u> my purse on the bench at the bus stop. I rushed ③ <u>to catch</u> a taxi and headed back to the bus stop. On ④ <u>arrived</u> at the bus stop, I started ⑤ <u>searching</u> for my purse. Right at that moment, something caught my eye from under the bench. It was my purse, and fortunately all my money was still in there.

grocery shopping 장보기
purse 핸드백, 지갑
rush 급히 움직이다(하다)
search for ~을 찾다

FOCUS 기출로 짚어 보는 **동명사**

FOCUS 1

목적어로 to부정사를 취하는지 동명사를 취하는지 구별하는 문제가 자주 출제된다. 특히 목적어의 형태(동명사/to부정사)에 따라 의미가 달라지는 동사는 문맥상 의미 파악을 통해 구별해야 한다.

1 All my life, I'll regret not ⎡taking / to take⎤ my teacher's advice seriously. | 수능 기출

2 I remember ⎡to run / running⎤ a workshop last year. | 고1 학평 기출

FOCUS 2

동명사가 포함된 표현들은 숙어처럼 반드시 암기한다. 동사 뒤에 오는 to가 전치사인지 부정사를 이끄는 to인지 구별해야 한다.

3 Do you have trouble ⎡sleeping / to sleep⎤? | 고1 학평 기출

4 Most children are used to ⎡read / reading⎤ the classics published as the popular versions. | 고1 학평 기출

FOCUS 3

동명사(구) 주어는 한 덩어리로 보아 단수 취급한다. 동사 바로 앞의 명사만을 보고 동사의 수를 결정하지 않도록 주의해야 한다.

5 ⎡Giving / Give⎤ support is often the best way to get it. | 고1 학평 기출

6 Comparing yourself with others ⎡are / is⎤ natural and can be motivational. | 고3 평가원 기출

Let's Do It!

다음 글의 밑줄 친 부분 중, 어법상 틀린 것은? | 수능 기출

I hope you remember our discussion last Monday about the servicing of the washing machine ① <u>supplied</u> to us three months ago. I regret to say the machine is no longer working. As we agreed during the meeting, please send a service engineer as soon as possible to repair it. The product warranty says ② <u>that</u> you provide spare parts and materials for free, but charge for the engineer's labor. This sounds ③ <u>unfair</u>. I believe the machine's failure is caused by a manufacturing defect. Initially, it made a lot of noise, and later, it stopped ④ <u>to operate</u> entirely. As it is wholly the company's responsibility to correct the defect, I hope you will not make us ⑤ <u>pay</u> for the labor component of its repair.

10

분사

- The leaves are **falling**.
- Look at the **fallen** leaves.

동사가 -ing 또는 -ed(불규칙변화 동사 제외) 형태를 취하여 문장 안에서 형용사의 역할을 할 수 있는데, 이를 '분사'라고 한다. -ing 형태를 '현재분사,' -ed 형태를 '과거분사'라고 한다.

10-1 형용사 역할을 하는 분사
분사는 형용사의 성격을 가지고 있어서 명사를 수식할 뿐만 아니라, 주격보어나 목적격 보어로도 쓸 수 있다.

1 명사를 수식하는 경우

❶ 수식하는 대상과의 관계가 능동이면 현재분사, 수동이면 과거분사를 쓴다.

- A **rolling** stone gathers no moss. 〈속담〉
  └─ a stone rolls: 능동
- He has had a **broken** leg for two months.
  └─ a leg was broken: 수동

❷ 분사에 동반되는 어구가 있을 때에는 명사 뒤에서 수식한다.

- Who's that girl **wearing** the white dress?
- We can easily find products **made** in China.

2 보어로 쓰이는 경우

❶ 목적어와 목적격보어의 관계가 능동이면 현재분사, 수동이면 과거분사를 쓴다.

- Someone has left the water **running**.
  목적어   목적격보어(the water is running: 능동)
- I had my phone **fixed**.
  목적어   목적격보어(my phone was fixed: 수동)

❷ 감정 형용사: '~를 …하게 만들다'의 의미로 사람이 느끼는 감정을 나타낼 때는 과거분사 형태로 쓴다.

- My family is **satisfied** here in this small village.

※ 감정 형용사

• surprise(놀라게 하다) → surprised(놀란)	• embarrass(당황하게 하다) → embarrassed(당황한)
• bore(지루하게 하다) → bored(지루한)	• disappoint(실망시키다) → disappointed(실망한)
• please(기쁘게 하다) → pleased(기쁜)	• annoy(짜증나게 하다) → annoyed(짜증난)

• 나뭇잎들이 떨어지고 있다. • 떨어진 나뭇잎들을 봐. **1** ❶ 구르는 돌에는 이끼가 끼지 않는다. / 그는 두 달 간 다리가 부러졌었다. ❷ 하얀 드레스를 입고 있는 저 여자아이는 누구니? / 우리는 중국에서 만들어진 제품들을 쉽게 찾을 수 있다. **2** ❶ 누군가가 물을 틀어놓은 채로 두었다. / 나는 내 전화기가 수리되게 했다. ❷ 나의 가족은 여기 이 작은 마을에서 만족한다.

Exercise 괄호 안에서 알맞은 것을 고르시오.

1 A cold wind blew into the house through the (breaking / broken) windows.

2 I'm sorry that I kept you (waiting / waited) for so long.

3 Good habits (forming / formed) in our youths will often stay for the rest of our lives.

4 I think it's the most (bored / boring) book in the world.

10-2 분사구문의 의미
분사구문은 부사절에서 접속사, 주어 등을 생략하고, 분사를 이용하여 간결하게 표현한 구문이다.

1 분사구문의 형태

· *When he saw* the police car, he drove away.

① (주절의 주어와 같은 경우) 접속사와 주어를 생략한다. → When과 he를 삭제한다.

② 동사원형에 -ing를 붙여서 현재분사 형태로 바꾼다. → saw를 Seeing으로 바꿔 쓴다.

→ **Seeing** the police car, he drove away.

2 분사구문의 의미

❶ 동시동작(~하면서)

· She got on the train, **waving** goodbye. ▶ 분사구문은 문장의 앞이나 뒤에 모두 쓸 수 있다.

(= She got on the train *as she waved〔was waving〕* goodbye.)

❷ 양보(비록 ~일지라도)

· **Living** next door, I hardly see him.

(= *Although I live* next door, I hardly see him.)

❸ 이유(~이므로)

· **Not knowing** what to do, I asked him for help. ▶ 부정어 not, never는 분사 앞에 쓴다.

(= *Because I didn't know* what to do, I asked him for help.)

❹ 시간(~하고 나서, ~할 때)

· **After finishing** my science homework, I went out to play.

(= *After I finished* my science homework, I went out to play.)

▶ 분사구문의 의미를 명확히 하기 위해, 접속사를 생략하지 않고 그대로 남겨 두기도 한다.

❺ 조건(만약 ~한다면)

· **Weather permitting**, we are going to climb the mountain.

(= *If the weather permits*, we are going to climb the mountain.)

▶ 부사절의 주어와 주절의 주어가 같지 않을 경우(weather ≠ we), 분사 앞에 부사절의 주어를 써준다.

---

1 경찰차를 보고 그는 차를 몰고 달아났다. 2 ❶ 그녀는 작별 인사로 손을 흔들며 기차에 탔다. ❷ 옆집에 살지만, 나는 그를 거의 보지 못한다. ❸ 무엇을 해야 할지 몰라서 나는 그에게 도움을 요청했다. ❹ 과학 숙제를 끝마친 후에 나는 놀러 나갔다. ❺ 날씨가 허락한다면, 우리는 산에 오를 것이다.

Exercise 분사구문을 이용하여 문장을 완성하시오.

1 As I felt hungry, I looked for something to eat.

→ _____, I looked for something to eat.

2 I fell asleep while I was watching the movie.

→ I fell asleep _____.

3 Because I don't know his phone number, I can't contact him.

→ _____, I can't contact him.

4 As all the students arrived, the teacher started to speak.

→ _____, the teacher started to speak.

1 분사구문의 시제

❶ 시제가 같을 경우: **Cleaning** the house, we prepared dinner for the party.

(= *After we cleaned* the house, we prepared dinner for the party.) (과거 = 과거)

❷ 시제가 다를 경우: **Having finished** the work, he wanted to go home.

(= *As he had finished* the work, he wanted to go home.) (과거완료 ≠ 과거)

▶ 주절의 시제보다 부사절의 시제가 앞서면 「having+과거분사」 형태의 완료분사구문을 쓴다.

2 being 또는 having been의 생략

· **(Being) Walking** down the street, I came across my old friend.

(= *While I was walking* down the street, I came across my old friend.)

· **(Being) Located** on a hill, his house has a fine view.

(= *As his house is located* on a hill, it has a fine view.)

· **(Having been) Born** in 1974, my mom is over forty years of age now.

(= *As my mom was born* in 1974, she is over forty years of age now.)

▶ Being이나 Having been은 생략할 수 있으며, 이 경우 주절의 주어와 분사의 관계가 수동이면 과거분사로 시작하는 분사구문이 된다.

3 「with+목적어+분사」: ~가 …한 상태로

· They hurried home **with night coming on**. (능동: night was coming on)

· He was walking around in his room **with his arms folded**. (수동: his arms were folded)

4 숙어처럼 쓰이는 분사구문의 표현 ▶ 주어의 일치와 상관없이 숙어처럼 사용되는 표현들이 있다.

· Frankly speaking (솔직히 말하면)　· Strictly speaking (엄격히 말하면)
· Generally speaking (일반적으로 말하면)　· Judging from ~ (~로 판단하건대)
· Granting that ~ (~을 인정하더라도)

· **Generally speaking**, women live longer than men.

---

1 ❶ 집을 청소한 후에 우리는 파티를 위해 저녁을 준비했다. ❷ 일을 끝냈기 때문에 그는 집에 가고 싶어 했다. 2 길을 걷다가 나는 옛 친구를 우연히 만났다. / 언덕에 위치해 있어서 그의 집은 전망이 좋다. / 1974년에 태어나서 저희 엄마는 지금 마흔이 넘으셨습니다. 3 밤이 다가오자 그들은 집에 서둘러 갔다. / 그는 팔짱을 낀 채로 그의 방을 서성거렸다. 4 일반적으로 말하면, 여성이 남성보다 더 오래 산다.

Exercise 괄호 안에서 알맞은 것을 고르시오.

1 (Growing up / Having grown up) in London, she speaks English fluently.

2 (Surprising / Surprised) at the news, I burst into tears.

3 (Laughing / Laughed) out loud, I felt much better.

4 She was standing on the hill with her eyes (closing / closed).

5 He listened to me with his eyes (shining / shined).

6 Generally (speaking / spoken), children learn a language faster than adults.

A 괄호 안에서 알맞은 것을 고르시오.

1 Flea markets sell (using / used) goods.

2 Books (purchasing / purchased) online cannot be refunded.

3 The survey showed us (disappointing / disappointed) results.

4 (Satisfying / Satisfied) customers are willing to pay more.

flea market 벼룩시장
purchase 구입하다
refund 환불하다
survey 설문조사
be willing to 기꺼이 ∼하다

B 다음 문장을 분사구문으로 바꿀 때 어법상 틀린 부분을 찾아 바르게 고치시오.

1 As I finished my work, I'm free now.
  → Finished my work, I'm free now.

2 Because I have never been abroad, I prepared a lot for the trip.
  → Having never been abroad, I prepared a lot for the trip.

3 If the rock is seen from a distance, it looks like a dragon.
  → Seeing from a distance, it looks like a dragon.

4 When they are frozen fresh, vegetables do not suffer a significant loss of nutrients.
  → When freezing fresh, vegetables do not suffer a significant loss of nutrients.

abroad 해외에
from a distance 멀리서
dragon 용
significant 커다란, 심한
loss 손실
nutrient 영양소

C 우리말과 일치하도록 괄호 안의 단어들을 이용하여 문장을 완성하시오.

1 버스를 기다리고 있는 사람들이 몇 명 있다. (the bus, wait for, some people)
  → There are _____.

2 Rowling에 의해 쓰인 책들은 전 세계에서 팔린다.
  (write, the books, by Rowling)
  → _____ sell all around the world.

3 그는 만화책을 읽으면서 침대에 누워 있었다. (a comic book, read)
  → He was lying in bed, _____.

4 무슨 말을 해야 할지 몰라서 나는 조용히 있었다. (know, what to say, not)
  → _____, I kept silent.

lie 눕다
keep silent 조용히 있다

D 밑줄 친 부분을 접속사를 이용하여 바꿔 쓰시오.

1 Tim broke his leg underline{playing soccer}.

→ _____

2 underline{Having visited China many times}, she knows a lot about China.

→ _____

3 Eireen drank water underline{before going out}.

→ _____

4 underline{Sitting here in the sun}, I still feel cold.

→ _____

E 밑줄 친 부분 중 어법상 <u>틀린</u> 부분을 찾아 바르게 고치시오.

1 Sometimes promises underline{making} in good faith can't be kept.

2 The villagers underline{saw their children returned home}.

3 underline{Wheeled carts pulling by horses} could transport more goods to market more quickly.

4 This is often a underline{pleased experience for me} because I enjoy meeting people.

good faith 정직, 성실
wheeled 바퀴 달린
cart 수레, 카트
transport 수송하다

서술형 F 다음 글의 밑줄 친 부분을 분사구문으로 바꿔 쓰시오.

Julie and I work at a hair salon. (1) underline{While we were cutting our clients' hair}, Julie said to me, "I'm having trouble with my car, but it's hard to find someone reliable to repair it." "A car mechanic isn't much different from a doctor," I said. "You pay them to correct your problem, but there's no guarantee that it's fixed." (2) underline{Because I realized that I could have offended someone}, I leaned over to Julie's client and asked, "You're not a mechanic, are you?" "No," came the irritated reply, "I'm a doctor."

client 고객, 손님
reliable 믿을 만한
mechanic 정비사
guarantee 보장하다
offend 불쾌하게 하다

(1) _____

(2) _____

FOCUS 기출로 짚어 보는 분사

FOCUS 1

분사에서는 현재분사와 과거분사를 구분하는 문제가 가장 핵심이라 할 수 있다. 문맥의 의미를 잘 파악하여 분사의 수식을 받는 대상과 분사와의 관계가 능동인지 수동인지를 구분하도록 한다.

1 The sound of the water [running / ran] under the bridge always grabs my attention. | 고1 학평 기출

2 On January 10, 1992, a ship [traveled / traveling] through rough seas lost 12 cargo containers | 수능 기출

3 Every time you see it, you will smile and feel your spirit [lifting / lifted]. | 고1 학평 기출

FOCUS 2

분사구문의 의미상의 주어와 분사와의 관계를 주어와 동사의 관계로 생각하여 능동인지 수동인지를 구별하고, 문맥을 통해 생략된 접속사의 의미를 유추한다.

4 When [installing / installed] in a window frame, the glass would be placed thicker side down for the sake of stability. | 고3 학평 기출

5 Instead, it moves quickly back and forth, [forcing / forced] the coyote to change direction and make sharp turns, too. | 고1 학평 기출

6 [Searched / Searching] for a parking space, I found Margaret, my eldest daughter. | 고2 학평 기출

Let's Do It!

다음 글의 밑줄 친 부분 중, 어법상 틀린 것은? | 고3 학평 기출

Is quicksand for real? Yes, but it's not as deadly as it is in the movies. Quicksand forms when sand gets mixed with too much water and ① becomes loosened and soupy. It may look like normal sand, but if you were to step on it, the pressure from your foot would cause the sand ② to act more like a liquid, and you'd sink right in. Pressure from underground sources of water would separate and suspend the granular particles, ③ reduced the friction between them. In quicksand, the more you struggle, the ④ deeper you'll sink. But if you remain still, you'll start to float. So if you ever do fall into quicksand, remember to stay calm, and don't move until you've ⑤ stopped sinking.

Real Test

Chapter 06~10

1 (A), (B), (C)의 각 네모 안에서 어법에 맞는 표현으로 가장 적절한 것은? | 고1 학평 기출

A dilemma tale is an African story form that ends with a question. The question asks the listeners (A) choosing / to choose among several alternatives. By encouraging active discussion, a dilemma tale invites its audience to think about right and wrong behavior within society. Dilemma tales are (B) like / alike folk tales in that they are usually short, simple, and driven entirely by plot. As you read a dilemma tale, you need to keep in mind that most African cultures were traditionally oral ones: Their stories and tales are meant to (C) tell / be told aloud.

	(A)		(B)		(C)
①	choosing	⋯⋯	like	⋯⋯	be told
②	choosing	⋯⋯	alike	⋯⋯	tell
③	to choose	⋯⋯	alike	⋯⋯	tell
④	to choose	⋯⋯	alike	⋯⋯	be told
⑤	to choose	⋯⋯	like	⋯⋯	be told

2 다음 글의 밑줄 친 부분 중, 어법상 틀린 것은? | 고1 학평 기출

Recycling helps protect the environment. For example, fifty kilograms of ① recycled paper saves one tree. Some cities ② have trained their citizens to separate garbage. People have to put cans and plastic bottles in different garbage bags. Paper also ③ is keeping separate. The plastic, metal, and paper ④ are taken to special centers for ⑤ recycling.

①   ②   ③   ④   ⑤

3 (A), (B), (C)의 각 네모 안에서 어법에 맞는 표현으로 가장 적절한 것은? | 고2 학업 성취도 기출

Paranandayya was sitting on the front porch of his house one day when his students came to say, "Teacher, your cows are coming home." The teacher then gave his students a lesson in proper speaking. He told them that (A) what / it was inappropriate to say "your cows" because a teacher and his students belong to one large family. Therefore, it (B) explained / was explained , a respectful student should say "our cows." The students learned their lesson well and left for the day. The next morning the same students saw their teacher's son (C) coming / to come from the well carrying a bucket of water. So the students ran to the teacher and said, "Teacher, our son is coming."

	(A)		(B)		(C)
①	it	······	was explained	······	coming
②	it	······	explained	······	to come
③	it	······	was explained	······	coming
④	what	······	explained	······	to come
⑤	what	······	was explained	······	to come

4 다음 글의 밑줄 친 부분 중, 어법상 틀린 것은? | 고1 학평 기출

Two other communication devices that have come into common usage ① <u>are</u> the answering machine and its cousin, voice mail. The answering machine gives callers a recorded message ② <u>telling</u> them to leave a name and telephone number. At one time, many people thought the use of answering machines rude. Today, most people ③ <u>consider</u> the lack of an answering machine inconsiderate since, without it, the caller cannot leave a message for a person who is away. Voice mail also provides a message and a chance ④ <u>to leave</u> a message. It can be very ⑤ <u>frustrated</u> to people who want to speak to an actual person immediately.

①   ②   ③   ④   ⑤

5 (A), (B), (C)의 각 네모 안에서 어법에 맞는 표현으로 가장 적절한 것은? | 고1 학평 기출

Last Saturday afternoon, I went to a football match in London. My dad got me a ticket for the final against Holland. The match was really (A) exciting / excited from the start. Holland scored a goal after ten minutes, and they were playing really well. After half time, however, England played (B) better / best . Rooney, my favorite player, was excellent. After sixty minutes, he scored the first goal. Ten minutes later he scored another goal, and the score was 2-1! I think Rooney's the best player. He plays better, runs faster, and (C) shoots / shooting harder than all the other players.

	(A)		(B)		(C)
①	exciting	......	better	......	shoots
②	exciting	......	better	......	shooting
③	exciting	......	best	......	shoots
④	excited	......	best	......	shooting
⑤	excited	......	better	......	shooting

6 (A), (B), (C)의 각 네모 안에서 어법에 맞는 표현으로 가장 적절한 것은? | 고2 학업 성취도 기출

In the 19th century philosophers and political scientists were concerned with "racial purity." In recent times, however, the careful genetic study of hidden variation has (A) confirmed / been confirmed that "pure" races do not exist. Not only does racial purity not exist in nature, but it is entirely unachievable and would not be desirable. It is true, however, (B) that / what "cloning," which is now a reality in animals not very remote from us, can generate "pure" races. Identical twins are examples of living human clones. But (C) create / creating human races artificially by cloning would have potentially very dangerous consequences, both biologically and socially.

	(A)		(B)		(C)
①	confirmed	......	that	......	create
②	confirmed	......	what	......	create
③	confirmed	......	that	......	creating
④	been confirmed	......	what	......	creating
⑤	been confirmed	......	that	......	create

7 (A), (B), (C)의 각 네모 안에서 어법에 맞는 표현으로 가장 적절한 것은? | 고1 학평 기출

The more you read, the more you will build up your vocabulary and develop your reading skills. Wherever possible, (A) choose / choosing books or articles which encourage you to read on. Make sure they are at your level, or only a little above your level, neither too difficult nor too easy. Rather than working with word lists, it is (B) usually / usual best to see new words in context. Then you will understand how they are used. As you read a new word in context, there is a very good chance that you will be able to guess (C) its / their meaning.

	(A)	(B)	(C)
①	choose	usually	its
②	choose	usual	its
③	choosing	usually	their
④	choosing	usual	its
⑤	choosing	usual	their

8 (A), (B), (C)의 각 네모 안에서 어법에 맞는 표현으로 가장 적절한 것은? | 고3 학평 기출

Emma was very fond of singing. She had a very good voice, except that some of her high notes tended to sound like a gate which someone had forgotten (A) oiling / to oil . Emma was very conscious of this weakness and took every opportunity she could find to practice these high notes. As she lived in a small house, (B) where / which she could not practice without disturbing the rest of the family, she usually practiced her high notes outside. One afternoon, a car passed her while she was singing some of her highest and most difficult notes. She saw an anxious expression suddenly (C) come / to come over the driver's face. He put his brakes on violently, jumped out, and began to examine all his tires carefully.

	(A)	(B)	(C)
①	oiling	where	come
②	oiling	which	to come
③	oiling	where	to come
④	to oil	which	come
⑤	to oil	where	come

스트레스 해소 강의
~마음의 평화~

 글 / 그림 우쿠쥐

Chapter 11

접속사 I

- A: Which do you like better, cats or dogs?
  B: I like **neither** cats **nor** dogs.

접속사는 단어와 단어, 구와 구, 문장과 문장을 연결해 주는 연결고리 역할을 한다.

11-1 등위접속사
단어, 구, 문장을 대등한 관계로 연결해 주는 접속사를 '등위접속사'라고 하며, 대표적으로 and, but, or, so 등이 있다.

1 and, but, or

❶ Slow **and** steady wins the race. 〈속담〉 (첨가: 그리고, ~와)

❷ I tried to solve the problem, **but** it was too hard for me. (대조: 그러나, 하지만)

❸ Which do you want to have, a pizza **or** a hamburger? (선택: 또는, 아니면)

2 명령문, and/or

❶ 명령문+and: ~해라, 그러면 …

Listen to his advice, **and** you'll succeed.

→ **If** you listen to his advice, you'll succeed. ▶ 「명령문, and/or」는 If절을 이용하여 바꿔 쓸 수 있다.

❷ 명령문+or: ~해라, 그렇지 않으면 …

Listen to his advice, **or** you won't succeed.

→ **If** you don't listen to his advice, you won't succeed.

3 so

❶ I was too excited about the trip, **so** I couldn't sleep. (결과: 그래서)
<u>= therefore</u>

❷ Please turn off the light **so that** I can sleep. (목적: ~하기 위해서, ~하도록)
<u>= in order that</u>

cf. 「so＋형용사/부사＋that＋주어＋동사」: 너무 ~해서 …하다

He ran **so** fast **that** I couldn't catch up with him.

・A: 고양이와 개 중에 너는 어느 것이 더 좋니? B: 나는 고양이도 개도 좋아하지 않아. **1** ❶ 천천히 그리고 꾸준히 하면 경주에서 이긴다. ❷ 나는 그 문제를 풀려고 노력했지만, 그것은 나에게 너무 어려웠다. ❸ 피자와 햄버거 중에서 어느 것을 먹고 싶니? **2** ❶ 그의 충고를 들어라, 그러면 너는 성공할 것이다. ❷ 그의 충고를 들어라, 그렇지 않으면 너는 성공하지 못할 것이다. **3** ❶ 나는 여행에 너무 들떠 있어서 잠을 잘 수 없었다. ❷ 내가 잘 수 있도록 불을 좀 꺼줘. *cf.* 그는 너무 빨리 달려서 내가 그를 따라잡을 수 없었다.

Exercise 빈칸에 and, but, or, so 중에서 알맞은 접속사를 쓰시오.

1 They are not rich, _____ they always smile.

2 Which do you prefer, riding a bike _____ taking a walk?

3 Exercise every day, _____ you'll keep in shape.

4 I had a toothache, _____ I went to the dentist.

5 Drivers should understand roadway signs _____ study traffic laws.

11-2 상관접속사 특정 부사와 접속사가 파트너가 되어 두 가지 어구를 연결하는 경우를 '상관접속사'라고 한다.

1 both A and B: A와 B 둘 다(모두)
- **Both** you **and** I are responsible for this.

2 not A but B: A가 아니라 B
- **Not** Eireen **but** Sam came by.

3 not only A but (also) B: A뿐만 아니라 B도 (= B as well as A)
- He can speak **not only** English **but also** Chinese.
  = He can speak Chinese **as well as** English.

4 either A or B: A와 B 둘 중에 하나
- **Either** you **or** I am wrong.
  ▶ 상관접속사가 쓰인 어구가 주어로 쓰일 경우, 1(Both A and B)은 복수 동사를 쓰고, 2~5는 모두 B에 동사의 수를 일치시킨다.

5 neither A nor B: A도 B도 (둘 다) 아닌
- She enjoys **neither** hiking **nor** traveling.

---

1 너와 나 둘 다 이것에 책임이 있다.　**2** Eireen이 아니라 Sam이 잠깐 들렀다.　**3** 그는 영어뿐만 아니라 중국어도 말할 수 있다.　**4** 너 아니면 내가 틀렸다.　**5** 그녀는 등산하는 것도 여행하는 것도 즐기지 않는다.

Exercise 빈칸에 and, but, or, nor 중에서 알맞은 접속사를 쓰시오.

1 You have to choose either this ＿＿＿＿＿＿ that.

2 Frogs can live both in water ＿＿＿＿＿＿ on land.

3 It is neither too cold ＿＿＿＿＿＿ too hot in April.

4 It was not me ＿＿＿＿＿＿ Tim who broke the rules.

5 Chocolate is not only delicious ＿＿＿＿＿＿ also good for your health.

11-3 병렬구조 접속사로 연결된 두 요소는 반드시 문법적으로 같은 형태이어야 하는데, 이를 '병렬구조'라고 한다.

1 I like **singing** and **dancing**. (동명사 and 동명사)

2 You cannot **eat** your cake and **have** it, too. 〈속담〉 (동사 and 동사)

3 She is probably either **at lunch** or **in a meeting**. (전치사구 or 전치사구)

---

1 나는 노래하는 것과 춤추는 것을 좋아한다.　**2** 너는 케이크를 먹고 그것을 또한 (동시에) 가질 수 없다.　**3** 그녀는 아마 점심을 먹고 있거나 아니면 회의 중일 것이다.

Exercise 밑줄 친 부분이 어법상 맞으면 ○, 틀리면 ×표 하고 바르게 고치시오.

1 I enjoy reading books, watching the movies, and <u>cook</u> on weekends.

2 Boil the water and <u>adding</u> the meat and vegetables.

3 Emily likes to live <u>in the forest</u> or by the beach.

11-4 명사절을 이끄는 접속사와 간접의문문

접속사 that이 이끄는 절은 문장 안에서 주어, 목적어, 보어, 동격 등의 명사 역할을 한다. 한편 의문문이 다른 문장의 일부로 쓰이는 간접의문문 또한 명사 역할을 하는데 접속사 whether / if가 이끄는 간접의문문과 접속사 없이 「의문사+(주어+)동사」 어순을 취하는 간접의문문이 있다.

1 접속사 that: ~라는 것

❶ **That** smartphones are useful in some ways is true. 〈주어〉

→ **It** is true **that** smartphones are useful in some ways.

▶ that절이 주어로 쓰이는 경우, 대개 가주어 It을 주어 자리에 쓰고, that절은 뒤로 보낸다.

❷ Abraham Lincoln recognized **that** all men are equal. 〈목적어〉

❸ The problem is **that** you are not listening to others. 〈보어〉

❹ I'm just happy about *the fact* **that** today is a holiday. 〈동격〉

2 의문사 없는 간접의문문/접속사 whether/if: ~인지 아닌지

❶ **Whether** he will come to the party is not certain. 〈주어〉 ▶ if가 이끄는 명사절은 주어 자리에 쓸 수 없다.

→ **It** is not certain **whether(if)** he will come to the party.

❷ I wonder **whether(if)** we can get there in time (**or not**). 〈목적어〉

→ I wonder **whether (or not)** we can get there in time.

▶ if도 whether와 마찬가지로 or not을 쓸 수 있지만 반드시 if절 끝에 쓴다.

❸ The question is **whether(if)** the rumor is true. 〈보어〉

3 의문사 있는 간접의문문

❶ 어순의 변화

| [의문문] | 의문사+동사+주어? | Do you know? + *Where is he from?* |
| [간접의문문] | 의문사+주어+동사? | → Do you know **where he is from**? |

❷ I don't remember **what happened**.

▶ 의문문의 주어가 의문사인 경우에는 의문문을 그대로 쓴다.

❸ **What** do you think **the answer is**?

▶ do you think(believe, guess, suppose) 등이 간접의문문을 목적어로 취할 때, 의문사를 문장 맨 앞으로 보낸다.

---

1 ❶ 스마트폰이 몇 가지 점에서 유용하다는 것은 사실이다. ❷ 에이브러햄 링컨은 모든 사람이 동등하다고 인식했다. ❸ 문제는 네가 다른 사람들 말을 듣지 않고 있다는 것이다. ❹ 나는 오늘이 휴일이라는 사실이 그저 기쁘다. 2 ❶ 그가 파티에 올지 안 올지 확실하지 않다. ❷ 나는 우리가 거기에 제시간에 도착할 수 있는지 없는지 궁금하다. ❸ 문제는 그 소문이 사실인지 아닌지이다. 3 ❶ 너는 그가 어디 출신인지를 아니? ❷ 나는 무슨 일이 있어났는지 기억이 나지 않는다. ❸ 너는 무엇이 답이라고 생각하니?

Exercise 괄호 안에서 알맞은 접속사를 고르시오.

1 Almost everyone claimed (if / that) he was innocent.

2 It doesn't matter (if / that) he is a salesperson, designer, or whatever.

3 (If / Whether) I actually liked living in a messy room was another subject altogether.

4 Do you remember (what is my dream / what my dream is)?

5 Who do you (know / think) played the best game?

Grammar Practice

Answers p.25

A   빈칸에 알맞은 접속사를 쓰시오.

1 The fact is _____ I know your secret.

2 Put your coat on, _____ you'll catch a cold.

3 Tomorrow will be cold, _____ be sure to wear gloves.

4 We don't know _____ or not he will attend the event.

5 I heard the sad news _____ my friend had a car accident.

catch a cold 감기에 걸리다
be sure to 반드시 ~하다
attend ~에 참석하다

B   밑줄 친 부분이 어법상 맞으면 ○, 틀리면 ×표 하고 바르게 고치시오.

1 Please tell me <u>what do you want</u>.

2 <u>Do you think who will win the race?</u>

3 We aren't going fishing, but <u>to shop</u>.

4 Can you tell me <u>which bus should I take?</u>

5 No one knows <u>what will happen tomorrow</u>.

6 <u>Neither he nor I has</u> enough money to buy that car.

C   우리말과 일치하도록 괄호 안의 단어들을 이용하여 문장을 완성하시오.

1 서둘러라, 그러면 너는 학교에 늦지 않을 것이다. (be late for)

→ Hurry up, _____.

2 음악은 사람뿐만 아니라 식물과 동물에도 영향을 미친다. (people, plants and animals)

→ Music affects _____.

3 나는 박물관이 토요일에 여는지 궁금하다. (museum, be open)

→ I wonder _____ on Saturdays.

4 너는 그가 다음에 무엇을 할 거라고 생각하니? (think)

→ _____ he will do next?

hurry up 서두르다
affect ~에 영향을 미치다

D 괄호 안의 단어를 알맞은 형태로 쓰시오.

1 She would scrub and _____(mop) the floor.

2 You can either stay home or _____(go) with us.

3 By living with their parents and _____(cut) their leisure expenses, they saved money.

4 A human is capable of operating those instruments correctly and _____(place) them.

E 어법상 틀린 부분을 찾아 바르게 고치시오.

1 Photography has always played an important part in our understanding of how does the universe work.

2 Reading is like skiing. When done well, both reading and skiing is graceful, harmonious activities.

3 The researchers found the residents that didn't recycle, and set out to see if or not they could change the residents' behavior.

서술형 **F** 다음 글의 밑줄 친 부분 중, 어법상 틀린 것을 바르게 고치시오.

Suppose that you are busy ① <u>working</u> on a project one day and you have no time to buy lunch. All of a sudden your best friend shows up with your favorite sandwich. He tells you ② <u>that</u> he knows you are busy and he wants to help you out by buying you the sandwich. In this case, you are very likely to appreciate your friend's help. ③ <u>However</u>, if a stranger shows up with the same sandwich and ④ <u>offers it to you</u>, you won't appreciate it. Instead, you would be confused. You would likely think "Who are you, and how do you know what kind of sandwich ⑤ <u>do I like</u> to eat?"

FOCUS 기출로 짚어 보는 접속사 1

FOCUS 1 접속사로 연결되는 단어나 구는 동일한 품사나 형태로 쓰여 병렬구조를 이루고 있는지 확인한다.

1 Have you ever taken a long trip and not | remembering / remembered | a town you drove through? | 고1 학평 기출

2 In 1856, he waterproofed a simple box camera, attached it to a pole, and | lowered / lowering | it beneath the waves off the coast of southern England. | 고1 학평 기출

FOCUS 2 명사절을 이끄는 접속사의 경우 that이 와야 할지 의문사 또는 if/whether가 와야 할지 문맥을 통해 판단한다.

3 After the game, I met my wife and son and asked | if / that | they knew who was shouting encouragement in the stand. | 고1 학평 기출

4 When it became clear to me | that / what | no doctor could answer my basic questions, I walked out of the hospital against medical advice. | 고2 학평 기출

FOCUS 3 문맥을 통해 일반 의문문인지 간접의문문인지 명확히 파악하고, 일반 의문문의 어순(「의문사 + (조)동사 + 주어」)과 간접의문문의 어순(「의문사 + 주어 + 동사」)이 헷갈리지 않도록 주의한다.

5 I didn't know | how should I respond / how I should respond | to it. | 고1 학평 기출

6 He was from Vietnam. I wondered | why did he look / why he looked | so much like a Korean. | 고1 학평 기출

Let's Do It!

다음 글의 밑줄 친 부분 중, 어법상 틀린 것은? | 고1 학평 기출

One cool thing about my Uncle Arthur was ①what he could always pick the best places to camp. One time, we went to Garrison Rock. Uncle Arthur said that the Indians stayed there. On trips like this, he would always have a good story ②to tell. His stories were always aimed at ③helping us children use our brains to get out of trouble. For example, one story was about a guy being ④chased by a big dog. They ran into a field. We kids were thinking that the dog would catch him. But the guy saw a bathtub in the field. He ran to the bathtub and ⑤pulled it over himself. The dog just barked and barked until it went away. Then the guy came out of the bathtub, and went home.

12

접속사 2

- **When** I was young, I lived in Jejudo.
- I have lived in Seoul **since** I was fifteen.

부사절은 '시간, 조건, 이유, 대조' 등을 나타내는 절로, 그 의미에 따라 when, if, because, though 등의 접속사가 쓰인다.

12-1 시간/조건의 부사절   '시간'과 '조건'을 나타내는 접속사들의 의미와 각각의 쓰임에 대해 잘 알아 두어야 한다.

1 시간의 부사절: when, while, until, since, as, before, after

❶ They stopped talking **when(as)** I entered the room. (~할 때)

❷ Make hay **while** the sun shines. 〈속담〉 (~하는 동안)

❸ We do not realize the importance of health **until** we lose it. (~할 때까지)

❹ I haven't seen him **since** I met him last month. (~한 이후로)

▶ 부사절은 주절의 앞이나 뒤에 모두 올 수 있으며, 부사절이 주절 앞에 올 경우에는 부사절 끝에 콤마(,)를 붙여 준다.

2 조건의 부사절: if, unless

❶ **If** you don't know the answer, let me tell you. (만약 ~라면)

❷ Change does not begin **unless** I change first. (만약 ~가 아니라면)

3 시간 / 조건의 접속사 역할을 하는 어구들

• every time (~할 때마다)	• as soon as / the moment (~하자마자)	• by the time (~할 때쯤에는)
• as long as (~인 한)	• in case (~의 경우에 대비하여)	

- **Every time** you laugh, endorphins are released in your body.
- I'll never forget your help **as long as** I live.

4 시간 / 조건의 부사절의 시제: 미래를 표현할 때 현재시제로 나타낸다.

- We'll go on a picnic **if** it **is** fine tomorrow. 〈조건의 부사절〉

  → if it will be fine tomorrow (×)

  cf. You should check **if** it **will be** fine tomorrow. 〈명사절로 쓰인 if절〉 (~인지 아닌지)

  ▶ if가 명사절을 이끄는 접속사로 쓰인 경우에는 미래시제를 그대로 쓰므로 혼동하지 않도록 유의해야 한다.

• 어렸을 때, 나는 제주도에 살았다. • 나는 열다섯 살 이후로 서울에서 살아 왔다. 1❶ 내가 방에 들어가자 그들은 이야기를 멈추었다. ❷ 해가 나는 동안에 건초를 만들어라. (때를 놓치지 마라.) ❸ 우리는 건강을 잃어버릴 때까지는 건강의 중요성을 깨닫지 못한다. ❹ 지난달에 그를 만난 이후로 나는 그를 보지 못했다. 2❶ 만약 네가 답을 모른다면 내가 알려줄게. ❷ 내가 먼저 변하지 않으면 변화는 시작되지 않는다. 3 웃을 때마다 엔도르핀이 몸에 방출된다. / 살아 있는 한 당신의 도움을 결코 잊지 않을 겁니다. 4 내일 날씨가 좋으면 우리는 소풍을 갈 것이다. *cf.* 내일 날씨가 좋을지 안 좋을지를 확인해야 한다.

Exercise

A 괄호 안에서 알맞은 것을 고르시오.

1 I have known her (as / since) she was a child.

2 Boil the potatoes (when / until) they are tender.

3 (If / Unless) you try, you won't get a chance.

4 I don't know when I (finish / will finish) my homework.

5 Please let me know if you (find / will find) my wallet.

B 우리말과 일치하도록 빈칸에 알맞은 접속사를 쓰시오.

1 인터넷으로 나 자신에 대해 무언가를 타이프 할 때마다 나는 항상 누군가 내 비밀을 보고 있다고 느낀다.

→ _____ _____ I type something about myself on the Internet, I always feel that someone is seeing my secrets.

2 당신이 선택하는 수업이 취소되는 것에 대비하여 다른 수업에 등록할 수 있습니다.

→ _____ _____ the class you choose is canceled, you can sign up for other classes.

3 우리가 그 보트의 방향을 바꾸자마자 노가 부러졌다.

→ _____ _____ _____ we changed the boat's direction, the oar broke.

12-2 이유 / 대조의 부사절

'이유'를 나타내는 접속사로 because 이외에 since, as 등도 있다. while, though 등의 접속사는 전후에 서로 대조적인 내용이 이어진다.

1 이유의 부사절: because, as, since, now that
   ❶ The roads were very dangerous, **because(as)** they were covered with ice. (~이기 때문에)
   cf. You should do **as** you're told. (~인 대로)
      As he grew older, he became more silent. (~함에 따라)
      ▶ as는 '~할 때, ~이므로 / ~이기 때문에, ~인 대로, ~이듯이, ~함에 따라, ~이지만' 등의 다양한 의미로 쓰인다.
   ❷ **Since** I'm free now, I can go shopping with you. (~이므로)
      ▶ since는 '시간'과 '이유'의 두 가지 접속사로 쓰인다.
   ❸ The weather is getting hotter **now that** the rainy season is over. (~이니까, ~라서)

2 대조의 부사절: while, though, even though, although
   ❶ Some people have straight hair **while** others have curly hair. (~인 반면에)
      ▶ while은 '시간'과 '대조'의 두 가지 접속사로 쓰인다.
   ❷ **Though** he is young, he is considerate and patient. (비록 ~이지만)

---

1 ❶ 길이 얼음으로 덮여 있었기 때문에 매우 위험했다. *cf.* 네가 들은 대로 해야 한다. / 그는 나이가 들어감에 따라 말이 없어졌다. ❷ 나는 지금 한가하기 때문에 너와 함께 쇼핑하러 갈 수 있다. ❸ 장마철이 끝나서 날씨가 점점 더 더워지고 있다. 2 ❶ 어떤 사람들은 직모인 반면에 다른 사람들은 곱슬머리이다. ❷ 비록 그는 어리지만, 사려 깊고 참을성이 있다.

Exercise 빈칸에 공통으로 알맞은 접속사를 쓰시오.

1 I ride an indoor bike at home _____ I watch TV.
   Red symbolizes passion _____ yellow symbolizes hope.

2 _____ you are under eighteen, you can get a 50% discount.
   Please follow the instructions _____ I told you.

3 You need to start hiking early _____ darkness arrives quicker in the mountains.
   My car has been recently making strange sounds _____ I had an accident.

4 _____ _____ my homework is done, I can take a rest.
   I'm fine _____ _____ you are here.

접속사 vs. 전치사(구) 접속사는 뒤에 「주어+동사」의 절이 오고, 전치사(구)는 뒤에 명사(구)가 온다. 의미가 같기 때문에 접속사와 전치사(구)의 쓰임을 구분하여 알아 두어야 한다.

1 〈because〉 vs. 〈because of〉 (~이기 때문에, ~ 때문에)

❶ You should handle the dishes with care **because** they are easy to break.
　　　　　　　　　　　　　　　　　　　　　　　　because+주어+동사

❷ Mars is called the "Red Planet" **because of** its color.
　　　　　　　　　　　　　　　　　　because of+명사(구)

2 〈while〉 vs. 〈during〉 (~하는 동안, ~ 동안)

❶ People usually eat popcorn **while** they enjoy movies.
　　　　　　　　　　　　　　　while+주어+동사

❷ I used to visit my grandma **during** my summer vacation.
　　　　　　　　　　　　　　　　during+명사(구)

3 〈though〉 vs. 〈despite〉 (비록 ~이지만, ~에도 불구하고)

❶ **Though** the traffic was heavy, he arrived at the concert on time.
　　　　　　　though+주어+동사

❷ **Despite** his old age, he is still in good health.
　　　　despite+명사(구)

1 ❶ 그 접시들은 깨지기 쉽기 때문에 조심해서 다루어야 한다. ❷ 화성은 그것의 색깔 때문에 '붉은 행성'이라고 불린다. 2 ❶ 사람들은 보통 영화를 즐기면서 팝콘을 먹는다.
❷ 나는 여름 방학 동안 할머니를 방문하곤 했다. 3 ❶ 교통이 혼잡했지만 그는 콘서트에 제시간에 도착했다. ❷ 그의 노령에도 불구하고, 그는 여전히 건강이 좋다.

Exercise　**A** 괄호 안에서 알맞은 것을 고르시오.

1 My throat hurts (because / because of) the yellow sand.

2 Fingerprints are special (because / because of) they are unique for every person.

3 You catch a cold easily (while / during) the changing of the seasons.

4 (While / During) I was sleeping last night, I heard some loud thunder.

5 (Though / Despite) I studied hard for the test, I got a disappointing result.

6 Hawking developed great scientific theories (though / despite) his disabilities.

B 두 문장이 뜻이 같도록 빈칸에 알맞은 말을 쓰시오.

1 The city does not have smog because it has very little smoke.
= The city does not have smog ＿＿＿＿＿＿ ＿＿＿＿＿＿ its very little smoke.

2 During an interview, you should be modest about your abilities.
= ＿＿＿＿＿＿ you are in an interview, you should be modest about your abilities.

3 Despite the success of the book, Johnson was continually short of money.
= ＿＿＿＿＿＿ his book was a success, Johnson was continually short of money.

Grammar Practice

Answers p.27

A 우리말과 일치하도록 빈칸에 알맞은 접속사를 쓰시오.

1 내가 경기장을 나갈 때 그는 손짓으로 나를 부르곤 했다.

→ _____ I left the stadium, he would call me over with his hands.

2 그는 집에 도착하자마자, Simon에게 도움을 요청하기 위해 전화를 걸었다.

→ _____ _____ _____ he arrived home, he called Simon to ask for help.

3 그 지역의 잃어버린 도시에 대한 보고들이 있었지만, 누구도 그것을 찾지 못했다.

→ _____ there were reports of a lost city in the area, no one could find it.

4 그가 더 위로 올라가는 것에만 집중하는 한 그의 인생은 즐거움을 잃게 된다.

→ _____ _____ _____ he only focuses on rising higher, his life loses its enjoyment.

call over ~을 불러 모으다
ask for 요청하다
area 지역
focus on ~에 집중하다
enjoyment 즐거움

B 의미가 통하도록 빈칸에 알맞은 접속사를 [보기]에서 골라 쓰시오.

{ 보기 }

while   unless   if   since

1 _____ I don't have a job now, I can't afford it.

2 _____ most insects have four wings, flies have two.

3 You have to attend all the games _____ you're sick.

4 You won't get a refund _____ you don't have your receipt.

afford (~을 살) 여유가 되다
insect 곤충
fly 파리
get a refund 환불받다
receipt 영수증

C 두 문장이 뜻이 같도록 빈칸에 알맞은 말을 쓰시오.

1 Every time I call you, your phone is busy.

= _____ I call you, your phone is busy.

2 Since the Earth goes around the Sun, we have seasons.

= _____ the Earth goes around the Sun, we have seasons.

3 As I walked into the room, the phone started ringing.

= _____ I walked into the room, the phone started ringing.

4 If we don't follow the rules, we will get punished.

= _____ we follow the rules, we will get punished.

busy 통화중인
punish 처벌하다

Chapter 12 **85**

D 우리말과 일치하도록 괄호 안의 표현을 이용하여 문장을 완성하시오.

graduate from ~를 졸업하다
sea level 해수면
global warming 지구 온난화

1 우리는 아빠가 집에 왔을 때 저녁 식사를 할 것이다. (come home)

→ We'll have dinner _____.

2 내가 중학교를 졸업한 지 일 년이 되었다. (graduate from)

→ It's been a year _____.

3 나는 영화를 보고 있는 동안 잠이 들었다. (watch the movie)

→ I fell asleep _____.

4 지구 온난화 때문에 해수면이 높아지고 있다. (global warming)

→ The sea level is getting higher _____.

E 밑줄 친 부분이 어법상 맞으면 ○, 틀리면 ×표 하고 바르게 고치시오.

here and there 여기저기
traffic 교통
a wide variety of 매우 다양한
landscape 풍경

1 If the weather <u>will be</u> good, he will arrive in Yeouido on August 15.

2 Students should try to guess the meanings of new words <u>during</u> they are reading.

3 He wanted to go around here and there, but he couldn't do so <u>because of</u> the traffic.

4 <u>Although</u> its small size, Puerto Rico has a wide variety of landscape.

[서술형] **F** 다음 글을 읽고 물음에 답하시오.

expert 전문가
do well with 잘 지내다
at one's best 가장 좋은 상태로
tremendous 엄청난
indicator 지표, 표준
fool 속이다
sufficient 충분한
refreshed 상쾌한

_____(a)_____ most experts say eight hours of sleep is ideal, the truth is it all depends on how you feel. Some people do well with seven hours or less, _____(b)_____ others require nine or more to be at their best. <u>If you will be ill or under tremendous stress</u>, you will probably need to sleep longer than you usually do. The best indicator of how much sleep you need should be based on how you feel. Keep in mind that sometimes we fool ourselves into thinking that we're getting enough sleep. If you are getting sufficient sleep, you should feel refreshed and not have trouble getting out of bed in the morning.

(1) 빈칸 (a), (b)에 공통으로 알맞은 접속사를 쓰시오.

(2) 밑줄 친 부분에서 어법상 틀린 부분을 찾아 바르게 고치시오.

FOCUS 기출로 짚어 보는 **접속사 2**

FOCUS 1 문맥을 통해 주절과 부사절의 관계를 파악하여 의미상 가장 자연스럽게 연결할 수 있는 접속사를 선택한다. as, since, while 등 다양한 의미로 쓰이는 접속사들이 각각 어떤 의미로 쓰였는지 파악하면서 해석한다.

1 In general, one's memories of any period necessarily weaken as / since one moves away from it. | 수능 기출

2 Flash photography is not permitted inside museums unless / if permission is granted by the Public Affairs Office. | 고3 평가원 기출

3 You can still eat this chocolate, even though it should not be used for decorations, while / as it tends to break easily. | 고3 평가원 기출

FOCUS 2 접속사와 전치사(구)의 쓰임을 구별하는 것, 시간/조건의 부사절에서 미래를 현재시제로 쓰는 것 등은 접속사에서 자주 등장하는 문법사항이므로 유의하여 알아둔다.

4 Make your plans as fantastic as you like because / because of twenty-five years from now, they will not seem so special. | 고3 학평 기출

5 It is up to the family to make sure they have food, water, electricity, gas, and whatever else is needed during / while their stay. | 고1 학평 기출

6 Although / Despite various state-law bans and nationwide campaigns to prevent texting from behind the wheel, the number of people texting while driving is actually on the rise. | 고2 학평 기출

7 Preparing broccoli is extremely easy, so all you have to do is boil it in water just until it is / will be tender, three to five minutes. | 고3 학평 기출

Let's Do It!

다음 글의 밑줄 친 부분 중, 어법상 틀린 것은? | 고1 학평 기출

　　At what age should a child learn ①to use a computer? The answer seems to depend on whom you ask. Some early childhood educators believe ②that in modern society computer skills are a basic necessity for every child. But other educators say that children do not use their imagination enough ③because of the computer screen shows them everything. Physically, children who type for a long time or use a computer mouse ④too much can develop problems to their bodies. Perhaps the best way for young children to use computers is to use ⑤them only for a short time each day.

Chapter 13 관계대명사 I

- Look at the hat **which** Jane is wearing.
- That is **what** I want to buy.

관계대명사는 두 문장을 연결하는 '접속사'와 앞문장의 명사(구)를 대신하는 '대명사'의 역할을 동시에 한다.

13-1 관계대명사 who, which

관계대명사절은 앞의 명사(선행사)를 수식하는 형용사절의 역할을 하고, 선행사의 종류에 따라 쓰는 관계대명사가 who, which 등으로 달라진다. 관계대명사가 관계사절 내에서 주어일 경우에는 주격 관계대명사를, 목적어일 때는 목적격 관계대명사를, 소유격일 때는 소유격 관계대명사를 쓴다.

1 주격 관계대명사

- I have **a friend**. + **He** is good at speaking Chinese.
  → I have a friend, **and he** is good at speaking Chinese.
  → I have a friend [**who** is good at speaking Chinese].
  └─ and he 대신 who
  ▶ 주격 관계대명사 뒤에 오는 동사는 수식하는 선행사의 수에 일치시킨다.

- The bus [**which** goes to City Hall] / is number 101.
  주어 └───┘ 동사
  ▶ 선행사가 주어인 경우 관계대명사절이 주어와 동사 사이에 위치하므로 어디까지가 문장의 주어인지 잘 파악해야 한다.

2 목적격 관계대명사

- **Soccer** is a sport. + I enjoy **soccer** the most.
  → Soccer is the sport [(**which**) I enjoy the most].
  └─ enjoy의 목적어 대신 which
  ▶ 주격 관계대명사는 생략할 수 없지만, 목적격 관계대명사는 생략할 수 있다.

- This is Jack [(**who(m)**) I took tennis lessons with].

  = This is Jack [**with whom** I took tennis lessons].
  ▶ 관계대명사가 전치사의 목적어일 경우, 전치사가 관계사절 끝이 아니라 맨 앞에 오면, 목적격 관계대명사를 생략할 수 없다.

3 소유격 관계대명사

- Ann is my friend [**whose** favorite subject is science].
  ▶ 소유격 관계대명사는 뒤에 나오는 명사가 선행사의 소유임을 나타낸다.

※ 선행사에 따른 관계대명사의 종류

선행사	주격	목적격	소유격
사람	who / that	who(m) / that	whose
사물, 동물	which / that	which / that	whose

• Jane이 쓰고 있는 모자를 봐. • 저것이 내가 사고 싶은 거야. **1** 나는 중국어를 잘하는 친구가 한 명 있다. / 시청에 가는 버스는 101번이다. **2** 축구는 내가 가장 많이 즐기는 스포츠이다. / 얘는 내가 같이 테니스 강습을 받는 Jack이다. **3** Ann은 제일 좋아하는 과목이 과학인 나의 친구이다.

Exercise 두 문장을 관계대명사를 이용하여 한 문장으로 쓰시오.

1 I know a girl. + Her sister is a famous singer.

→ I know a girl _____ .

2 Sarah is a smart girl. + She loves to play the piano and the violin.

→ Sarah is a smart girl _____ .

3 The hotel was so nice. + I stayed at the hotel in London.

→ The hotel _____ was so nice.

4 A friend called me. + I hadn't talked to him in twenty years

→ A friend _____ called me.

13-2 관계대명사 that
관계대명사 that은 who, which, whom을 모두 대신해서 쓸 수 있는 만능 관계대명사이다. 또한 특정 선행사에 대해서는 관계대명사 that만을 쓰는 경우가 있으므로 구별해서 익혀 두어야 한다.

1 관계대명사 who(m), which 대용

· I'm going to visit my old teacher [**that** I admired in high school]. (that = who(m))

· Mom bought me a puppy [**that** was only 4 months old]. (that = which)

  ▶ 관계대명사 that은 전치사 뒤에는 쓸 수 없으며, 계속적 용법으로도 쓸 수 없다. |참조| 14-3 관계대명사의 계속적 용법 (p.96)

2 관계대명사 that을 쓰는 경우

  ❶ 선행사가 「사람+사물/동물」인 경우

  · I know a man and his dog [**that** live in a cabin].

  ❷ 선행사가 all, everything, something, anything 등일 경우

  · You cannot achieve everything [**that** you want in life].

  ❸ 선행사에 최상급, 서수사, the very, the only, the last, the same, all, every, no, some, such 등의 수식어가 붙은 경우

  · *The Lord of the Rings* is the best movie [**that** I have ever seen].

  · Honey is the only food [**that** doesn't spoil].

  ▶ ❷와 ❸의 경우 선행사에 따라 which나 who를 쓰기도 하지만 that을 쓰는 게 원칙이다.

---

1 나는 내가 고등학교 때 존경했던 은사님을 찾아뵐 것이다. / 엄마는 내게 네 달밖에 되지 않은 강아지 한 마리를 사주셨다. 2 ❶ 나는 오두막집에 살고 있는 한 남자와 개를 안다. ❷ 너는 인생에서 네가 원하는 모든 것을 성취할 수는 없다. ❸ 〈반지의 제왕〉은 내가 지금껏 본 것 중에 최고의 영화이다. / 꿀은 상하지 않는 유일한 식품이다.

Exercise 빈칸에 알맞은 관계대명사를 모두 쓰시오.

1 Where can I take the bus _____ goes to Dongdaemun?

2 At last, we found a person _____ is right for this job.

3 This is the most interesting book _____ I've ever read.

4 Let me know anything _____ makes you feel bad.

13-3 관계대명사 what

what은 선행사를 포함하는 관계대명사로, the thing(s) which의 의미를 갖는다. 관계대명사 what 앞에는 선행사가 올 수 없다는 것을 기억해 두어야 한다.

1 명사절을 이끄는 관계대명사 what: 관계대명사 what절은 문장 안에서 주어, 목적어, 보어 역할을 한다.

❶ 주어: [**What** I think] is that we really need a change.

❷ 목적어: Birds hear [**what** is said by day], and rats hear [**what** is said by night]. 〈속담〉

❸ 전치사의 목적어: A witness talked *about* [**what** he saw and heard there].

❹ 보어: That's exactly [**what** I intend to do].

▶ 다른 관계대명사절들이 선행사를 수식하는 형용사절로 쓰이는 것과 달리, what이 이끄는 관계대명사절은 명사절로 쓰이며 '~하는 것'의 의미이다.

2 관계대명사 what이 쓰인 관용 표현

❶ what I used to be: 예전의 나 / what I am: 현재의 나
I'm not **what I used to be**. / Love me for **what I am**.

❷ what we(you, they) call: 소위, 이른바 (= what is called)
He is **what we call** a musical genius.

❸ what is worse(better): 더 나쁜(좋은) 것은
What is worse, he lost his health.

❹ what is more: 게다가
It is raining, and **what is more**, the wind is blowing hard.

---

1 ❶ 내가 생각하는 것은 우리가 정말로 변화가 필요하다는 것이다. ❷ 새들은 낮에 말하는 것을 듣고, 쥐들은 밤에 말하는 것을 듣는다. (낮말은 새가 듣고 밤말은 쥐가 듣는다.) ❸ 목격자는 그가 거기서 보고 들은 것에 대해 말했다. ❹ 그것이 바로 내가 하려고 하는 것이다. **2** ❶ 나는 예전의 내가 아니다. / 있는 그대로의 나(현재의 나)를 사랑해 주세요. ❷ 그는 소위 음악 천재이다. ❸ 설상가상으로, 그는 건강을 잃었다. ❹ 비가 오고 있는데다 바람도 심하게 불고 있다.

Exercise

A 밑줄 친 부분이 문장에서 어떤 역할을 하는지 쓰고, 문장을 우리말로 해석하시오.

1 <u>What I want</u> is more time.

2 I don't agree with <u>what you said</u>.

3 <u>What matters</u> is what you do.

4 In the future, I will be different from <u>what I am now</u>.

B 괄호 안에서 알맞은 것을 고르시오.

1 This is exactly (that / what) I want to say to you today.

2 He was the only person (that / what) we could rely on.

3 Show me the thing (that / what) you bought at the mall.

4 Write (that / what) you know all about the accident.

Grammar Practice

Answers p.29

A 빈칸에 알맞은 관계사를 쓰시오.

1 A man's worth doesn't lie in _____ he has.

2 The boy _____ bike was stolen called the police.

3 You're the last person _____ I would ask for help.

4 He gave me the wooden table _____ he made for himself.

5 I think Picasso is the greatest painter _____ has ever lived.

worth 가치
lie in ~에 있다
steal 훔치다(-stole-stolen)
wooden 나무로 된

B 어법상 틀린 부분을 찾아 바르게 고치시오.

1 He decided to donate all the money what he had saved.

2 Studying history is not about memorizing that we are told.

3 Jake was the only student in the class which solved the problem.

4 Concetta Antico is an artist who paintings are very colorful.

donate 기부하다
save 저축하다
memorize 암기하다
colorful 다채로운

C 우리말과 일치하도록 괄호 안의 단어들과 관계대명사를 이용하여 문장을 완성하시오.

1 나는 주머니가 많은 새 여행가방을 살 것이다. (have, pocket)

→ I'll buy a new suitcase _____.

2 표지가 빨간 책을 제게 가져다 주시겠어요? (cover)

→ Can you bring me _____?

3 Armstrong과 Aldrin은 달에 착륙한 최초의 사람들이었다. (land on)

→ Armstrong and Aldrin were _____.

4 더 안 좋은 것은 그것이 매우 비싸다는 것이다. (worse)

→ _____ is that it is very expensive.

5 그 테니스 선수는 예전의 그가 아니다. (used to)

→ The tennis player isn't _____.

suitcase 여행가방
cover (책 등의) 표지
land on ~에 착륙하다

D 괄호 안의 단어를 빈칸에 알맞은 형태로 쓰시오. (단, 현재형으로 쓸 것)

1 The keys which were in the drawer _____(have) disappeared.

2 Learning other languages changes the area of the brain which _____(process) information.

3 For a person who _____(have) a lot of dogs already, sociable dogs like a Pug or a Bulldog are perfect.

4 People who _____(enjoy) blues, jazz, classical, and folk _____(be) more likely to be creative.

drawer 서랍
disappear 사라지다
process 처리하다
sociable 사회적인
be likely to ~인 것 같다

E 밑줄 친 부분을 어법에 맞게 고치시오.

1 If you need to buy food, you should go to a supermarket or a restaurant that sells just <u>which</u> you want.

2 Early native Americans had to make everything <u>what</u> they needed by themselves.

3 While it's fun to read what other people have said about friendship, <u>that</u> matters most is what you think of when you hear the word "friend."

4 When people interact with someone <u>which</u> they do not foresee meeting again, they have little reason to search for positive qualities.

matter 중요하다
interact with ~와 상호 작용을 하다
foresee 예상하다
positive 긍정적인
quality 특성

서술형 F 다음 글의 밑줄 친 부분 중, 어법상 틀린 것을 <u>모두</u> 골라 바르게 고치시오.

An ambiguous term means ① <u>that</u> the context doesn't show the indicated meaning clearly. For instance, a sign on a trail that ② <u>reads</u> "Bear To The Right" can be understood in two ways. The more probable meaning is ③ <u>what</u> it is instructing hikers to take the right trail, not the left. But it's also possible that the ranger ④ <u>who</u> painted the sign meant to say just the opposite. He could be warning hikers of the bears that ⑤ <u>was</u> often found to the right of the trail.

ambiguous 모호한
term 용어
context 문맥
indicate 나타내다
trail 산길, 오솔길
probable 사실일 것 같은
instruct 알려주다
ranger 삼림 관리인
warn of ~을 경고하다

FOCUS 기출로 짚어 보는 관계대명사 1

FOCUS 1

선행사의 종류와 관계사절 내에서의 역할에 따라 관계대명사를 구분하여 사용한다. 또한 관계사절의 동사가 선행사의 수와 일치하는지, 관계사절의 동사가 병렬구조를 이룰 때 동일한 형태로 쓰였는지 파악한다.

1 Take your comics with you when you go to visit sick friends who / which can really use a good laugh. | 고1 학평 기출

2 The word *kid* was once considered slang because it came from the word which / whose meaning was a young goat. | 고1 학평 기출

3 In the 1830s, scientists in England analyzed all the things that was / were in the bark of the white willow. | 고1 학평 기출 ＊white willow 서양흰버들

4 They are similar to cuckoo birds, which lay an egg in the nest of another bird and leave / leaves it for that bird to raise. | 고3 학평 기출

FOCUS 2

선행사의 유무에 따라 관계대명사 who, which, that이 알맞은지 what이 알맞은지 판단한다. 또한 문맥에 따라 관계대명사 what이 알맞은지 명사절을 이끄는 접속사가 알맞은지 판단한다.

5 If you have a weakness in a certain area, get educated and do that / what you have to do to improve things for yourself. | 고1 학평 기출

6 Many people do not understand that hypnosis is a natural phenomenon. It is an altered state that / what we frequently go into and out of. | 고1 학평 기출 ＊hypnosis 최면(상태)

7 Dogs can tell whether / what you like them or not. If you like them, they like you back. | 고1 학평 기출

Let's Do It!

다음 글의 밑줄 친 부분 중, 어법상 틀린 것은? | 고1 학평 기출

What could be wrong with the compliment "I'm so proud of you"? Plenty. Just as it is misguided ① to offer your child false praise, it is also a mistake to reward all of his accomplishments. Although rewards sound so ② positive, they can often lead to negative consequences. It is because they can take away from the love of learning. If you consistently reward a child for her accomplishments, she starts to focus more on getting the reward than on ③ what she did to earn it. The focus of her excitement shifts from enjoying learning itself to ④ pleasing you. If you applaud every time your child identifies a letter, she may become a praise lover who eventually ⑤ become less interested in learning the alphabet for its own sake than for hearing you applaud.

Chapter 14 관계대명사 2

- Juliet is the girl that I've fallen in love with.
- Romeo is the man with whom I've fallen in love.

14-1 접속사 that vs. 관계대명사 that

접속사 that과 관계대명사 that이 형태가 같기 때문에 문장 안에서 어떤 역할을 하는지 파악하기가 쉽지 않다. 접속사 that이 이끄는 절은 주어, 동사, 목적어를 모두 갖춘 완전한 절이지만, 관계대명사 that이 이끄는 절은 관계대명사 that이 주어나 목적어를 대신하므로 완전한 절이 아니라는 점을 이용해 구별할 수 있다.

1 〈접속사 **that**+완전한 문장〉 vs. 〈관계대명사 **that**+불완전한 문장〉

  ❶ 접속사 that: The old lady proved [**that** <u>no one is too old to learn</u>].
                              완전한 문장

  ❷ 주격 관계대명사 that: Don't kill the goose [**that** <u>lays the golden eggs</u>]. 〈속담〉
                                     주어가 없는 불완전한 문장

  ❸ 목적격 관계대명사 that: This is the best novel [**that** <u>I've ever read</u>].
                                     목적어가 없는 불완전한 문장

2 〈접속사 **that**이 이끄는 명사절〉 vs. 〈관계대명사 **that**이 이끄는 형용사절〉

  ❶ 명사절: I agree with <u>the fact</u> **that** parents are the best teachers.
                  =   '부모님이 최고의 선생님이라는 것'

    ▶ that이 이끄는 절이 앞의 명사를 보충 설명하는 동격절인 경우, 앞의 명사를 선행사로 착각하지 않도록 주의한다.

  ❷ 관계대명사절: There is no <u>rule</u> [**that** has no exception].
                               '예외가 없는'

Tip 「so / such ~ that…」 vs. so that

    1. 「so + 형용사/부사 + that + 주어 + 동사」와 「such(+a/an) + 형용사 + 명사 + that + 주어 + 동사」: 너무 ~해서 …하다
        The book was **so** good **that** I couldn't put it down.
    2. 「(,) so that + 주어 + 동사」: 그래서(그 결과) ~하다   I studied hard, **so that** I passed the test.
    3. 「so that + 주어 + can(may)」: ~하기 위해서(목적)   I bought a dictionary **so that** I **could** learn more.

• 줄리엣은 내가 사랑에 빠진 소녀이다. • 로미오는 내가 사랑에 빠진 남자이다. **1** ❶ 그 노부인은 너무 나이가 많아서 배울 수 없는 사람은 아무도 없다는 것을 입증했다. ❷ 황금알을 낳는 거위를 죽이지 말라. ❸ 이것은 내가 지금까지 읽은 중에 최고의 소설이다. **2** ❶ 나는 부모님이 최고의 선생님이라는 사실에 동의한다. ❷ 예외 없는 규칙은 없다. **Tip** 1. 그 책은 너무 좋아서 내려놓을 수 없었다. 2. 나는 열심히 공부해서 그 시험에 통과했다. 3. 나는 더 많이 배울 수 있도록 하기 위해 사전을 한 권 샀다.

Exercise 밑줄 친 that이 접속사인지 관계대명사인지 구분하여 쓰시오.

1 I haven't found the wallet <u>that</u> I lost yesterday.   _____

2 The book <u>that</u> I wanted to buy was not in the bookstore.   _____

3 She was so happy to hear <u>that</u> her son passed the exam.   _____

4 Didn't you see the sign <u>that</u> says "No Parking"?   _____

5 It is certain <u>that</u> our team will win the game.   _____

14-2 전치사+관계대명사

선행사가 관계대명사절 내에서 전치사의 목적어 역할을 할 때, 전치사는 관계대명사절의 끝에 오거나 관계대명사 앞으로 이동하여 「전치사+관계대명사」의 형태로 쓸 수 있다.

1 전치사와 관계대명사의 위치

· This is **the man**.+I told you **about the man**.

→ This is the man **whom** I told you **about**. ▶ 관계대명사 whom은 about의 목적어

→ This is the man **about whom** I told you. ▶ 전치사는 관계대명사절의 맨 끝이나 관계대명사 앞에 올 수 있다.

cf. 관계대명사 that은 「전치사+관계대명사」 형태로 쓸 수 없고, 전치사를 반드시 관계대명사절 끝에 둔다.

This is the man **that** I told you **about**. (○)

This is the man **about that** I told you. (×)

2 전치사와 관계대명사의 생략

· The chair (**which**) I sat down **on** was uncomfortable. → which 생략 가능

· The chair **on which** I sat down was uncomfortable. → which 생략 불가

▶ 목적격 관계대명사가 홀로 있을 때는 관계대명사를 생략할 수 있지만, 「전치사+관계대명사」의 형태로 쓰일 경우는 관계대명사를 생략할 수 없다.

3 「전치사+관계대명사」 → 관계부사 : 「전치사+관계대명사」는 선행사의 의미에 따라 when(시간), where(장소), why(이유) 등의 관계부사로 바꿔 쓸 수 있다.

· That is the reason **for which** we save energy.
  = why(이유)

· A hive is a place **in which** bees live.
  = where(장소)

cf. There are many ways **in which** we can achieve the goal.

→ There are many ways *how* we can achieve the goal. (×)

▶ many ways와 같이 '방법'을 나타내는 선행사인 경우 관계부사 how와 같이 쓸 수 없다.

|참조| 15-1 관계부사 where, when, why, how (p.100)

---

1 이 사람은 내가 너에게 말했던 남자이다.   **2** 내가 앉은 의자는 불편했다.   **3** 그것이 우리가 에너지를 절약하는 이유이다. / 벌집은 벌들이 사는 곳이다.   *cf.* 우리가 그 목표를 달성할 수 있는 많은 방법이 있다.

Exercise

A 괄호 안에서 알맞은 것을 고르시오.

1 Biology is the subject (which / in which) I'm interested.

2 We're looking for a partner (whom / with whom) we can work closely.

3 This is the door (through which / at which) she entered.

4 Do you know the man to (that / whom) Fred are talking?

5 The guesthouse we (stayed / stayed at) was terrible.

B 밑줄 친 부분을 관계부사로 바꿔 쓰시오.

1 This is the village <u>in which</u> my mom grew up.

2 Tell me the reason <u>for which</u> you are late.

3 She arrived at 6 p.m. <u>at which</u> the museum closed.

14-3 관계대명사의 계속적 용법

일반적으로 관계대명사절은 앞의 명사구(선행사)를 수식하는 형용사절의 역할을 하는데, 이를 관계대명사의 '제한적 용법'이라고 한다. 한편 관계사절 앞에 콤마(,)가 있으면 앞의 명사나 절 전체에 대한 보충 설명을 덧붙이는 역할을 하게 되는데, 이를 관계대명사의 '계속적 용법'이라고 한다.

1 관계대명사의 제한적 용법 vs. 계속적 용법

❶ 제한적 용법: I have two brothers [who are college students]. → 대학생인 형제가 두 명 있다는 의미

❷ 계속적 용법: I have two brothers, who are college students.
= and they are college students: 형제가 두 명 있는데, 그들이 모두 대학생이라는 의미

제한적 용법	계속적 용법
comma(,) 없음	comma(,) 있음
관계대명사절이 선행사를 직접 수식	관계대명사절이 선행사를 부연 설명
뒤에서부터 해석	앞에서부터 해석

2 관계대명사의 계속적 용법

❶ 계속적 용법의 관계대명사는 「접속사+(대)명사」로 바꿔 쓸 수 있다.

· Everyone likes **Tom, who** is honest and faithful.
= for he is honest and faithful (he = Tom)

cf. Everyone likes **Tom, that** is honest and faithful. (×)

▶ 관계대명사 that은 계속적 용법으로 쓸 수 없음에 주의한다.

❷ 계속적 용법에서는 some of which(whom), one of which(whom) 등의 형태로 쓰이기도 한다.

· He made **several films, only one of which** was successful.
= and only one of them was successful (them = several films)

❸ 계속적 용법의 관계대명사는 앞에 나온 어구나 절 전체를 선행사로 취할 수도 있다.

· He stood me up, **which** made me very upset.
= and it made me very upset (it = he stood me up)

---

1 ❶ 나는 대학생인 형제가 두 명 있다. ❷ 나는 형제가 두 명 있는데, 그들은 대학생이다. 2 ❶ 모든 사람이 Tom을 좋아하는데, 그가 정직하고 성실하기 때문이다. ❷ 그는 여러 편의 영화를 만들었는데, 그것들 중 한 편만 성공적이었다. ❸ 그는 나를 바람맞혔는데, 그것이 나를 매우 화나게 했다.

Exercise

A 다음 문장의 의미로 알맞은 것을 [보기]에서 고르시오.

[보기]
ⓐ 그 문제를 풀 수 있는 학생들이 몇 명 있었다.
ⓑ 학생들이 여러 명 있었는데, 그들은 그 문제를 풀 수 있었다.

1 There were several students, who could solve the problem. _____

2 There were several students who could solve the problem. _____

B 밑줄 친 부분을 관계대명사를 이용하여 바꿔 쓰시오.

1 I tried on a jacket, <u>and it didn't fit me</u>.

2 He has a sister, <u>and she is studying in China</u>.

3 The clerk showed me two bags, <u>and I didn't like both of them</u>.

4 She wrote several novels, <u>and some of the novels were made into films</u>.

5 Greg always were late for the class, <u>and that made his teacher upset</u>.

Grammar Practice

Answers p.31

A

[보기]에서 밑줄 친 that이 접속사로 쓰인 것과 관계대명사로 쓰인 것을 구분하시오.

─{ 보기 }─
ⓐ He said <u>that</u> bees communicate by flying in circles.

ⓑ Look at the flowers <u>that</u> look like stars.

ⓒ Brazil is the only country <u>that</u> has participated in all the World Cup games in the last 20 years.

ⓓ It has become a serious issue <u>that</u> some people cannot live without their smartphones.

1 접속사: _____ **2** 관계대명사: _____

communicate 의사소통하다
in circles 원 모양으로
participate in ~에 참가하다
issue 이슈, 문제
live without ~ 없이 살다

B

빈칸에 알맞은 관계대명사를 쓰시오.

1 The king had four sons, all of _____ were brave.

2 Teresa decided to move to a town in _____ people suffered from poverty.

3 Gandhi is commonly known as Mahatma Gandhi, _____ means "Great Soul."

4 Tanzania is famous for the herds of buffalo _____ make for beautiful pictures.

suffer from ~로 고생하다
poverty 가난
commonly 흔히, 보통
be known as ~로 알려져 있다
soul 영혼
herd 떼, 무리
make for ~에 기여하다

C

밑줄 친 부분을 어법에 맞게 고치시오.

1 Reading is the primary means <u>in which</u> you acquire your ideas.

2 Air is not the only medium <u>through that</u> sound is carried.

3 The emotion itself is tied to the situation <u>where</u> it originates in.

4 I believe that a home provides a canvas <u>for whom</u> we can illustrate who we are.

primary 주요한, 첫째의
means 수단
acquire 얻다
medium 매개체 (*pl.* media)
emotion 감정
originate in ~에서 생겨나다
canvas 캔버스
illustrate 분명히 보여주다

D 우리말과 일치하도록 괄호 안의 단어들을 이용하여 문장을 완성하시오.

1 이곳이 내가 사는 집이다. (which, live in)

→ This is the house _____.

2 나는 이 영화를 기초로 한 소설을 이미 읽었다. (which, be based, on)

→ I've already read the novel _____.

3 나는 언니가 두 명 있는데, 그중 한 명은 결혼했다. (whom, be married)

→ I have two sisters, _____.

4 하이힐을 신으면 기형적인 발가락을 초래할 수 있는데, 이는 고통스럽고 보기 흉할 수 있다. (which, can, painful, ugly)

→ Wearing high heels can cause hammer-toes, _____

_____.

E 다음 문장에서 어법상 <u>틀린</u> 부분을 찾아 바르게 고치시오.

1 Its name comes from Mephistopheles, that means "one who dislikes the light."

2 Archaeologists continue to explore the site, where lies under 1,500 feet of water.

3 They also added what they would be able to figure out how much of a risk the ash would be for aircraft engines.

4 On January 10, 1992, a ship traveling through rough seas lost 12 cargo containers, one of them held 28,800 floating bath toys.

서술형 F 다음 글의 빈칸에 공통으로 알맞은 관계대명사를 쓰시오.

The highest lake with islands is Orba Co in Tibet. This lake has a surface _____ is 5,209 meters above sea level. Tibet is also known as the "roof of the world." It is bitterly cold in the winter and windy all year round. Rain and melted snow flow into dozens of lakes, four of _____ are considered sacred by local people. Humans live near the lakes, where they grow healthy crops.

FOCUS 기출로 짚어 보는 관계대명사 2

FOCUS 1 관계대명사 앞에 전치사가 필요한지 알기 위해서는 뒤에 연결된 관계대명사절의 문장 구조와 의미를 잘 파악해야 한다. 의미상 관계대명사가 전치사의 목적어에 해당되는지 파악한다.

1 I remember one of the smartest I.T. executives [whom / for whom] I ever worked. | 고3 학평 기출

2 These voluntary groups [which / in which] people share a particular problem are often conducted without a professional therapist. | 고1 학평 기출

FOCUS 2 관계대명사는 형용사절을 이끌고 접속사 that은 명사절을 이끈다는 점에 주의한다. 명사절은 문장성분을 모두 갖춘 완전한 문장인 반면, 관계대명사절은 문장성분 중 하나가 빠진 불완전한 문장이다.

3 Please remember [that / what] our most important fund raiser is coming soon.

4 Plastics are synthetic materials, which means [that / which] they are made from chemicals in factories. | 고1 학평 기출

FOCUS 3 콤마(,) 다음에 절이 이어질 경우 계속적 용법의 관계대명사절인지 먼저 의심해 보고 문장 구조를 파악한다. 관계대명사 that은 계속적 용법으로 쓸 수 없다.

5 She has also told many stories, [which / that] she claims are her own adventures. | 고1 학평 기출

6 Every day, you rely on many people, most of [them / whom] you do not know, to provide you with the goods and services that you enjoy. | 고1 학평 기출 응용

Let's Do It!

다음 글의 밑줄 친 부분 중, 어법상 틀린 것은? | 고1 학평 기출

Improved consumer water consciousness may be the cheapest way ① to save the most water, but it is not the only way consumers can contribute to water conservation. With technology progressing faster than ever before, there ② are plenty of devices that consumers can install in their homes to save more. More than 35 models of high-efficiency toilets are on the U.S. market today, some of ③ them use less than 1.3 gallons per flush. Starting at $200, these toilets are affordable and can help the average consumer save hundreds of gallons of water per year. Appliances ④ officially approved as most efficient are tagged with the Energy Star logo to alert the shopper. Washing machines with that rating use 18 to 25 gallons of water per load, compared with older machines that use 40 gallons. High-efficiency dishwashers save ⑤ even more water. These machines use up to 50 percent less water than older models.

관계부사

Chapter 15

- Seoul is the city **where** I was born.
- I was born **when** the 2002 World Cup took place.

관계부사는 '장소, 시간, 이유, 방법' 등의 명사(구)를 선행사로 하며, 부사(구)를 대신하는 역할을 한다.

15-1 관계부사 where, when, why, how

관계부사는 앞의 명사를 수식하는 관계부사절을 이끌며, 「접속사+부사」의 역할을 한다. 선행사의 의미에 따라 관계부사 where(장소), when(시간), why(이유), how(방법)를 구분하여 쓴다.

1 관계부사 where(장소)

- This is **the house**. + Shakespeare was born **in the house**.
  - → This is the house [**which** Shakespeare was born **in**].
  - → This is the house [**in which** Shakespeare was born].
    전치사 + 관계대명사 = 관계부사
  - → This is the house [**where** Shakespeare was born].
    └─ in the house 대신 where
    ▶ 관계부사는 부사구를 대신하므로 관계부사가 이끄는 절은 주어, 목적어를 모두 갖춘 완전한 절이 온다.

2 관계부사 when(시간)

- I don't know the time [**at which** he came back home last night].
  - → I don't know the time [**when** he came back home last night].

3 관계부사 why(이유)

- There are some reasons [**for which** I don't agree with you].
  - → There are some reasons [**why** I don't agree with you].

4 관계부사 how(방법)

- Smartphones have changed [**how** we spend our free time].
  - → Smartphones have changed the way [we spend our free time].
  - *cf.* Smartphones have changed *the way* [*how* we spend our free time]. (×)
    ▶ 관계부사 how는 선행사인 the way와 동시에 쓰지 않고, the way나 how 둘 중 하나만 쓴다는 점에 주의한다.

관계부사	용도	선행사	전치사 + 관계대명사
where	장소	the place, house, city 등	at/in/on + which〔that〕
when	시간	the time, day, year 등	at/on/in/during + which〔that〕
why	이유	the reason	for + which〔that〕
how	방법	the way	in + which〔that〕

• 서울은 내가 태어난 도시이다. • 나는 2002 월드컵이 개최되었을 때 태어났다. **1** 이곳은 셰익스피어가 태어난 집이다. **2** 나는 그가 어젯밤에 돌아온 시간을 알지 못한다. **3** 내가 너의 생각에 동의하지 않는 몇 가지 이유가 있다. **4** 스마트폰은 우리가 여가 시간을 보내는 방식을 바꿔 왔다.

Exercise 다음 문장에서 선행사에 밑줄을 친 후, 관계부사절을 [ ]로 묶으시오.

1 The windmill is one of the reasons why many tourists visit the Netherlands.

2 School is the place where students spend most of their time.

3 I remember the day when I met you for the first time.

4 Do not try to change others the way you want them to be.

15-2 주의해야 할 관계부사   관계부사는 선행사에 따라 생략되기도 하고, that으로 바꿔 쓸 수도 있다.

1 관계부사의 생략: 관계부사의 대표적인 선행사인 the time, the place, the reason 등은 생략 가능하며, 선행사를 그대로 두고 관계부사를 생략할 수도 있다.

- April 29 is **the day** I first met her. (관계부사 when 생략)
- That's **why** he got angry with me. (선행사 the reason 생략)

2 관계부사 that: 관계부사 when, where, why, how 대신에 that을 쓸 수도 있다.

- This is **the place that** I really want to go. (that = where)
- That's **the way that** we market a new business. (that = how)
  - ▶ the way 뒤에 관계부사 how는 쓸 수 없으나 that은 쓸 수 있다.

3 관계부사의 계속적 용법: 관계부사 when과 where는 앞의 내용을 보충 설명하는 계속적 용법으로 쓸 수 있다.

- They went to Jejudo, **where** they stayed for a week.
  - → They went to Jejudo, **and there** they stayed for a week.
    - ▶ 계속적 용법의 관계부사는 「접속사 + 부사」로 바꿔 쓸 수 있다.
  - *cf.* They went to Jejudo, **that** they stayed for a week. (×)
    - ▶ that은 계속적 용법의 관계부사로 쓸 수 없다.

---

1 4월 29일은 내가 그녀를 처음 만난 날이다. / 그게 바로 그가 나에게 화가 난 이유이다.   **2** 이곳은 내가 정말 가고 싶어 하는 곳이다. / 저게 바로 우리가 새로운 사업을 마케팅하는 방식이다.   **3** 그들은 제주도에 갔는데, 그곳에서 그들은 일주일을 머물렀다.

Exercise   **A** 우리말과 일치하도록 빈칸에 알맞은 말을 쓰시오.

1 이곳은 내가 어렸을 때 살던 곳이다.

→ This is ＿＿＿＿＿＿＿ I used to live when I was young.

2 아무도 그가 오늘 학교에 결석한 이유를 몰랐다.

→ No one knew ＿＿＿＿＿＿＿ he was absent from school today.

3 너의 엄마가 언제 돌아오시는지 아니?

→ Do you know ＿＿＿＿＿＿＿ your mom will come back?

4 네가 이 음식을 요리한 방법을 내게 말해 줘.

→ Please tell me the way ＿＿＿＿＿＿＿ you cooked this food.

B 밑줄 친 부분을 어법에 맞게 고치시오.

1 I went to Busan, <u>which</u> the international film festival was held.

2 He is going to the U.S. next month, <u>that</u> all of his family lives.

3 Bryan called his mother this morning, <u>which</u> she was sick in bed.

복합관계사 복합관계사는 「관계대명사 / 관계부사+-ever」의 형태로 선행사를 포함하며 명사절 또는 부사절로 사용된다.

1 명사절로 쓰이는 경우

- **Whichever** you choose will be given to you.
  <u>주어</u>
  → **Anything that** you choose will be given to you.

  cf. **Whichever way** you go, you will have a great view.
  ▶ whichever는 복합관계형용사로도 쓰인다.

- Give this to **whoever** wants to keep it.
  <u>전치사 to의 목적어</u>
  → Give this to **anyone who** wants to keep it.

2 부사절로 쓰이는 경우

- I'll go there **whatever** happens.
  → I'll go there **no matter what** happens.

- **Whenever** you may come back, I will be waiting for you.
  → **No matter when** you may come back, I will be waiting for you.

※ 복합관계사의 종류와 의미

복합관계사	명사절	부사절
whoever	anyone who (~하는 사람은 누구든지)	no matter who (누가 ~하더라도)
whichever	thing that (~하는 것은 어느 것이든)	no matter which (어느 것이 ~하더라도)
whatever	anything that (~하는 것은 무엇이든지)	no matter what (무엇을 ~하더라도)
wherever	-	no matter where (어디로 ~하더라도)
whenever	-	no matter when (언제 ~하더라도, ~할 때마다)
however	-	no matter how (아무리 ~하더라도)

---

1 네가 고르는 것은 어느 것이든 너에게 주어질 것이다. *cf.* 네가 어느 길로 가든지, 너는 멋진 경관을 갖게 될 것이다. / 이것을 가지고 싶어 하는 누구에게든지 주어라.
2 무슨 일이 생기더라도 나는 거기에 갈 것이다. / 당신이 언제 돌아오더라도, 나는 당신을 기다리고 있을 겁니다.

Exercise

A 밑줄 친 부분에 유의하여 다음 문장을 우리말로 해석하시오.

1 <u>Whoever breaks the rule</u> will be punished.

2 <u>Whatever you do</u>, I'm on your side.

3 You can sit <u>wherever you want</u>.

4 <u>Whenever I speak</u>, she doesn't listen to me.

B 문장을 바꾸어 쓸 때 빈칸에 알맞은 말을 쓰시오.

1 However much you have, you will always need help.

→ ＿＿＿＿＿ ＿＿＿＿＿ ＿＿＿＿＿ much you have, you will always need help.

2 Dogs love you and will do whatever they can to please you.

→ Dogs love you and will do ＿＿＿＿＿ that they can to please you.

Grammar Practice

Answers p.33

A 빈칸에 알맞은 관계부사를 쓰시오.

1 Now is the time _____ we have to make a decision.

2 Some English words don't sound the way _____ they look.

3 Social media is an online space _____ people share information.

4 This is one of the reasons _____ I've collected a large library of books over the years.

social media 소셜 미디어
share 공유하다

B 우리말을 영어로 옮길 때 어법상 틀린 부분을 찾아 바르게 고치시오.

1 네가 나에게 무엇을 말하든지 나에게 전혀 흥미롭지 않다.
→ Whenever you tell me, it doesn't interest me at all.

2 당신의 삶에서 누군가 당신을 특별하게 느끼도록 만들어 주었던 때를 생각해 보아라.
→ Think about the times in your life where somebody made you feel special.

3 뉴욕에서 여러분은 커피와 디저트를 먹을 수 있는 아름다운 카페들을 쉽게 찾을 수 있다.
→ In New York, you can easily find beautiful cafes why you can have coffee and dessert.

4 좋아하는 어느 좌석이든 앉으세요.
→ Take which seat you like.

interest ~의 관심을 끌다
seat 좌석

C 우리말과 일치하도록 괄호 안의 단어들과 관계사를 이용하여 문장을 완성하시오.

1 새로운 언어의 학습은 여러분이 생각하는 방식을 변화시킬 수 있다. (think)
→ Learning new languages can change _____.

2 네가 무엇을 발견하든, 스스로를 즐겨라. (discover)
→ _____, enjoy yourself.

3 흡연자들은 간접흡연이 위험한 이유를 알아야 한다.
(second-hand smoking, dangerous)
→ Smokers should know the reasons _____.

4 한 조종사가 비행기가 추락한 일요일 오후에 사망했다. (aircraft, crash)
→ A pilot died Sunday afternoon _____.

discover 발견하다
second-hand 간접적인
(↔ first-hand 직접적인)
aircraft 비행기
crash 추락하다

D

밑줄 친 부분을 어법에 맞게 고치시오.

1 <u>Which</u> fabric you choose, make sure that you are okay with cutting it.

2 Never give up hope, <u>how</u> frightening the obstacles lying in your way are.

3 Every day <u>how</u> I got off the school bus, my dog Nicky would try to jump over the gate to greet me.

4 Some countries, <u>where</u> have been emitting CO₂ for longer than other countries, would have a larger share.

4 Some countries, <u>where</u> have been emitting CO_2 for longer than other countries, would have a larger share.

fabric 천, 직물
make sure (that) ~ 확실히 ~하다
obstacle 장애물
emit 내뿜다
share 몫, 할당

E

문장을 바꾸어 쓸 때 빈칸에 알맞은 말을 쓰시오.

1 Anyone who comes first will be served first.
→ _____ comes first will be served first.

2 Harry took the entrance exam for the university at which he wanted to study.
→ Harry took the entrance exam for the university _____ he wanted to study.

3 As children, we hid behind objects whenever we found ourselves in a threatening situation.
→ As children, we hid behind objects _____ _____ _____ we found ourselves in a threatening situation.

4 The way we think and the words we use determine our reactions to life.
→ _____ we think and the words we use determine our reactions to life.

serve 제공하다, 주다
entrance exam 입학시험
hide 숨다(-hid-hidden)
object 사물
threatening 위협하는
determine 결정하다
reaction 반응

서술형 **F**

다음 글의 밑줄 친 부분 중, 어법상 틀린 것을 <u>모두</u> 골라 바르게 고치시오.

The anger ① <u>that</u> criticism causes can upset employees, family members, and friends, and still not correct the situation ② <u>when</u> is a problem. George is the safety supervisor for an engineering company. One of his responsibilities is to see that employees wear their hard hats ③ <u>whatever</u> they are on the job in the field. ④ <u>Whenever</u> he came across workers who ⑤ <u>were</u> not wearing hard hats, he would tell them that they must follow the rules.

criticism 비판, 비난
correct 바로잡다
supervisor 관리자
responsibility 책임(감), 임무
come across ~을 우연히 발견하다

FOCUS 기출로 짚어 보는 관계부사

FOCUS 1 앞에 오는 선행사가 시간, 장소, 이유, 방법 중 어느 것에 해당하는지 파악한 후, 관계부사 when, where, why, how 중 알맞은 것을 선택한다. 단, the way와 how는 함께 쓰이지 않는다는 것에 주의한다.

1 A long downward road without cross streets could be the perfect area where / when you practice basic skills. | 고1 학평 기출

2 I don't think anyone believes it was the precise moment where / when the population hit 300 million. | 고1 학평 기출

3 Fieldwork is the way in which / how most cultural anthropologists earn their professional standing. | 고3 평가원 기출

FOCUS 2 관계사절이 주어와 목적어가 있는 완전한 문장인지, 주어나 목적어가 없는 불완전한 문장인지 파악한다. 완전한 문장이면 관계부사, 불완전한 문장이면 관계대명사가 온다.

4 Near the surface, where / which the water is clear and there is enough light, it is quite possible for an amateur photographer to take great shots with an inexpensive underwater camera. | 고1 학평 기출

5 Cats in the wild are most active in the early morning and evenings, which / when they do most of their hunting. | 고2 평가원 기출

6 This island was taken by the English, who / where restored it the following year to French by the Peace of Paris. | 고3 평가원 기출

Let's Do It!

다음 글의 밑줄 친 부분 중, 어법상 틀린 것은? | 고1 학평 기출

Reality TV programs are products, just like T-shirts or coffee, and consumers can't seem to turn them off. But why do consumers keep ① watching them? This is one type of question consumer behavior researchers are interested in answering. Researchers say ② that reality TV programs offer several benefits to consumers, including satisfying their curiosity. "We all like to watch people in situations ③ which we ourselves might be pressured. We can feel what they are feeling but at a safe distance," says Professor Kip Williams of Macquaric University. We also role-play with ourselves in the context of the show, ④ imagining how we might react in a similar situation. This, researchers say, can teach us ⑤ to be self-improving.

1 (A), (B), (C)의 각 네모 안에서 어법에 맞는 표현으로 가장 적절한 것은? | 고1 학평 기출

My wife and I visited my parents (A) during / while the summer vacation. On the way back home, we had a flat and no spare tire. We walked to a nearby farmhouse for help. The farmer who lived there (B) taking / took off a tire from his car and said, "Drive into town, get your tire fixed, and leave (C) me / mine at the gas station. I can't come with you because I'm busy now. I'll get my tire back later on." His trusting action really saved the day for us.

	(A)		(B)		(C)
①	during	......	taking	......	me
②	while	......	taking	......	me
③	during	......	took	......	me
④	while	......	took	......	mine
⑤	during	......	took	......	mine

2 다음 글의 밑줄 친 부분 중, 어법상 틀린 것은? | 고1 학평 기출

Your parents may be afraid that you will not spend your allowance wisely. You may make some foolish spending choices, but if you ① do, the decision to do so is your own and hopefully you will learn from your mistakes. Much of learning ② occurs through trial and error. Explain to your parents that money is something you will have to deal with for the rest of your life. It is better ③ what you make your mistakes early on rather than later in life. Explain that you will have a family someday and you need to know how ④ to manage your money. Not everything ⑤ is taught at school!

①   ②   ③   ④   ⑤

3 (A), (B), (C)의 각 네모 안에서 어법에 맞는 표현으로 가장 적절한 것은? | 고1 학평 기출

In most countries (A) which / where there are mountains, people enjoy the unique appeal of skiing. In its simplest form, skiing is sliding down a snow-covered slope on a pair of long, slim steel plates called skis. It is one of the few sports that enable people (B) move / to move at high speed without any power-producing device. In its most advanced form, it is a highly skilled sport in which experts can slide down a mountain trail at more than 90 kilometers an hour, soar through the air for several hundred feet, or (C) make / makes quick turns through an obstacle course.

(A)		(B)		(C)
① where	·······	to move	·······	make
② where	·······	to move	·······	makes
③ where	·······	move	·······	make
④ which	·······	move	·······	makes
⑤ which	·······	to move	·······	makes

4 다음 글의 밑줄 친 부분 중, 어법상 틀린 것은? | 고1 학평 기출

It's important to remember that good decisions can still lead to bad outcomes. Here is an example. Soon after I got out of school, I ① was offered a job. I wasn't sure that was a great fit for me. After carefully considering the opportunity, I decided to ② turn it down. I thought that I would be able to find another job ③ what was a better match. Unfortunately, the economy soon grew worse quickly and I spent months ④ looking for another job. I kicked myself for ⑤ not taking that position, which started to look more and more appealing. I had made a good decision, based upon all the information I had at the time, but in the short run it didn't lead to a great outcome.

①   ②   ③   ④   ⑤

5 (A), (B), (C)의 각 네모 안에서 어법에 맞는 표현으로 가장 적절한 것은? | 고1 학평 기출

For thousands of years, people have looked up at the night sky and looked at the moon. They wondered (A) if / what the moon was made of. They wanted to know how big it was and how far away it was. One of the most interesting questions was "Where did the moon come from?" No one knew for sure. Scientists developed (B) many / much different theories, or guesses, but they could not prove that their ideas were correct. Then, between 1969 and 1972, the United States sent astronauts to the moon for their studying the moon and (C) returned / returning to Earth with rock samples.

	(A)		(B)		(C)
①	if	………	many	………	returning
②	if	………	much	………	returned
③	what	………	many	………	returned
④	what	………	much	………	returned
⑤	what	………	many	………	returning

6 다음 글의 밑줄 친 부분 중, 어법상 틀린 것은? | 고2 학평 기출

The psychologist Gary Klein tells the story of a team of firefighters that entered a house ① where the kitchen was on fire. Soon after they started hosing down the kitchen, the commander heard ② himself shout, "Let's get out of here!" without realizing why. The floor collapsed almost immediately after the firefighters escaped. Only after the fact ③ did the commander realize that the fire had been unusually quiet and that his ears had been unusually hot. Together, these impressions prompted ④ that he called a "sixth sense of danger." He had no idea what was wrong, but he knew something was wrong. It turned out that the heart of the fire ⑤ had not been in the kitchen but in the basement below.

①   ②   ③   ④   ⑤

7 (A), (B), (C)의 각 네모 안에서 어법에 맞는 표현으로 가장 적절한 것은? | 고1 학평 기출

I stood 3,346 feet above sea level on a steep mountain slope and (A) found / finding it was easy to feel a little breathless. As the morning fog lifted, the sharp peaks of the Hohe Tauern mountain range slowly emerged, some of (B) which / what were very much alive. The sound of a donkey reminded us of our home as we drank hot coffee on a wooden balcony and watched our visible breath disappear into the cold air. Looking far below, we could see a small river twist like a silk ribbon between the valley's wooden houses and church roofs; the old buildings of a mountainside farm (C) was / were surrounding us, with sheep and cows feeding on the mountain pastures.

	(A)		(B)		(C)
①	found	......	which	......	was
②	found	......	which	......	were
③	found	......	what	......	were
④	finding	......	what	......	was
⑤	finding	......	which	......	were

8 다음 글의 밑줄 친 부분 중, 어법상 틀린 것은? | 고1 학평 기출

Greg felt like a failure if he didn't receive every single point on every single assignment. A grade of 95 left him ① asking, "How did I fail to achieve 100?" Greg realized that his drive for perfectionism was putting him into a state of constant stress. He decided ② to work on stress management. He came up with the creative idea of ③ posting notes everywhere with the simple message, "92 is still an A." Gradually, these simple reminder notes allowed Greg to have a different point of view and ④ realized that he didn't have to be perfect at everything. He still could earn an "A" in class, but with ⑤ much less pressure.

①   ②   ③   ④   ⑤

명사와 대명사

Chapter 16

- I lost my USB drive, and I can't find **it**.
- I need to buy a new **one**.

앞에 나온 명사를 대신하여 받는 명사를 대명사라고 한다.

16-1 대명사 it의 쓰임

대명사 it은 '그것'이라는 의미 외에 특별한 용법으로도 쓰이므로 주의해서 알아 두어야 한다.

1 비인칭 주어 it: 시간, 거리, 날씨, 온도, 명암 등을 말할 때, 주어 자리에 it을 쓰는데, 이를 '비인칭 주어'라고 한다. 비인칭 주어 it은 별도로 해석하지 않는다.

❶ 시간: What time is **it**?

❷ 거리: How far is **it** from here?

❸ 날씨: **It**'s raining cats and dogs.

❹ 온도: **It**'s freezing cold today.

❺ 명암: **It**'s getting dark outside.

2 가주어 it, 가목적어 it: 주어나 목적어가 긴 경우, 가주어 it과 가목적어 it을 사용한다.

❶ **It** is important to keep your desk neat and clean.
　　가주어　　　　　　　　　진주어

❷ I find **it** interesting to talk with him.
　　　　가목적어　　　　　진목적어

· 나는 내 USB를 잃어버렸는데, 그것을 찾을 수가 없다. · 나는 새것을 하나 사야 한다. **1** ❶ 몇 시니? ❷ 여기서 얼마나 먼가요? ❸ 비가 억수같이 내리고 있다. ❹ 오늘 대단히 춥다. ❺ 밖이 어두워지고 있다. **2** ❶ 네 책상을 깔끔하고 깨끗하게 유지하는 것이 중요하다. ❷ 나는 그와 이야기하는 것이 재미있다고 생각한다.

Exercise 밑줄 친 It(it)이 비인칭 주어이면 '비', 가주어이면 '주', 가목적어이면 '목'이라고 쓰시오.

1 These days, <u>it</u> is not easy to live without smartphones. ＿＿＿＿

2 <u>It</u> takes about thirty minutes by bus from there to here. ＿＿＿＿

3 I made <u>it</u> a rule to take a walk every evening. ＿＿＿＿

4 When <u>it</u>'s too hot to go outside, you can enjoy reading indoors. ＿＿＿＿

16-2 부정대명사 one / other / another

부정대명사는 특정 사람이나 사물을 가리키는 것이 아니라 정해지지 않은 막연한 대상을 가리키는 대명사이다.

1 one: it이 특정 '그것'을 가리키는 반면, one은 종류가 같은 막연한 하나의 셀 수 있는 명사를 가리킨다.

· **One** should keep **one**'s promise. 〈one = 일반인〉

· I need a pen. Can you lend me **one**? 〈one = a pen〉

· These shoes are a little small for me. Do you have any larger **ones**? 〈ones = shoes〉

▶ ones: one의 복수형

2 one / another / some / other(s) / the other(s)

❶ There are two bikes. **One** is mine, and **the other** is my sister's.
　　　　　　　　　　　　(둘 중) 하나는 …　　　　　　　나머지 하나는 …

❷ I have three brothers. **One** is thirteen, **another** is ten, and **the other** is seven.
　　　　　　　　　　(셋 중) 하나는 …　　　　(셋 중) 또 다른 하나는 …　　　나머지 하나는 …

❸ **Some** are kind, and **others** are unkind.
　(여럿 중) 일부는 …　　　　또 다른 일부는 …

❹ Among the group members, **one** is a girl, and **the others** are boys.
　　　　　　　　　　　(여럿 중) 하나는 …　　　　　나머지 전부는 …

▶ other에 정관사 the를 붙이면 '나머지' 모두를 가리킨다. the other: 나머지 하나 / the others: 나머지 전부

---

1 사람은 자신의 약속을 지켜야 한다. / 나는 펜이 필요해. 나에게 하나 빌려줄 수 있니? / 이 신발은 나에게 조금 작습니다. 더 큰 것이 있나요?　**2** ❶ 자전거가 두 대 있다. 한 대는 내 것이고, 나머지 한 대는 나의 여동생 것이다. ❷ 나는 남동생이 3명 있다. 한 명은 13살이고, 다른 한 명은 10살이고, 나머지 한 명은 7살이다. ❸ 어떤 사람들은 친절하고 또 다른 사람들은 불친절하다. ❹ 모둠원 중에서 한 명은 여자아이고, 나머지 모두는 남자아이들이다.

Exercise　우리말과 일치하도록 빈칸에 알맞은 말을 쓰시오.

1 나는 개가 두 마리 있다. 한 마리는 하얗고 다른 한 마리는 검은 점들이 있다.

→ I have two dogs. One is white and _____ has black dots.

2 나의 언니들 중 한 명은 결혼을 했지만, 나머지는 모두 하지 않았다.

→ One of my sisters is married, but _____ are not.

3 손상된 제품을 보내니 새로운 것으로 바꿔 보내 주시면 좋겠습니다.

→ I am sending the damaged goods and will be glad if you send new _____.

16-3 재귀대명사　재귀대명사는 '-self/-selves'의 형태를 띤 대명사로서, '~ 자신'이라는 의미를 나타낸다.

1 재귀용법 vs. 강조용법

❶ 재귀용법: 주어와 목적어가 동일한 경우 목적어를 재귀대명사로 쓰며, 이때 재귀대명사는 생략할 수 없다.

I'm trying to love **myself** more. 〈생략 ×〉

❷ 강조용법: 주어, 목적어, 보어를 강조하기 위해 재귀대명사를 쓴 경우로 강조용법의 재귀대명사는 생략할 수 있다.

I fixed my bike **myself**. 〈생략 가능〉

2 재귀대명사가 포함된 관용 표현

• by oneself (혼자, 홀로)	• in itself (그 자체로, 본질적으로)
• for oneself (혼자 힘으로)	• of(by) itself (저절로)
• say(talk) to oneself (혼잣말을 하다)	• help oneself (to) (~을 마음껏 먹다)
• enjoy yourself (좋은 시간을 보내다)	• make oneself at home (편히 하다)

• I wrote this book **by myself**.

• **Help yourself to** anything you want.

• **Make yourself at home.**

---

1 ❶ 나는 나 자신을 더 사랑하려고 노력하고 있다. ❷ 나는 내 자전거를 직접 수리했다.　**2** 나는 이 책을 혼자 썼다. / 원하는 것을 마음껏 드세요. / 편히 계세요.

Exercise 빈칸에 알맞은 재귀대명사를 쓰시오.

1 Amy had a great vacation. She enjoyed _____ very much.

2 Did you cook this food _____?

3 The light went out of _____.

16-4 수 일치

영어는 명사의 단수와 복수를 명확히 구분하여 쓰기 때문에 명사를 대신 받는 대명사의 수를 일치시켜 써야 한다. 또한 주어에 따라 동사의 수를 일치시켜 쓰는 것도 중요하다.

1 〈명사 — 대명사〉의 수 일치: 단수 명사는 단수 대명사로, 복수 명사는 복수 대명사로 받는다.

· The bird catches worms to feed **its** young.
　　단수
· She brought the cats into the house and fed **them**.
　　　　　복수
· Don't compare your life with **that** of another.
　　　　　　　단수
· This year's fashions are different from **those** of last year.
　　　　　　복수

2 〈주어 — 동사〉의 수 일치

❶ part, all, percent, half, 분수 등의 표현은 of 뒤에 오는 명사의 수에 동사를 일치시킨다.
Three fourths of *the Earth* **is** covered with water.
　　　　　　　단수
About 40 percent of *the students* **wear** glasses.
　　　　　　　　복수

Tip each(각각), every(모든)의 수 일치
· 「each of + 복수 명사 + 단수 동사」
· 「each + 단수 명사 + 단수 동사」
· 「every + 단수 명사 + 단수 동사」

❷ each, every는 항상 단수 취급하므로 단수 동사를 쓴다.
Each(Every) *student* **carries** a cellphone.
　　　　　단수

❸ 주어에 수식어가 붙어서 길어지는 경우, 주어의 핵심이 되는 명사를 찾아 동사의 수를 결정한다.
The best way [to keep vegetables fresh] **is** to refrigerate them.
　　주어(단수) ↑｜─── 수식어구

❹ the number of ~(~의 수)는 단수이고, a number of ~(많은 ~)는 복수이다.
The number of Internet users **is** growing rapidly.
　　　　　단수
A number of questions **were** given to the interviewee.
　　　　　복수

---

1 새는 자신의 새끼에게 먹이기 위해서 벌레를 잡는다. / 그녀는 고양이들을 집으로 데려와서 그것들에게 먹이를 주었다. / 당신의 인생을 다른 사람의 그것(인생)과 비교하지 마라. / 올해의 유행은 작년의 그것(유행)과 다르다. 2 ❶ 지구의 4분의 3은 물로 덮여 있다. / 학생들의 약 40퍼센트가 안경을 쓴다. ❷ 각각(모든) 학생은 휴대전화를 갖고 다닌다. ❸ 채소를 신선하게 보관하는 가장 좋은 방법은 그것들을 냉장 보관하는 것이다. ❹ 인터넷 사용자의 수가 급격히 증가하고 있다. / 많은 질문들이 면접자에게 주어졌다.

Exercise 괄호 안에서 알맞은 것을 고르시오.

1 The apartment is old, but (its / their) location is convenient.

2 The number of visitors to the website (is / are) increasing.

3 A dog's sense of smell is about 1,000 times more sensitive than (that / those) of a human.

4 At least seventy percent of traffic accidents (is / are) the result of human error.

5 Each of the students (is / are) studying for the test.

Grammar Practice

Answers p.37

A 다음 문장의 밑줄 친 부분이 어법상 옳으면 ○표, 틀리면 ✕표 하고 바르게 고치시오.

1 Every day has <u>their</u> own meaning.

2 What is beauty? Different cultures define <u>them</u> quite differently.

3 Americans often tell their guests, "Make <u>you</u> at home."

4 I borrowed her history notebook, and I lost <u>one</u>.

5 Research indicates that the brains of fish are very similar to <u>those</u> of humans.

define 정의하다
borrow 빌리다
research 연구, 조사
indicate 나타내다, 보여주다
be similar to ~와 유사하다

B 빈칸에 알맞은 부정대명사를 쓰시오.

1 I've lost my smartphone. I need to buy ＿＿＿＿＿＿＿＿.

2 I can't tell one twin from ＿＿＿＿＿＿＿＿.

3 Some of us are morning people; ＿＿＿＿＿＿＿＿ are night people.

4 Serious TV programs are called drama. Funny ＿＿＿＿＿＿＿＿ are called comedies.

tell A from B A와 B를 구별하다
twin 쌍둥이
serious 진지한

C 우리말과 일치하도록 괄호 안의 단어를 이용하여 문장을 완성하시오.

1 날씨가 점점 더 더워지고 있다. (get)
→ ＿＿＿＿＿＿＿＿＿＿＿＿＿＿ hotter and hotter.

2 그는 자신의 꿈을 실현하기 어렵다는 것을 알게 되었다. (find)
→ He ＿＿＿＿＿＿＿＿＿＿＿＿＿ to realize his dream.

3 안전을 위해 보호 장비를 착용하는 것이 필요하다. (necessary)
→ ＿＿＿＿＿＿＿＿＿＿＿＿＿ protective gears for safety.

4 우리 자신을 점검해 볼 때이다. (examine)
→ It's time ＿＿＿＿＿＿＿＿＿＿＿＿.

realize 실현하다
necessary 필요한
protective 보호하는, 보호용의
gear 장비, 장치
safety 안전
examine 조사하다, 점검하다

D 괄호 안의 단어를 알맞은 형태로 바꿔 쓰시오.

1 A number of new findings _____(be) made by him.

2 Half of the apples in the box _____(be) rotten.

3 Animals that pulled plows to turn the earth _____(be) far more efficient than humans.

4 The number of people who are killed and injured by motor vehicles _____(have) decreased.

finding 발견, 결과
half of ~의 절반
rotten 썩은
plow 쟁기
earth 땅, 토지
efficient 효율적인
injure 부상을 입히다
motor vehicle 자동차

E 어법상 틀린 부분을 찾아 바르게 고치시오.

1 I sit down to enjoy a cold drink, trying to make me comfortable.

2 The students were able to help them to coffee and were asked in return to leave fifty cents.

3 I have bought three caps. One is red, the other is pink, and the other is blue.

4 The musical *Grease* is about thrill-loving students of Rydel High School. It shows its worries, love, and friendship.

comfortable 편안한
in return 답례로, 보답으로

서술형 F 다음 글을 읽고 물음에 답하시오.

When you attempt ① to do something and fail, you have to ask ② you why you have failed to do what you intended. Answering (a) this question in a new, unexpected way ③ is the essential creative act. ④ They will improve your chances of ⑤ succeeding next time.

(1) 밑줄 친 (a)가 가리키는 것을 지문에서 찾아 쓰시오.

(2) 밑줄 친 ①~⑤ 중 어법상 틀린 부분을 모두 골라 바르게 고쳐 쓰시오.

attempt 시도하다
intend 의도하다
essential 필수적인
improve 향상시키다, 높이다

FOCUS 기출로 짚어 보는 명사와 대명사

FOCUS 1

주어와 동사의 수 일치는 자주 출제되는 문법 사항이다. 주어가 길 경우 주어를 수식하는 어구를 괄호로 묶어 주어의 핵심을 찾는다.

1 While flower giving is very popular these days, the most common reason to give flowers is / are to express romantic love. | 고1 학평 기출

2 Nearly 40 percent of them was / were sure the other students would remember what the shirt said, but only 10 percent actually did. | 고2 학평 기출

3 A number of 'youth friendly' mental health websites have / has been developed.
| 고3 평가원 기출

4 Those who showed any surprise or appreciation of their good fortune were / was so few that you could have counted them on one hand. | 고2 학평 기출

FOCUS 2

대명사가 지칭하는 것이 무엇인지 정확하게 파악한다. 앞에 쓰인 명사들 가운데 대명사 자리에 넣어서 해석했을 때 의미가 자연스러운지 확인한다. 재귀대명사의 경우 문장의 주어와 목적어가 동일한 대상인지를 파악한다.

5 In perceiving changes, we tend to regard the most recent one / ones as the most revolutionary. | 고1 학평 기출

6 If your social image is terrible, look within yourself and take the necessary steps to improve it / them , TODAY. | 고1 학평 기출

7 As Jing got points, he felt valued and good about him / himself and spent quality time with Dad. | 고1 학평 기출

Let's Do It!

다음 글의 밑줄 친 부분 중, 어법상 틀린 것은? | 고1 학평 기출

If you were a baseball fan ①during the early 1960s, you probably remember a baseball player named Maury Wills. From 1960 to 1966, Wills was a recordmaking base stealer. In 1965, a year ②when he stole more bases than any other player in the major leagues, he also held the record for the greatest number of times being caught stealing. However, if Wills had allowed himself ③ to become frustrated by his outs, he would have never set any records. Thomas Edison said, "I'm not ④discouraged because every wrong attempt discarded is another step forward." Even though it is five thousand experiments that do not work, the milestones on the road to success ⑤is always the failures.

Chapter 17

형용사와 부사

- He is a fast runner.
- He runs fast.

형용사와 부사는 명사, 동사, 형용사, 부사, 문장 전체 등을 수식하여 문장의 의미를 풍부하게 해주는 역할을 한다.

17-1 형용사 vs. 부사
형용사는 명사를 수식하거나 보어로 쓰이고, 부사는 형용사, 부사, 동사, 또는 문장 전체를 수식한다.

1 형용사의 쓰임

- As this book is written in **easy** English, it is **suitable** for beginners.
  주격보어

  ▶ 형용사가 명사를 수식하는 것을 '한정적 용법'이라 하고, 형용사가 문장 속에서 주격보어나 목적격보어로 쓰이는 경우를 '서술적 용법'이라고 한다.

2 부사의 쓰임

❶ 일반적으로 부사는 쓰이는 위치가 자유롭다.

Her performance was **quite** *impressive*.

Fortunately, *she survived the accident*.

❷ 빈도부사인 경우: be동사나 조동사 뒤, 일반동사 앞에 위치한다.

He *is* **always** late for school.

He **always** *comes* to school late.

※ 빈도부사

never (결코 ~ 아닌) < seldom / hardly (거의 ~ 아닌) < sometimes (가끔) < often (종종) < usually (대개) < always (항상)

• 그는 빠른 주자이다. • 그는 빨리 달린다. **1** 이 책은 쉬운 영어로 쓰였기 때문에 초보자에게 적합하다. **2** ❶ 그녀의 연주는 아주 인상적이었다. / 다행히도, 그녀는 사고에서 살아남았다. ❷ 그는 항상 학교에 지각한다. / 그는 학교에 항상 늦게 온다.

Exercise

A 밑줄 친 부분을 어법에 맞게 고치시오.

1 I'm <u>certainly</u> that he will come.

2 The restaurant was <u>strange</u> quiet.

3 The judge found him <u>innocently</u>.

4 Children seem to learn foreign languages <u>quick</u>.

B 괄호 안의 부사의 위치로 알맞은 곳에 ∨표 하시오.

1 Cats do not make a lot of noise. (usually)

2 It is difficult for girls to receive an education in poor countries. (often)

3 Jumping from job to job has been more common in some professions. (always)

17-2 주의해야 할 형용사 수량 형용사의 쓰임, 형용사의 어순 등 혼동하기 쉬운 형용사의 용법을 익혀 두어야 한다.

1 수량 형용사

	많은		몇몇의, 약간의	거의 없는 (부정)
셀 수 있는 명사	many	a lot of, lots of, plenty of	a few	few
셀 수 없는 명사	much		a little	little

- There are **many**〔**a lot of**〕 *subway lines* in Seoul.
- She usually takes **a lot of** *baggage* on her trips.
- Only **a few** *members* attended the meeting.
- There is **little** *hope* that they can come to an agreement.

2 보어로만 쓰이는 형용사

• afraid (두려워하는)	• alike (비슷한)	• alive (살아 있는)	• asleep (잠든)
• alone (고독한)	• ashamed (부끄러워하는)	• awake (깨어 있는)	• aware (알고 있는)

- My twin brother and I look **alike**.
- It is hard to fall **asleep** during the hot summer nights.
  ▶ 주로 'a-'로 시작하는 형용사들이 여기에 해당한다.

3 형용사의 위치

- I'd like to have *something* **cold** to drink.
- He tried to find *a treasure island* **full of jewelry**.

  ▶ 형용사는 기본적으로 명사 앞에서 수식하지만, '-thing으로 끝나는 명사'나 '형용사가 구 형태로 올 경우'에는 명사 뒤에서 수식한다.

4 the+형용사 = 복수 보통명사

- **The rich** are not always happy.
  = **Rich people** are not always happy.
  ▶ 「the+형용사」는 불특정 다수를 대표하는 표현으로, 「형용사+복수 명사」로 바꿔 쓸 수 있으며, 복수 취급한다.

---

1 서울에는 많은 지하철 노선이 있다. / 그녀는 보통 여행에 많은 짐을 가져간다. / 단지 소수의 회원만이 회의에 참석했다. / 그들이 합의에 도달할 수 있는 희망은 거의 없다.
2 내 쌍둥이 형과 나는 비슷하다. / 더운 여름밤에는 잠들기가 힘들다.　　**3** 저는 뭔가 차가운 것을 마시고 싶습니다. / 그는 보석으로 가득한 보물섬을 찾으려고 애썼다.
4 부자들이 항상 행복한 것은 아니다.

Exercise 괄호 안에서 알맞은 것을 고르시오.

1 I have too (many / much) work to do, but I have (a few / a little) time left.

2 I invited (a few / few) close friends to my birthday party.

3 Is there (wrong something / something wrong) with my computer?

4 We need oxygen to breathe in order to stay (live / alive).

5 The young (is / are) full of hope and willpower.

주의해야 할 부사 부사들 중에는 그 형태나 의미가 헷갈리는 부분이 많으므로 주의해서 알아 두어야 한다.

1 혼동되는 부사의 형태

❶ 「형용사+-ly」가 부사의 기본 형태이지만 -ly로 끝나는 형용사가 있으므로 유의해야 한다.

The actor has such a **lovely** smile. ▶ -ly로 끝나는 형용사: friendly, lovely, costly, deadly …

❷ 형용사와 부사의 형태가 같거나 형용사에 -ly를 붙이면 의미가 달라지는 부사가 있다.

형용사	부사	부사(-ly)
late 늦은	late 늦게	lately 최근에
high 높은	high 높이	highly 매우, 상당히
hard 열심히 하는	hard 열심히	hardly 거의 ~ 아닌
near 가까운	near 가까이	nearly 거의, 대략
free 무료의, 자유로운, 없는	free 무료로	freely 자유롭게, 한가하게

I have to stay up **late** tonight to finish homework.
I've been getting pimples on my forehead **lately**.

2 부사의 위치와 어순

❶ 「동사+부사」의 동사구에서 목적어가 명사일 때는 동사 뒤나 부사 뒤에 올 수 있지만, 대명사일 때는 반드시 동사 뒤에 온다.

Please <u>turn off</u> your cellphone during the performance.
　　　→ **turn** *your cellphone* **off**
If you are wearing gloves, you should <u>take them off</u> to touch the screen.
　　　→ **take off** *them* (×)

▶ 「동사+부사」의 동사구: turn on/off (~을 켜다/끄다), put on (~을 입다), take off (~을 벗다), try on (~을 입어[신어] 보다) …

❷ 부사가 형용사를 수식할 때는 형용사 앞에 오지만, enough의 경우에는 형용사 뒤에 온다.

Some people are not <u>responsible **enough**</u> to own a pet.
　　　　　　　　　　형용사 ◄─────┘ 부사

3 부정의 의미를 갖는 부사: hardly, rarely, barely, seldom

· He spoke so fast that I could **hardly** understand him. ▶ 부정어 not, never 등과 함께 쓰지 않도록 유의한다.

---

1 ❶ 그 배우는 정말 사랑스러운 미소를 갖고 있다. ❷ 나는 숙제를 끝내기 위해서 오늘 밤 늦게까지 깨어 있어야 한다. / 나는 최근에 이마에 여드름이 생기고 있다. **2** ❶ 공연 중에는 휴대전화를 꺼 주세요. / 장갑을 끼고 있다면, 화면을 터치하기 위해서 그것을 벗어야 한다. ❷ 어떤 사람들은 애완동물을 키우기에 충분히 책임감이 있지 않다. **3** 그는 너무 빨리 말해서 나는 그의 말을 거의 이해할 수 없었다.

Exercise **A** 괄호 안에서 알맞은 것을 고르시오.

1 Why don't you (try on them / try them on) for size?

2 I fell down the stairs and (near / nearly) broke my leg.

3 It was raining so (hard / hardly) that I couldn't go out.

4 It is useless to worry that you are not (enough beautiful / beautiful enough).

B 밑줄 친 단어에 유의하여 문장을 우리말로 해석하시오.

1 I can <u>hardly</u> believe what he said.

2 Where have you been <u>lately</u>?

3 The Aztec Indians lived a life that was <u>highly</u> developed.

Grammar Practice

Answers p.39

A 다음 문장의 밑줄 친 부분이 옳으면 ○표, 틀리면 ×표 하고 바르게 고치시오.

1 I found the movie <u>interestingly</u>.

2 Can I have <u>a little</u> talk with you?

3 If you buy this soap, you can get another one <u>free</u>.

4 Keep quiet so that you don't disturb the <u>asleep</u> baby.

5 Good jugglers make juggling look so <u>easily</u>.

> soap 비누
> disturb 방해하다
> juggler 저글링하는 사람

B 어법상 <u>틀린</u> 부분을 찾아 바르게 고치시오.

1 You seldom are at home whenever I visit you.

2 I'm going to look up it on the Internet.

3 The main hall should be enough large to hold 100 people.

4 She spoke so quietly that I couldn't hardly hear her.

> look up ~을 찾아보다
> hold 수용하다, 담다

C 우리말과 일치하도록 괄호 안의 단어들을 바르게 배열하여 문장을 완성하시오.

1 내가 너에게 재미있는 걸 말해 줄게. (you, interesting, something)

→ Let me tell _____.

2 그것은 매우 힘들었지만, 나는 포기하지 않았다. (give, didn't, up, it)

→ It was very hard, but I _____.

3 그는 몇 년간 정말 많은 돈을 저축했다. (for, money, a few, years, very much)

→ He saved _____.

4 내가 TV를 켜도 될까요? (turn, on, the TV, I)

→ Would you mind if _____?

D 우리말을 영어로 옮길 때 어법상 <u>틀린</u> 부분을 찾아 바르게 고치시오.

1 나는 그 실험이 매우 교육적이라고 믿는다.

→ I believe the experiment is high educational.

2 대부분의 사람들은 그들 삶의 거의 3분의 1을 잠을 자면서 보낸다.

→ Most people spend near a third of their lives asleep.

3 슈베르트는 친근한 편지를 쓰듯이 음악을 자유롭게 썼다.

→ Schubert wrote music as freely as one would write a friendly letter.

4 사람들과 똑같이, 어떤 두 장소도 정확히 같지는 않다.

→ Just alike people, no two places are exactly alike.

experiment 실험
educational 교육적인
exactly 정확히, 꼭

E 어법상 <u>틀린</u> 부분을 찾아 바르게 고친 후, 문장을 해석하시오.

1 The first shops sold just a little products such as meat and bread.

2 As we grew older, Mom made sure we did our part by keeping our rooms neatly.

3 Each ball must be thrown enough high to allow the juggler time to handle the other balls.

4 Skunks are very fair because they warn always you before they spray bad smell.

product 제품
neat 정돈된, 깔끔한
throw(-threw-thrown) 던지다
allow A to B A가 B하도록 허용하다
handle 다루다, 처리하다
fair 공정한

서술형 F 다음 글의 밑줄 친 우리말을 영작하시오.

Home Master delivers over thirty years of cleaning experience right to your front door. Our van comes with highly-trained professionals equipped with exclusive cleaning solutions and the (1) <u>최신의</u> equipment. Together they get your furniture, floors, windows, and balconies their cleanest. Three hours will be enough for us to make your home (2) <u>없는</u> of any dirt. Our service is guaranteed to improve the quality of your (3) <u>생활(의)</u> environment. Call today to schedule your free in-home consultation.

equipped with ~을 갖춘
exclusive 독점적인, 전용의
cleansing solution 청소액, 세척액
dirt 먼지
guarantee 보장하다
in-home 집에서 하는
consultation 상담

FOCUS 기출로 짚어 보는 **형용사와 부사**

FOCUS 1 형용사/부사가 선택지인 경우 형용사는 명사를, 부사는 형용사나 동사, 또는 문장 전체를 수식하는 역할을 하는지를 파악하고, 문맥상 어떤 의미가 필요한지 확인한다.

1 During regular / regularly scheduled meetings, members share their stories, stresses, feelings, issues, and recoveries. | 고1 학평 기출

2 Young people also increasing / increasingly access social networking websites.
| 고3 평가원 기출

3 It is a great / greatly change to an insect walking across the stone during the day and again at night. | 고1 학평 기출

4 Greg Marshall said he thought it would be interesting / interestingly to see the shark's life through the eyes of the remora. | 고3 학평 기출
＊remora 빨판상어

FOCUS 2 형태가 유사한 형용사와 부사, 또는 의미를 혼동하기 쉬운 형용사와 부사 등의 정확한 의미와 쓰임을 파악한다. 또한 수량 형용사의 쓰임, 형용사와 빈도부사의 위치 등도 유의하여 알아둔다.

5 My mother, alike / like most other parents, did not get me to realize the benefits for myself. Instead, she decided on lecturing. | 고1 학평 기출

6 The individual fish or bird is reacting almost / most instantly to the movements of its neighbors in the school or flock. | 고3 학평 기출

7 Possibly the most effective way to focus on your goals is to write them down / write down them . | 수능 기출

8 Cartoon makers can say much with a simple drawing and a few / a little words.
| 고1 학평 기출

Let's Do It!

다음 글의 밑줄 친 부분 중, 어법상 틀린 것은? | 고1 학평 기출

Late one Saturday evening, I was ① awakened by the ringing of my phone. In a sleepy voice I said, "Hello." The party on the other end of the line paused for a moment before ② rushing into a long speech. "Mom, this is Susan and I'm sorry I woke you up, but I had to call because I'm going to be a little ③ lately getting home. The tire of Dad's car just went flat while we were in the theater." Since I don't have any daughters, I knew the person ④ had misdialed. "I'm sorry," I replied, "but I don't have a daughter named Susan." "Oh, Mom!" came the young woman's voice, "I didn't think ⑤ that you'd be this angry."

Chapter 18 비교 구문

- A is as long as B.
- C is longer than B.
- C is the longest of all.

형용사와 부사는 <원급-비교급-최상급>의 3가지 표현이 가능하다.

18-1 원급 구문
형용사/부사의 원급과 as를 이용하여 비슷한 정도를 비교하는 동등비교 구문을 표현할 수 있다.

1 「as+형용사/부사 원급+as …」: …만큼 ~한(하게)
- My cousin, Alice, is **as old as** me.
- The problem was **not as(so) easy as** he thought.
- Please reply to me **as soon as possible.**
  = Please reply to me **as soon as you can.**
  ▶ 「as+원급+as possible」=「as+원급+as+주어+can」: 가능한 ~한(하게)

2 「배수/~ times+as+형용사/부사 원급+as …」: …보다 몇 배 더 ~한(하게)
- This rope is **twice as long as** that one.
- Africa is **three times as large as** Europe.

· A는 B만큼 길다. · C는 B보다 길다. · C가 모든 것 중에서 가장 길다. **1** 나의 사촌 Alice는 나만큼 나이를 먹었다. / 그 문제는 그가 생각했던 것만큼 쉽지는 않았다. / 내게 가능한 한 빨리 답해 주세요. **2** 이 밧줄은 저것보다 2배 더 길다. / 아프리카는 유럽보다 세 배 더 크다.

Exercise 우리말과 일치하도록 괄호 안의 단어를 이용하여 빈칸에 알맞은 말을 쓰시오.

1 그는 한국어만큼 영어도 잘한다. (well)
  → He speaks English ＿＿＿＿＿ ＿＿＿＿＿ ＿＿＿＿＿ Korean.

2 나는 그녀에 대해서 가능한 한 많이 알고 싶었다. (much)
  → I wanted to know about her ＿＿＿＿＿ ＿＿＿＿＿ ＿＿＿＿＿ ＿＿＿＿＿.

3 도쿄 스카이 트리는 에펠탑보다 거의 두 배 더 높다. (tall)
  → Tokyo Sky Tree is almost ＿＿＿＿＿ ＿＿＿＿＿ ＿＿＿＿＿ ＿＿＿＿＿ the Eiffel Tower.

18-2 비교급 구문
형용사/부사에 -er을 붙여서 비교급 형태를 쓰고, 비교 대상은 접속사 than으로 연결하여 우등 비교 구문을 표현할 수 있다.

1 「비교급+than …」: …보다 더 ~한(하게)
- Two heads are **better than** one. 〈속담〉
- She is **more active than** her brother.
  ▶ 3음절 이상의 단어와 active, useful, famous 등과 같은 일부 2음절 단어는 원급 앞에 more, most를 붙여서 비교급과 최상급을 만든다.

2 「less+원급+than …」: …보다 덜 ~한(하게) (열등 비교)
· My father is **less tall than** my elder brother.
= My elder brother is **taller than** my father.

3 비교급 구문의 관용 표현
❶ 「the+비교급 ~, the+비교급 …」: ~할수록 더 …하다
The more you have, **the more** you want.

❷ 「비교급+and+비교급」: 점점 더 ~한(하게)
It's getting **warmer and warmer**.

1 두 사람이 한 사람보다 낫다. (백지장도 맞들면 낫다.) / 그녀는 그녀의 오빠보다 더 적극적이다.   2 나의 아버지는 나의 형보다 키가 덜 크다. = 나의 형은 나의 아버지보다 더 크다.   3 ❶ 더 많이 가질수록 더 많이 갖고 싶다. ❷ 날씨가 점점 더 따뜻해지고 있다.

Exercise 괄호 안의 단어를 알맞은 형태로 바꿔 쓰시오.

1 Saying no can be _____ (difficult) than saying yes.

2 The _____ (high) you go, the _____ (cool) it becomes.

3 When I saw him, my heart beat _____ (fast) and _____ (fast).

18-3 **최상급 구문** 형용사/부사에 -est를 붙이고, 앞에 정관사 the를 써서 최상급 구문을 표현할 수 있다.

1 「the+최상급」: 가장 ~한(하게)
· I think breakfast is **the most important** meal of the day.
· Busan is **the second largest** city in Korea.
▶ 「the+서수(second, third …)+최상급」: ~ 번째로 …한

2 「one of the+최상급+복수 명사」: 가장 ~한 … 중 하나
· Lego is **one of the most popular toys** in the world.
▶ 복수 명사 뒤에는 주로 범위를 나타내는 「in+장소」나 「of+복수 명사」가 이어진다.

1 나는 아침 식사가 하루 중 가장 중요한 식사라고 생각한다. / 부산은 한국에서 두 번째로 큰 도시이다.   2 레고는 세계에서 가장 인기 있는 장난감 중 하나이다.

Exercise 우리말과 일치하도록 괄호 안의 단어를 알맞은 형태로 바꿔 쓰시오.

1 양쯔강은 세계에서 세 번째로 긴 강이다.
→ The Yangtze River is _____ (third long) river in the world.

2 오늘은 내 인생에서 가장 소중한 날들 중 하루이다.
→ Today is one of _____ (precious) days of my life.

3 이것은 내가 지금까지 본 중에 가장 재미있는 영화이다.
→ This is _____ (interesting) movie that I have ever seen.

1 비교 대상의 수 일치

- *The tone of your voice* is lower than **that** of my voice.
  = the tone of my voice
- *Her dishes* are more delicious than **those** at the restaurant.
  = the dishes at the restaurant

▶ 비교 구문에서는 비교하는 두 대상이 병렬구조를 이루어야 한다. 또한 비교 대상이 단수인지 복수인지에 따라 지시대명사의 형태가 달라지는 것에 유의해야 한다. |참조| 16-4 수 일치 (p. 112)

2 비교급 / 최상급 강조 부사

- He is **much smarter** than other children of his age.

  ▶ 비교급 강조 부사: much, even, far, still, a lot (훨씬)

- This product is **by far the best** of all.

  ▶ 최상급 강조 부사: by far(단연코), ever(지금까지)

3 원급 / 비교급을 이용한 최상급 표현

- Jupiter is **the biggest** planet in the solar system. 〈the + 최상급〉

  = Jupiter is **bigger than any other planet** in the solar system. 〈비교급 + than any other + 단수 명사〉

  = **No other planet** in the solar system is **bigger than** Jupiter. 〈No (other) + 단수 명사 ~ 비교급 + than〉

  = **No other planet** in the solar system is **as big as** Jupiter. 〈No (other) + 단수 명사 ~ as + 원급 + as〉

4 라틴어 비교: 라틴어에서 유래한 비교 구문에서는 than 대신 to를 쓰는 것에 유의한다.

- She is **superior to** me in science.
- I **prefer** paper books **to** e-books.

• superior to (~보다 우수한)	• inferior to (~보다 열등한)	• prior to (~보다 앞선)
• senior to (~보다 연장자인)	• junior to (~보다 어린)	• prefer A to B (B보다 A를 선호하다)

1 너의 목소리 톤은 나의 목소리 톤보다 저음이다. / 그녀의 음식이 그 식당의 음식보다 더 맛있다.   2 그는 같은 나이의 다른 아이들보다 훨씬 더 똑똑하다. / 이 제품은 모든 것 중에서 단연코 가장 좋습니다.   3 목성은 태양계에서 가장 큰 행성이다. = 목성은 태양계의 다른 어떤 행성보다 더 크다. = 태양계의 다른 어떤 행성도 목성보다 크지 않다. = 태양계의 다른 어떤 행성도 목성만큼 크지 않다.   4 그녀는 과학에 있어서 나보다 우수하다. / 나는 전자책보다 종이책을 선호한다.

Exercise   괄호 안에서 알맞은 것을 고르시오.

1 The lives of some turtles are longer than (that / those) of humans.

2 The population of Incheon was larger than (that / those) of Daegu in 2015.

3 Last night, my father came home (more / much) later than usual.

4 I think health is (the most important / more important than) any other thing.

5 There is no culture that is superior or inferior (to / than) others.

Grammar Practice

Answers p.41

A 다음 두 문장의 의미가 같도록 빈칸에 알맞은 말을 쓰시오.

1 Your score is higher than mine.

= My score is less _____ _____ yours.

2 The cheetah can run the fastest of all animals.

= No other animal can run _____ _____ the cheetah.

3 I like staying at home better than going out on weekends.

= I prefer staying at home _____ going out on weekends.

4 We hope you can start working as soon as possible.

= We hope you can start working as soon as _____ _____.

B 밑줄 친 부분이 어법상 맞으면 ○표, 틀리면 ✕표 하고 바르게 고치시오.

1 The deeper you go underwater, <u>higher</u> the pressure is.

2 Spider silk is <u>strong</u> than any other natural fiber.

3 Treatment is <u>much</u> more expensive than prevention.

4 The gravity of the moon is less than <u>those</u> of the Earth.

underwater 수중의, 물 속에서
pressure 압력
spider silk 거미 명주
natural 천연의
fiber 섬유
treatment 치료
prevention 예방
gravity 중력

C 우리말과 일치하도록 주어진 단어의 비교급 또는 최상급 형태를 이용하여 문장을 완성하시오.

1 타조의 눈이 그것의 뇌보다 더 크다는 것을 들어본 적이 있니? (big)

→ Have you ever heard that an ostrich's eye _____ _____ _____ its brain?

2 캘리포니아는 미국에서 세 번째로 큰 주이다. (large)

→ California is _____ _____ _____ state in America.

3 공부하는 데 더 많은 시간을 쓸수록, 더 좋은 성적을 받을 것이다. (much, good)

→ _____ _____ time you spend studying, _____ _____ grade you will get.

4 계란 샐러드 샌드위치는 네가 만들 수 있는 가장 손쉬운 음식 중의 하나이다. (easy)

→ An egg salad sandwich is one of _____ _____ foods you can make.

ostrich 타조
state 주(州)

D 밑줄 친 부분을 어법에 맞게 고치시오.

1 The people in the country are more friendly than <u>in the city</u>.

2 Our night vision is not as sharp as <u>those</u> of some animals, but our color vision is excellent.

3 Michelangelo's *David* is <u>very broader</u> than it is deep, so it should be viewed from the front rather than the side.

4 It's <u>easy</u> for wartime spies to wear the enemy's uniform than to imitate the enemy's language.

vision 시력
sharp 예리한, 날카로운
broad (폭이) 넓은
view 보다, 감상하다
wartime 전시(戰時)의

E 어법상 **틀린** 부분을 찾아 바르게 고치시오.

1 Gino and Judy began to madly pump out water as fast as they can.

2 Letters can be one of the most powerful influence in your life.

3 Accessibility to mass transportation is not as popularly as free breakfast for business travelers.

4 Ticket sales end one hour prior than closing time.

madly 미친 듯이
pump out water 펌프로 물을 퍼내다
influence 영향
accessibility 접근성
mass transportation 대중교통

서술형 F 다음 글의 밑줄 친 (1), (2)를 어법상 알맞은 형태로 고쳐 쓰시오.

  Any exercise is good for your heart — from athletics to yoga. These activities can help you look after your heart. Like any other muscle, the heart gets stronger with use. The exercise needs to be regular and frequent. And the more vigorous the exercise is, (1) <u>the good it is</u> for you. Swimming hard is better for you than (2) <u>walk in the park</u>. It's a good idea to start a sport that you can continue.

athletics 육상
frequent 빈번한, 흔한
vigorous 활기찬

(1) _____

(2) _____

FOCUS

기출로 짚어 보는 **비교 구문**

FOCUS 1 | 문장 구조를 통해 형용사와 부사의 원급, 비교급, 최상급 형태 중 어떤 비교 구문을 써야 하는지 파악한다.

1 In terms of the consequent economic and social changes, the Internet revolution has not been as important / importantly as the washing machine and other household appliances. | 고1 학평 기출

2 The same amount of water flows faster and stronger through a narrow strait as / than across the open sea. | 고3 평가원 기출

3 Lakes are extremely varied and a long list of factors dictates their plants and animals. Among the most / the best important is their size. | 경찰대 기출

FOCUS 2 | 비교할 대상이 무엇인지 파악하여 두 대상의 수 일치가 되었는지 판단하고, 비교급을 강조하는 말이 바르게 쓰였는지 등을 파악한다.

4 In skateboarding, the asphalt tends to hurt much / very more than snow when you fall on the ground. | 고1 학평 기출

5 The first thing I notice upon entering this garden is that the ankle-high grass is greener than that / those on the other side of the fence. | 수능 기출

6 Beware: one of the surest ways to upset professors is / are to call them by their first names against their wishes. | 고2 학평 기출

Let's Do It!

다음 글의 밑줄 친 부분 중, 어법상 **틀린** 것은? | 고1 학평 기출

Like most parents, you might have spent money on a toy that your child didn't play with very much. You might have found your child playing ① much with the box than the toy that came in it. There is one toy that is a guaranteed winner for children — Blocks. ② Buying a set of table blocks, cube blocks, or cardboard blocks is a very good investment in your child's play. Blocks help children ③ learn many subjects. Children learn ④ a lot about shapes and sizes. Young children develop math skills by counting, matching, sorting, grouping, and ⑤ adding blocks while they play.

Chapter 19 가정법

- If I **studied** harder, I **would pass** the test.
- If I **had studied** harder, I **would have passed** the test.

가정법은 있는 사실을 그대로 말하는 직설법과는 달리, 사실과 반대 상황을 가정하여 말하거나
실현 가능성이 적은 소망 등을 표현하는 방법이다.

19-1 가정법 과거 / 가정법 과거완료
가정법 과거는 현재 사실에 대한 반대 상황을 가정할 때, 가정법 과거완료는 과거 사실에 대한 반대 상황을 가정할 때 쓰는 표현이다.

1 직설법 vs. 가정법

❶ 직설법: If I have a lot of money, I will buy a new car.
> ▶ '돈이 많으면 새 차를 사겠다'는 의미로 실제로 일어날 가능성이 있는 일이다.

❷ 가정법: If I had a lot of money, I would buy a new car.
   (→ As I don't have a lot of money, I can't buy a new car.)
> ▶ '돈이 많지 않아서 새 차를 살 수 없다'는 현재의 사실을 반대로 가정하여 표현한 것이다.

2 가정법 과거: 「If+주어+were/동사 과거형, 주어+조동사 과거형+동사원형」

- If I **knew** his phone number, I **would give** him a call.
  (→ As I don't know his phone number, I can't give him a call.)
- If I **were** you, I **would seize** the chance.
> ▶ 가정법 과거의 if절에서 be동사는 인칭이나 수에 상관없이 were를 쓰는 게 원칙이지만 was를 쓰기도 한다.

3 가정법 과거완료: 「If+주어+had+과거분사, 주어+조동사 과거형+have+과거분사」

- If I **had been** there yesterday, I **could have met** her.
  (→ As I was not there yesterday, I couldn't meet her.)

cf. 혼합 가정법: 「If+주어+had+과거분사, 주어+조동사 과거형+동사원형」
> ▶ 과거의 사실이 현재에 영향을 미치는 경우, if절에는 가정법 과거완료를, 주절에는 가정법 과거를 쓰기도 한다.

  If I **had followed** his advice then, I **wouldn't be** in trouble now.
  (→ As I didn't follow his advice then, I'm in trouble now.)

・내가 열심히 공부한다면 시험에 통과할 텐데. ・내가 열심히 공부했다면 시험에 통과했을 텐데. **1** ❶ 만약 나에게 돈이 많으면 나는 새 차를 살 것이다. ❷ 나에게 돈이 많다면 나는 새 차를 살 텐데. (→ 나는 돈이 많이 없기 때문에 새 차를 살 수 없다.) **2** 내가 그의 전화번호를 안다면 그에게 전화를 할 텐데. (→ 나는 그의 전화번호를 모르기 때문에 그에게 전화를 할 수 없다.) / 내가 너라면 그 기회를 잡을 텐데. **3** 내가 어제 거기에 있었다면 내가 그녀를 만날 수 있었을 텐데. (→ 내가 어제 거기에 없었기 때문에 나는 그녀를 만날 수 없었다.) *cf.* 내가 그때 그의 충고를 따랐다면, 지금 어려움에 처하지 않을 텐데. (→ 내가 그때 그의 충고를 따르지 않았기 때문에 지금 어려움에 처해 있다.)

Exercise

A 다음을 가정법 문장으로 바꿔 쓸 때, 빈칸에 알맞은 말을 쓰시오.

1 As this smartphone costs so much, I can't buy it.

→ If this smartphone _____ so much, I _____ it.

2 Because she is ill, she can't take part in the contest.

→ If she _____ not ill, she would _____ the contest.

3 As I was busy yesterday, I couldn't go to the movies with her.

→ If I _____ busy yesterday, I could _____ to the movies with her.

B 괄호 안의 동사를 알맞은 형태로 바꿔 쓰시오.

1 What would you do if you _____(be) able to travel back to the past?

2 If he _____(drive) more carefully, he wouldn't have been injured.

3 If I _____(marry) her then, my life would be different now.

4 If I _____(catch) the bus, I might not have been late for school.

19-2 wish/as if+가정법

wish 뒤에 가정법이 오면 '~한다면(했다면) 좋을 텐데'와 같은 현재나 과거의 소망을 나타낸다. as if 뒤에 가정법이 오면 '마치 ~인(였던) 것처럼'의 의미를 나타낸다.

1 wish+가정법

❶ wish+가정법 과거: ~한다면 좋을 텐데

I **wish** I **didn't have** much work to do.

(→ I am sorry that I have much work to do.)

❷ wish+가정법 과거완료: ~했다면 좋았을 텐데

She **wishes** she **had been** more careful.

(→ She is sorry that she wasn't more careful.)

2 as if+가정법

❶ as if+가정법 과거: 마치 ~인 것처럼

She behaves **as if** she **was** an international movie star.

❷ as if+가정법 과거완료: 마치 ~였던 것처럼

He talks **as if** he **had been** to New York.

---

1 ❶ 나에게 할 일이 많지 않다면 좋을 텐데. (→ 나는 할 일이 많아서 유감스럽다.) ❷ 그녀는 좀 더 조심했더라면 좋았을 것으로 생각한다. (→ 그녀는 그녀가 좀 더 조심하지 않았던 것이 유감스럽다.) 2 ❶ 그녀는 자신이 마치 세계적인 영화배우인 것처럼 행동한다. ❷ 그는 자신이 뉴욕에 갔다 온 것처럼 말한다.

Exercise 우리말과 일치하도록 괄호 안의 단어를 알맞은 형태로 바꿔 쓰시오.

1 그들이 우리와 더 많은 시간을 보낼 수 있다면 좋을 텐데. (spend)

→ I wish they _____ more time with us.

2 엄마가 내가 거기에 가는 걸 허락하신다면 좋을 텐데. (allow)

→ I wish Mom _____ me to go there.

3 나는 내가 마치 하늘을 날고 있는 것처럼 느꼈다. (fly)

→ I felt as if I _____ in the sky.

4 그 범인은 마치 아무 일도 일어나지 않았던 것처럼 행동했다. (happen)

→ The criminal behaved as if nothing _____.

주의해야 할 가정법 구문 가정법 구문의 If를 생략해서 쓰거나, if 대신 다른 표현을 이용해 가정의 의미를 나타내기도 한다.

1 If의 생략: If가 생략되면 be동사나 조동사가 도치되어 문장 맨 앞으로 온다.

- **Were she** the manager, she would handle the matter easily.

  (→ If she were the manager, ~)

- **Had he** worked harder in class, he would have gotten better grades.

  (→ If he had worked harder in class, ~)

2 조건절의 다양한 형태

- **If it were not for** air, nothing could survive on earth.

  = **Without** air, nothing could survive on earth.

  = **But for** air, nothing could survive on earth.

- **If it had not been for** your help, I could not have succeeded.

  ▸ If it were not (had not been) for ~는 '~이 없다면(없었다면)'의 뜻으로, without이나 but for로 바꿔 쓸 수 있다.

- **A wise student** would not cheat on exams.

  (→ If you were a wise student, you would not cheat on exams.)

  ▸ If절 없이 주어에 조건절의 의미가 포함되어 있는 경우가 있다.

---

1 그녀가 매니저라면 그 문제를 쉽게 처리할 텐데. / 그가 수업 시간에 더 열심히 공부했으면 그는 더 좋은 점수를 받았을 텐데. **2** 공기가 없다면 지구상에 아무것도 살아남을 수 없을 텐데. / 당신의 도움이 없었다면, 나는 성공하지 못했을 텐데. / 현명한 학생이라면 시험에서 부정행위를 하지 않을 것이다.

Exercise 두 문장의 의미가 같도록 빈칸에 알맞은 말을 쓰시오.

1 If I were 10 years younger, I would try it.

= _____ _____ 10 years younger, I would try it.

2 If he had had more time, he could have solved the problem.

= _____ _____ _____ more time, he could have solved the problem.

3 If it had not been for him, our team would have lost the game.

= _____ _____ _____ , our team would have lost the game.

4 Without love, the world would be a harsh place to live in.

= _____ _____ _____ _____ _____ love, the world would be a harsh place to live in.

5 If he were a true friend, he would never talk behind your back.

= _____ _____ _____ would never talk behind your back.

Grammar Practice

Answers p.43

A 괄호 안의 단어를 알맞은 형태로 바꿔 쓰시오.

1 If I _____(be) in your shoes, I would accept the offer.

2 If she had good eyesight, she _____(not wear) the glasses.

3 If you _____(tell) me earlier, I could have helped you.

4 If she _____(think) carefully, she would not have made such a decision.

5 If I _____(not stay up) late last night, I would not be tired now.

be in one's shoes ~의 입장이 되다
eyesight 시력
make a decision 결정하다
stay up 자지 않고 깨어 있다

B 밑줄 친 부분을 어법에 맞게 고치시오.

1 If I were to be born again, I would <u>have been</u> an artist.

2 He talks as if he <u>traveled</u> around the world before.

3 What would your life be like if smartphones <u>were not invented</u>?

4 <u>You had taken</u> one more step, you might have fallen off the cliff.

cliff 절벽

C 우리말과 일치하도록 괄호 안의 단어를 이용하여 문장을 완성하시오.

1 당신이 대통령이라면 무엇을 가장 먼저 하겠는가? (president)
→ What would you do first _____?

2 네가 없다면 나는 매우 외로울 것이다. (be)
→ If it _____, I would be very lonely.

3 그가 의사의 충고를 따랐다면, 그는 지금 건강할 텐데. (take, healthy)
→ If _____ the doctor's advice, he _____ now.

4 내가 방학 동안 가족과 여행을 갔었더라면 좋았을 텐데. (take a trip)
→ I wish _____ with my family during the vacation.

lonely 외로운
take one's advice 충고를 따르다
take a trip 여행을 가다

D 두 문장의 의미가 같도록 빈칸에 알맞은 말을 쓰시오.

1 I am sorry that my life isn't the way it is in movies.
 → I wish my life _____ the way it is in movies.

2 I met Shawn, so I developed my love of literature and writing.
 → If I _____ Shawn, I might _____ my love of literature and writing.

3 Nothing great in the world would have ever been accomplished without passion.
 → Nothing great in the world would have ever been accomplished if _____ passion.

4 As the school doesn't put up another board, students can't share more information.
 → If the school _____ another board, students _____ more information.

develop 발전시키다
literature 문학
accomplish 완수하다, 성취하다
passion 열정
put up 설치하다
board 게시판
share 공유하다

E 어법상 틀린 부분을 찾아 바르게 고치시오.

1 We had let our friend borrow the camper, she would have discovered the boxes.

2 With your help, I could not have accomplished this task until then.

3 Many children talk to imaginary friends as if they were real. In fact, they were not real.

4 If the driver had been more careful, those dead people would have been alive now.

camper 캠핑용 자동차
discover 발견하다
task 임무, 업무
imaginary 상상의

서술형 F 다음 글을 읽고, 밑줄 친 부분을 어법상 알맞은 형태로 고치시오.

 You would think all bicycles must have brakes. But track racing bicycles have no brakes. A track racing bicycle has only essential parts to keep its weight down. So how do you stop it? This is where the gloves come in. The racers backpedal, and then hold the front wheel tight with their hands. This stops the wheel from spinning. If they don't wear gloves, their hands would get terribly hurt every time they tried to stop.
 * backpedal 페달을 뒤로 돌리다

track racing 트랙 경기
essential 필수적인
wheel 바퀴
spin 돌다

FOCUS 기출로 짚어 보는 **가정법**

FOCUS 1

문장 안에 if절이 있으면 if절과 주절의 동사 형태를 확인하여 조건절인지 가정법인지 판단한다. 주절과 if절에 쓰인 동사의 형태에 따라 가정법 과거, 가정법 과거완료, 혼합 가정법인지 판단한다.

1 That is, if you purchase / purchased a moving masterpiece of a toast online, you would probably cover it up! | 고1 학평 기출

2 If there were / is no patterns in the past that continued into the future, the existence of humans and other animals on earth would be impossible. | 사관학교 기출

3 The scene might be / have been quite different if they had known that the young musician was Tony Adamson, a world famous violinist. | 고2 학평 기출

FOCUS 2

문맥을 통해 wish, as if 다음에 직설법 구조가 필요한지 가정법 구조가 필요한지 판단한다.

4 You can actually become your own cheerleader by talking to yourself positively and then acting as if you are / were already the person that you wanted to be.
| 고2 학평 기출 응용

5 I've lived my life taking risks and I wish I can / could tell you they were all successful, but they weren't. | 고3 학평 기출 응용

6 I wish I have received / had received wise advice from those with more life experience than I had. | 고1 학평 기출 응용

Let's Do It!

다음 글의 밑줄 친 부분 중, 어법상 틀린 것은? | 고3 평가원 기출

Sir Arthur Conan Doyle, the creator of Sherlock Holmes, had a great sense of delicacy ① where other persons' feelings were concerned. He once paid a visit to George Meredith, the novelist, when Meredith was old and weak. Meredith suffered from an unusual disease that caused him ② to fall occasionally. The two men were walking up a path toward Meredith's summerhouse, Conan Doyle in the lead, when Conan Doyle heard the old novelist fall behind him. He judged by the sound ③ that the fall was a mere slip and could not have hurt Meredith. Therefore, he did not turn and he strode on as if he ④ heard nothing. "He was a fiercely proud old man," Conan Doyle later explained, "and my instincts told me that his humiliation in being helped up would be ⑤ far greater than any relief I could give him."

*delicacy 섬세함 **humiliation 창피함

Chapter 20

기타 구문

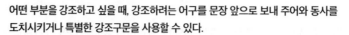

- Only today am I free.
- It is only today that I'm free.

어떤 부분을 강조하고 싶을 때, 강조하려는 어구를 문장 앞으로 보내 주어와 동사를
도치시키거나 특별한 강조구문을 사용할 수 있다.

20-1 도치

강조하는 부분을 문장 맨 앞으로 이동시키면 문장의 어순이 변하므로, 도치구문에서는 주어와 동사의 어순에 유의해
야 한다.

1 형용사 보어의 강조: 형용사 보어가 문장 맨 앞으로 오면 「동사+주어」의 어순이 된다.

- *Blessed* **are the poor** in spirit. 〈속담〉
       동사   주어

2 목적어의 강조: 목적어가 문장 맨 앞으로 오면 「주어+동사」 어순 그대로 쓴다.

- *Everything I want*, **I can't have**.
     목적어(명사절)   주어   동사

3 부사의 강조

　❶ 장소의 부사가 문장 맨 앞으로 오면 「동사+주어」의 어순이 된다.

　　Here **comes the bus**.
　　　　　동사　　주어
　　cf. Here **she comes**. ▶ 주어가 대명사인 경우에는 도치되지 않음에 유의한다.
　　　　　주어　　동사

　❷ 부정의 의미를 나타내는 부사(구)가 문장 맨 앞으로 오면, be동사나 조동사가 있는 경우 「be동사/조동사+주어+
　　동사」의 어순으로 쓰고, 일반동사의 경우 「do/does/did+주어+동사원형」의 어순으로 쓴다.

　　Hardly **could he believe** what he saw.
　　Not only **did I read** the book but I saw the movie.
　　No sooner **had they started** playing soccer than it began to rain.

4 자주 쓰이는 도치 구문

•「so+동사+주어」: ~도 역시 그러하다	•「neither/nor+동사+주어」: ~도 역시 아니다

- He was disappointed at the result, and **so was I**. (= I was disappointed, too.)
- They believe we can do it, and **so do I**. (= I believe so, too.)
- My sister can't play the piano. **Neither can I**. (= I can't play the piano, either.)

　▶ 앞문장의 동사가 be동사나 조동사이면 「so/neither(nor)+be동사/조동사+주어」의 형태가 되고, 일반동사이면 do/does/did를 이용하
　여 쓴다.

• 오늘만 나는 시간이 있다. • 내가 시간이 있는 날은 오늘 뿐이다. **1** 마음이 가난한 사람은 복이 있다. **2** 내가 원하는 모든 것을 나는 가질 수 없다. **3 ❶** 이리로 버스가
온다. *cf.* 이리로 그녀가 온다. **❷** 그는 자신이 본 것을 거의 믿을 수 없었다. / 나는 그 책을 읽었을 뿐만 아니라 그 영화도 보았다. / 그들이 축구를 시작하자마자 비가 내리기
시작했다. **4** 그는 그 결과에 실망했고, 나도 그랬다. / 그들은 우리가 그것을 할 수 있다고 믿고 있고, 나도 그러하다. / 내 여동생은 피아노를 칠 줄 모른다. 나도 못 친다.

Exercise **A** 우리말과 일치하도록 빈칸에 알맞은 말을 쓰시오.

1 그는 몹시 피곤함을 느꼈고, 나도 그랬다.

→ He felt very tired, and so _____ _____.

2 나는 스포츠에 관심이 없는데, Brian도 관심이 없다.

→ I'm not interested in sports, and _____ _____ Brian.

B 다음 문장의 밑줄 친 부분을 강조하여 문장을 다시 쓰시오.

1 The rain comes here.

→ _____

2 I dreamed little of meeting you.

→ _____

3 She hardly felt any pain in her knee at that time.

→ _____

20-2 강조 — 도치 이외에 It is/was ~ that … 강조 구문을 이용하거나 조동사 do/does/did를 이용하여 강조할 수 있다.

1 **It is/was ~ that … 강조 구문**: is/was와 that 사이에 강조하는 대상을 쓴다.

· I saw Chris in the library an hour ago.

→ **It was I that(who)** saw Chris in the library an hour ago. 〈주어 강조〉

→ **It was** *Chris* **that(who(m))** I saw in the library an hour ago. 〈목적어 강조〉

→ **It was** *in the library* **that(where)** I saw Chris an hour ago. 〈장소의 부사구 강조〉

→ **It was** *an hour ago* **that(when)** I saw Chris in the library. 〈시간의 부사구 강조〉

▶ that은 강조 대상에 따라 관계대명사(who, whom)나 관계부사(where, when)로 바꿔 쓸 수 있다.

2 **강조의 조동사 do/does/did**: 동사를 강조할 때 사용한다.

· She **does enjoy** listening to K-pop music.

▶ 주어의 인칭과 시제에 따라 do/does/did를 쓰며, 뒤에는 동사원형이 온다.

cf. 대동사 do: 앞에 나온 동사를 대신할 때 쓴다.

We learn more from our losses than we **do** from our victories. (do = learn)

▶ 앞에 나온 동사의 시제와 주어의 인칭에 따라 do/does/did를 쓴다.

---

1 나는 한 시간 전에 Chris를 도서관에서 봤다. / 한 시간 전에 도서관에서 Chris를 본 것은 바로 나였다. / 내가 한 시간 전에 도서관에서 본 것은 바로 Chris였다. / 내가 한 시간 전에 Chris를 본 곳은 바로 도서관이었다. / 내가 Chris를 도서관에서 본 것은 바로 한 시간 전이었다. 2 그녀는 K-pop 음악 듣는 것을 정말로 즐긴다. *cf.* 우리는 승리에서보다 실패로부터 더 많이 배운다.

It is/was ~ that … 강조 구문이나 조동사 do/does/did를 이용하여 밑줄 친 부분을 강조하는 문장으로 바꿔 쓰시오.

1 The woman complained about the customer service.

→ _____

2 The film was made in Berlin.

→ _____

3 The paintings of the realism look real.

→ _____

20-3 생략/동격
문장에서 같은 단어가 중복되면 종종 생략하며, 어구를 부연 설명하기 위해 동격의 어구를 덧붙이기도 한다.

1 생략

❶ A *stitch* in time saves nine (**stitches**). 〈속담〉 〈반복되는 명사 생략〉

❷ When (**he was**) young, he lived with his grandparents. 〈부사절에서의 「주어+be동사」 생략〉

❸ She understood the problem better than he (**understood the problem**).
〈비교 구문에서의 반복 어구 생략〉

❹ You may go home now if you want **to** (**go home**). 〈to부정사에서의 반복 어구 생략_대부정사〉

2 동격: 앞뒤에 콤마를 찍거나 앞의 어구를 부연 설명하는 여러 가지 형태의 어구로 표현한다.

❶ Rooney, **my favorite player**, was excellent in the game.
└─── = ───┘ 명사구

❷ He has only one goal, **to become** a singer. ▶ 동명사구 형태도 가능하다.
└─── = ───┘ to부정사구

❸ I heard the bad news **that** I failed the exam.
└─── = ───┘ 명사절

---

1 ❶ 제 때의 한 땀이 아홉 땀을 던다. ❷ 어렸을 때, 그는 조부모님과 함께 살았다. ❸ 그녀는 그보다 그 문제를 더 잘 이해했다. ❹ 네가 원한다면, 너는 지금 집에 가도 좋다. 2 ❶ 내가 가장 좋아하는 선수인 Rooney는 그 경기에서 뛰어났다. ❷ 그는 가수가 되겠다는 한 가지 목표만을 가지고 있다. ❸ 나는 내가 시험에 떨어졌다는 나쁜 소식을 들었다.

A 다음 문장에서 생략된 부분에 ∨표를 하고, 그 생략된 부분을 쓰시오.

1 You may have it if you would like to.

2 While reading a book, he fell asleep.

3 I love you more than him.

4 A bird in a hand is worth two in the bush.

B 다음 문장에서 밑줄 친 부분과 동격을 이루는 어구를 찾아 괄호로 묶으시오.

1 I'm going to major in chemistry, my favorite subject.

2 My job, teaching children, is hard but fruitful.

3 The fact that I was a foreigner was a big advantage for me.

Grammar Practice

A

밑줄 친 부분을 어법에 맞게 고치시오.

1 A: I'm looking forward to the school festival.
B: <u>So do I.</u>

2 Chris didn't come to the party, and <u>so did John.</u>

3 A: Would you pass me the magazine?
B: <u>Here are you.</u>

4 Never <u>I have been</u> abroad.

5 I heard the news <u>which</u> he was in the hospital.

> look forward to ~을 고대하다
> abroad 해외에, 해외로

B

밑줄 친 부분이 어법상 맞으면 ○표, 틀리면 ✕표 하고 바르게 고치시오.

1 You may stay here if you <u>want to.</u>

2 Weather does <u>influences</u> our life.

3 Brandon is very smart, and so <u>does his brother.</u>

4 <u>Though tired,</u> I went on working.

> influence ~에 영향을 미치다

C

우리말과 일치하도록 괄호 안의 단어들을 바르게 배열하여 문장을 완성하시오.

1 그 어린 소녀를 구한 사람은 바로 나의 아버지였다.
(my father, saved, who, the little girl)
→ It was _____ .

2 그가 버스에 두고 내린 것은 바로 태블릿 PC였다.
(left, the tablet PC, on the bus, that, he)
→ It was _____ .

3 그의 의견을 요구받았을 때, 그는 침묵을 지켰다.
(asked, his opinions, when)
→ _____ , he remained silent.

4 당신이 불완전하다는 사실을 받아들여야 한다.
(you, imperfect, the fact, that, are)
→ You should accept _____ .

> remain ~인 채로 있다
> imperfect 불완전한

D 주어진 문장을 바꾸어 쓸 때 빈칸에 알맞은 말을 쓰시오.

1 He never expected the wallet to be found.
→ Never _____ the wallet to be found.

2 A computer is rarely more sensitive and accurate than a human.
→ Rarely _____ more sensitive and accurate than a human.

3 Several secrets are behind that number.
→ Behind that number _____.

4 He little knew that he was fueling his son with a passion.
→ Little _____ that he was fueling his son with a passion.

expect 예상하다
accurate 정확한
fuel 부채질하다; 북돋다

E 어법상 **틀린** 부분을 찾아 바르게 고치시오

1 It wasn't until after 9 a.m. which an airplane started to run down the runway.

2 This is around the age of ten or eleven that most children take on music as a real interest.

3 The expectation of future interaction increases the chances what people will find the individual attractive.

4 Mammals, animals that raise their young with milk, is covered with fur.

runway 활주로
take on ~에 도전하다, ~을 떠맡다
interaction 상호작용
individual 개인
attractive 매력적인
mammal 포유동물
fur 모피, 털

서술형 F 다음 글을 읽고, 밑줄 친 부분을 어법상 알맞은 형태로 고치시오.

Vervet monkeys make different sounds for different predators. Young monkeys learn the meaning of the sounds from listening to and watching older monkeys. After young monkeys learn the alarm call for seeing an eagle, they use it whenever they see a large bird, even if the bird is harmless. Only after a lot of trials and errors <u>they realize</u> that the eagle call must be used only for eagles.

predator 포식 동물
alarm call 경고 신호
harmless 해를 끼치지 않는
trials and errors 시행착오

FOCUS 기출로 짚어 보는 기타 구문

FOCUS 1 도치 구문을 파악할 때는 문장의 어떤 성분이 문장 맨 앞으로 이동했는지 먼저 살펴보고, 주어와 동사의 도치 어순과 수 일치를 확인한다.

1 On each of those dozens of grooves is / are hundreds, if not thousands, of hairlike bumps. | 고3 학평 기출

2 Just as saying sorry matters, so does remember / remembering to thank those who help you move forward. | 고3 학평 기출

FOCUS 2 the fact, the news 등의 명사구 뒤에 that절이 이어질 경우 동격절이 아닌지 파악한다. 명사구나 동격의 관계사절이 올 경우 본동사는 주어에 수 일치시킨다.

3 Another strange thing about the puffer fish is the fact what / that it cannot swim like other fish. | 고1 학평 기출

4 People of Northern Burma, who think in the Jinghpaw language, has / have eighteen basic terms for describing their kin. | 고2 학평 기출

FOCUS 3 대동사는 앞에 나온 동사의 인칭과 시제 일치가 되어 있는지 파악한다.

5 Then, would the toast mean less than it was / did at first, before you knew it was written by a paid professional? | 고1 학평 기출

6 Some researchers assumed early human beings ate mainly the muscle flesh of animals, as we are / do today. | 고2 학평 기출

Let's Do It!

다음 글의 밑줄 친 부분 중, 어법상 틀린 것은? | 고1 학평 기출

Grateful people are inclined to make healthy decisions. Life and sports present many situations ①where critical and difficult decisions have to be made. Selfish adults or kids do not make sound decisions as well as ②are grateful people. This includes the decision to be self-motivated. Frustrated parents ask: "How do I motivate my child to do sports or continue in sports? Sometimes my child gets ③discouraged and does not want to put the required effort into his or her sports? What can I, as a parent, do or say to help?" It is difficult and almost impossible ④to motivate kids or adults who are centered on their own narrow selfish desires. However, kids and adults who live as grateful people are able to motivate ⑤themselves. They also welcome suggestions from others, even parents.

1 (A), (B), (C)의 각 네모 안에서 어법에 맞는 표현으로 가장 적절한 것은? | 고1 학평 기출

New York also has many people with very (A) few / little money. A lot of homeless people live in the streets. They often sleep in the subway and train stations. The poor often (B) don't / doesn't have enough food and clothing. Newcomers to New York are often (C) surprising / surprised to see so many very rich people and so many very poor people.

(A)	(B)	(C)
① few	······ don't	······ surprised
② few	······ doesn't	······ surprising
③ little	······ don't	······ surprised
④ little	······ doesn't	······ surprising
⑤ little	······ doesn't	······ surprised

2 다음 글의 밑줄 친 부분 중, 어법상 틀린 것은? | 고1 학평 기출

The unforgettable musical, *Rent*, has been performed 5,140 times since the show ① <u>opened</u> in 1996. It generated such support that fans who saw the production many times came ② <u>to be known</u> as 'Rent-heads.' One of the numerous reasons fans kept coming back ③ <u>are</u> that the characters in the show are very realistic. Larson wrote *Rent* based on Puccini's opera, *La Boheme*. But its characters are quite different from ④ <u>those</u> in the opera. ⑤ <u>Upon its opening</u> on Broadway, this show brought controversy, especially when it came to more conservative, middle-aged audiences. But after receiving a glowing review from the press, *Rent* became the hottest ticket in town.

①   ②   ③   ④   ⑤

3 (A), (B), (C)의 각 네모 안에서 어법에 맞는 표현으로 가장 적절한 것은? | 고3 학평 기출

After two hours surfing, Clauss was taking off his wet suit when a boy ran up, pointing to water. "Two kids are in trouble," he said. Clauss saw a pair of swimmers splashing and waving their arms. (A) | Grabbing / Grabbed | his board, he ran into the waves. As he paddled furiously, Clauss managed to reach one of the two and pick him up on his surfboard. He dived into the chilly water seven times, looking for (B) | the other / another | boy but had no luck. A policeman, who was on the beach, said that if Clauss (C) | haven't / hadn't | reacted so quickly and decisively, there would have been two drowning instead of one.

	(A)		(B)		(C)
①	Grabbing	·······	the other	·······	haven't
②	Grabbing	·······	another	·······	haven't
③	Grabbing	·······	the other	·······	hadn't
④	Grabbed	·······	another	·······	hadn't
⑤	Grabbed	·······	the other	·······	hadn't

4 다음 글의 밑줄 친 부분 중, 어법상 틀린 것은? | 고2 학평 기출

Before the washing machine was invented, people used washboards to scrub, or they carried their laundry to riverbanks and streams, ① where they beat and rubbed it against rocks. Such backbreaking labor is still commonplace in parts of the world, but for most homeowners the work is now done by a machine that ② automatically regulates water temperature, measures out the detergent, washes, rinses, and spindries. With ③ its electrical and mechanical system, the washing machine is one of the most technologically advanced examples of a large household appliance. It not only cleans clothes, but it ④ is so with far less water, detergent, and energy than washing by hand requires. ⑤ Compared with the old washers that squeezed out excess water by feeding clothes through rollers, modern washers are indeed an electrical-mechanical phenomenon.

①   ②   ③   ④   ⑤

5 (A), (B), (C)의 각 네모 안에서 어법에 맞는 표현으로 가장 적절한 것은? | 고1 학평 기출

The biggest complaint of kids who don't read is that they can't find anything to read that (A) | interest / interests | them. This is where we parents need to do a better job of helping our kids identify the genres that excite (B) | it / them |. The children's librarian at your local public library, your school librarian, or the manager of the kids' section at a good bookstore can help you choose new material that isn't familiar to you. Also, think back on the books you liked (C) | when / what | you were a child. My husband and I both enjoyed books by Beverly Cleary and it turns out our kids love them, too.

	(A)		(B)		(C)
①	interest	......	them	......	what
②	interest	......	it	......	when
③	interests	......	them	......	when
④	interests	......	it	......	when
⑤	interests	......	them	......	what

6 다음 글의 밑줄 친 부분 중, 어법상 틀린 것은? | 고1 학평 기출 응용

People have ① many different ideas about what makes a great vacation. Some people like to go for long walks in the forest, where they ② won't see anyone for days. Others prefer to spend their holiday in an exciting city. There they can visit museums, theaters, and good restaurants. ③ Still others enjoy the fresh air at the seashore. They can spend their days at the beach and listen to the ocean waves at night. ④ A little people decide to stay at home and do some major household projects. They might spend their vacation painting a porch or ⑤ washing all the windows in their apartment.

①　　　　　②　　　　　③　　　　　④　　　　　⑤

7 (A), (B), (C)의 각 네모 안에서 어법에 맞는 표현으로 가장 적절한 것은? | 고1 학평 기출

Three extremely important inventions came out of Mesopotamia: the wheel, the plow, and the sailboat. The wheel and the plow were possible (A) [because / because of] the availability of animal labor. Wheeled carts pulled by horses could transport more goods to market more quickly. Animals that pulled plows to turn the earth over for planting (B) [was / were] far more efficient than humans. The sail made it possible to trade with countries that could be reached only by sea. All three inventions made the cities of Mesopotamia powerful trading centers with as (C) [much / many] as 30,000 people each.

	(A)		(B)		(C)
①	because	....	was	....	much
②	because	....	were	....	many
③	because of	....	were	....	many
④	because of	....	were	....	much
⑤	because of	....	was	....	much

8 다음 글의 밑줄 친 부분 중, 어법상 틀린 것은? | 고2 학평 기출

When I was growing up, one of the places I enjoyed most was the cherry tree in the back yard. Every summer ① <u>when</u> the cherries began to ripen, I would spend hours high in the tree ② <u>picking</u> and eating the sweet, sunwarmed cherries. My mother always worried about my falling out of the tree, but I never ③ <u>did</u>. But I had some competition for the cherries. Flocks of birds enjoyed them ④ <u>as many as</u> I did and would gather together in the tree, eating the fruit quickly and eagerly whenever I wasn't there. I used to wonder why the grownups never ate ⑤ <u>any</u> of the cherries.

①   ②   ③   ④   ⑤

나만의 공간

아무 생각 없이 너와 함께
행복의 바다에 두둥실~.

어푸풉풉푸우우!!

집중 안 하면 바로 빠지는 거다!

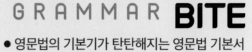 

중등 도서목록

비주얼 개념서

룩

이미지 연상으로 필수 개념을 쉽게 익히는 비주얼 개념서

국어	문학, 독서, 문법
영어	품사, 문법, 구문
수학	1(상), 1(하), 2(상), 2(하), 3(상), 3(하)
사회	①, ②
역사	①, ②
과학	1, 2, 3

필수 개념서

올리드

자세하고 쉬운 개념,
시험을 대비하는 특별한 비법이 한가득!

국어	1-1, 1-2, 2-1, 2-2, 3-1, 3-2
영어	1-1, 1-2, 2-1, 2-2, 3-1, 3-2
수학	1(상), 1(하), 2(상), 2(하), 3(상), 3(하)
사회	①-1, ①-2, ②-1, ②-2
역사	①-1, ①-2, ②-1, ②-2
과학	1-1, 1-2, 2-1, 2-2, 3-1, 3-2

* 국어, 영어는 미래엔 교과서 관련 도서입니다.

수학 필수 유형서

 유형완성

체계적인 유형별 학습으로 실전에서 더욱 강력하게!

수학	1(상), 1(하), 2(상), 2(하), 3(상), 3(하)

내신 대비 문제집

시험직보 문제집

내신 만점을 위한 시험 직전에 보는 문제집

국어	1-1, 1-2, 2-1, 2-2, 3-1, 3-2
영어	1-1, 1-2, 2-1, 2-2, 3-1, 3-2

* 미래엔 교과서 관련 도서입니다.

1학년 총정리

자유학년제 30일에 끝내기

자유학년제로 인한 학습 결손을 보충하는
중학교 1학년 전 과목 총정리

1학년	(국어, 영어, 수학, 사회, 과학)

GRAMMAR BITE

핵심 문법만 콕! 쉽게 이해하는

중등 영문법

바른답·알찬풀이

내신에서 수능까지

SUM

Mirae N 에듀

GRAMMAR BITE
바른답 • 알찬풀이

GRAMMAR
BITE

Answers

01-1 현재시제   p. 6

Exercise A   **1** catches   **2** travels   **3** walks   **4** rains

1 사람들은 일찍 일어나는 새가 벌레를 잡는다고 말한다.
2 빛은 거의 초속 30만 킬로미터로 이동한다.
3 그는 매일 아침 걸어서 학교에 간다고 말했다.
4 만일 비가 온다면 우리는 현장학습을 가지 않을 것이다.
어휘 travel 이동하다   field trip 현장학습, 소풍

Exercise B   **1** 미래   **2** 현재   **3** 미래

1 다음 영화는 오후 5시에 시작한다.
2 그녀는 그것에 대해서 뭔가를 아는 것 같다.
3 크리스마스 날에 눈이 온다면 너는 무엇을 할 거니?

01-2 과거시제/미래시제   p. 7

Exercise   **1** did   **2** changed   **3** are going to invite

1 Danny는 어제 많은 일을 했다.
2 봄베이는 1995년 이름을 뭄바이로 바꿨다.
3 우리는 다음 달 파티에 너를 초대할 것이다.

01-3 진행형   p. 8

Exercise   **1** ○   **2** × → belongs   **3** ○   **4** × → I know

1 우산을 가져가라. 비가 심하게 오고 있어.
2 탁자 위에 있는 책은 내 것이다.
3 즐거운 시간을 보내고 있을 때는 시간이 빠르게 지나간다.
4 나는 책을 읽는 것이 중요하다는 것을 알고 있다.
어휘 belong to ~의 소유이다   have a good time 시간을 즐겁게 보내다

01-4 시제 일치   p. 8

Exercise   **1** moves   **2** discovered   **3** had bought
4 is   **5** comes

1 그녀는 지구가 태양 주위를 돈다고 말했다. **해설** 불변의 진리는 현재시제로 나타내므로 moves로 고쳐야 한다.
2 너는 콜럼버스가 1492년에 미국을 발견했다는 것을 배울 것이다. **해설** 역사적인 사실은 과거시제로 나타내므로 discovered로 고쳐야 한다.
3 나는 내가 그 전날 산 시계를 잃어버렸다. **해설** 시계를 잃어버린 시점이 과거(lost)인데, 가방을 산 것은 그것보다 더 이전 시점이므로 과거완료 시제인 had bought로 고쳐야 한다.

4 '모든 것에는 때가 있다'라는 속담을 알지 못했니? **해설** 격언은 현재시제로 나타내므로 is로 고쳐야 한다.
5 그녀가 내일 오면, 그것에 대해 그녀에게 말할 것이다. **해설** 시간 부사절에서 미래를 현재시제로 표현하므로 comes로 고쳐야 한다.
어휘 discover 발견하다   proverb 속담

Grammar Practice   pp. 9-10

A   **1** consists   **2** will be / is going to be
    3 died, remember   **4** get
B   **1** will ride   **2** has   **3** was blowing   **4** had, hear
C   **1** are going to arrive   **2** called, was taking
    3 was having   **4** learned, returned
D   **1** × → are   **2** ○   **3** × → am watching
    4 × → is sleeping
E   **1** will rise → rises   **2** will develop → develop
    3 will not be stored → are not stored
F   (1) have   (2) decreased   (3) were

A   **1** 물은 수소와 산소로 구성된다. **해설** 내용이 과학적 사실에 해당되므로 현재시제로 쓴다.
    2 일기예보에 따르면 내일은 화창할 것이다. **해설** 부사 tomorrow가 있고, 미래의 일을 나타내므로 will이나 be going to를 이용해서 쓴다.
    3 그가 오래 전에 죽었어도, 우리는 여전히 그를 기억한다. **해설** '죽은 것'은 과거이고, '기억하는 것'은 현재이므로 die는 과거 시제로, remember는 현재 시제로 쓴다.
    4 내가 내일 아침에 일어나면 엄마는 아침을 준비하고 계실 것이다. **해설** 시간의 부사절에서는 미래의 일을 현재시제로 표현하므로 get은 현재시제로 쓴다.

B   **1** 지금부터, 나는 건강을 위해서 자전거를 더 자주 탈 것이다. **해설** 앞으로 자전거를 더 자주 타겠다는 의미이므로 미래시제로 써야 한다.
    2 우리 학교는 70년의 역사를 가지고 있다. **해설** have가 '가지다'의 의미로 상태를 나타내므로 진행형을 쓸 수 없고, 주어가 3인칭 단수이므로 has를 써야 한다.
    3 우리가 공원에 산책하러 갔을 때, 시원한 바람이 불고 있었다. **해설** 시간을 나타내는 부사절에서 과거시제를 썼으므로, 그때 상황을 묘사하는 주절의 동사도 과거진행형으로 써야 한다.
    4 그는 어제 끔찍한 경험을 했다. 만약 네가 그것에 대해 듣는다면 그것을 믿지 못할 것이다. **해설** 첫 번째 문장은 부사 yesterday가 있으므로 과거시제로 써야 한다. 두 번째 문장은 조건의 부사절에서 미래의 일을 현재시제로 나타내므로 현재시제로 써야 한다.

C   **1** **해설** 미래의 의미를 나타내야 하고 빈칸이 4개이므로 be going to를 이용해서 쓴다.
    2 **해설** 전화를 한 것은 과거의 한 시점이므로 과거시제로 표현한다. '샤워하고 있는 동안'은 과거에 진행 중인 동작이므로 과거진행형으로 표현한다.
    3 **해설** have가 '먹다'의 뜻이면 진행형으로 쓸 수 있다.
    4 **해설** 역사적 사실은 언제나 과거시제로 쓴다.

D **1** 나는 고래가 포유류라는 것을 몰랐다. [해설] that절의 내용이 일반적 사실이므로 주절의 시제와 상관없이 현재시제로 써야 한다.

2 질문이 있으면 손을 들어주세요. [해설] 조건의 부사절에서는 미래의 일을 현재시제로 표현한다.

3 A: 오늘 밤에 뭐 할 거니? B: Brandon과 영화를 볼 거야. [해설] 현재진행형이 가까운 미래의 정해진 일을 나타낼 수 있다. 질문이 현재진행형이므로 대답도 현재진행형으로 해야 한다.

4 조용히 해 주세요. 아기가 지금 방에서 자고 있어요. [해설] 현재진행중인 상황이므로 현재진행형으로 써야 한다.

E **1** 한 연구는 스트레스 요인에 대한 반응으로 여성의 혈압이 남성의 혈압보다 덜 올라간다는 것을 알아냈다. [해설] that절의 내용이 연구 결과 밝혀진 일반적 사실이므로 현재시제로 써야 한다.

2 항상 진실만을 말한다는 평판이 쌓이면, 여러분은 신뢰를 바탕으로 굳건한 관계를 누릴 것이다. [해설] when절이 시간을 나타내므로 미래의 내용은 현재시제로 써야 한다.

3 많은 약들이 적절히 보관되지 않으면 약효가 없어지기 때문에 약을 바르게 보관하는 것은 매우 중요하다. [해설] if절이 조건을 나타내므로 미래의 내용을 현재시제로 써야 한다.

F **지문해석 |** 여러 연구들은 애완동물 주인들이 스트레스 수준이 더 낮다는 것을 밝혔다. 애완동물은 직장에서도 이점이 될 수 있다. 한 연구는 근무일 동안 자신들의 개를 데려온 직장인들에게 스트레스 수치가 감소한 것을 발견했다. 개가 (직장에) 있는 날과 없는 날의 스트레스의 차이는 상당했다. 그 직원들은 업계 기준치보다 더 높은 직업 만족도를 가졌다.

어법 설명 | (1) 내용상 '더 낮은 스트레스 수준을 갖고 있다'라는 의미가 되어야 하고, that절의 내용이 연구를 통한 과학적 사실에 해당되므로 현재시제 have가 알맞다.

(2) 과거 실험에 대한 내용이고 '스트레스 수준이 떨어졌다'라는 의미가 되어야 하므로 decreased가 알맞다.

(3) 문장의 주어가 The differences이므로 복수동사가 알맞고, (2)와 마찬가지로 과거 실험에 대한 내용이 이어지고 있으므로 과거시제 were가 알맞다.

수능 FOCUS 기출로 짚어 보는 **기본시제** p.11

1 is hosting **2** visited **3** doing **4** had **5** towed
6 gives

1 Art Institute of INC는 다음주에 '2017 한식 경연 대회'를 개최할 것이다. [해설] next week라는 부사구로 보아 미래시제로 표현해야 한다. 현재진행형이 가까운 미래에 예정된 일을 나타낼 수 있으므로 is hosting이 알맞다.

2 2001년 여름, 그는 공공주택 프로젝트에 참여하기 위해서 한국 아산을 찾았다. [해설] 과거를 나타내는 부사구 In the summer of 2001이 있으므로 과거시제인 visited가 알맞다.

3 많은 자선단체에 적은 액수를 내는 사람들은 그들이 하는 일이 다른 사람을 돕는지에는 그렇게 많은 관심을 두지 않는다.

[해설] be동사 are와 연결되어 현재진행형으로 쓰여야 하므로 doing이 알맞다.

4 Stephen Austin은 텍사스가 더 안전한 곳이 되어야 한다고 느꼈다. [해설] 주절의 felt와 시제 일치를 해야 하므로 과거형이 알맞다.

5 여행용 캐러밴은 당신의 자동차 후미에 연결되어 당신이 가기를 원하는 곳까지 끌려가는 이동식 주택이다. [해설] 문맥상 connected와 and로 연결된 병렬구조를 이루어야 하므로 과거시제인 towed가 알맞다.

6 만약 선진국이 후진국에 식량을 제공한다면 후진국의 농부들은 판매할 식량을 생산하기가 어려워질 것을 알 것이다. [해설] 조건을 나타내는 부사절은 미래의 내용을 현재시제로 나타내므로 gives가 알맞다.

어휘 participate in ~에 참여하다 charity 자선단체 mobile 이동식의 tow 끌다

Let's Do It! **답** ④

지문해석 | 원주민들은 그들의 환경에서 일어나는 특이한 사건들을 설명하기 위해 전설을 만들어낸다. 하와이에 있는 Kauai섬의 한 전설은 naupaka 꽃이 어찌하여 특이한 모양을 가지게 되었는지 설명한다. 그 꽃은 반쪽짜리 작은 데이지처럼 생겼다. 그 전설에 따르면, 그 섬에 있는 젊은 두 연인의 결혼이 양쪽 부모의 반대에 부딪혔다. 어느 날 그 부모들은 그 연인들이 해변에 함께 있는 것을 보았고, 그들이 함께 있는 것을 막기 위하여 가족들 중 하나가 산으로 가서 그 젊은 연인들을 영원히 떨어뜨려 놓았다. 그 결과, naupaka 꽃은 두 개의 반쪽으로 분리되었다. 한쪽은 산으로 갔고, 나머지 한쪽은 해변에 남았다. 이 이야기는 원주민들이 그들 주변의 세계를 이해하기 위해서 만들어낸 전설의 좋은 예이다.

어법 설명 | ④ one half와 the other half가 등위접속사 and로 연결된 병렬구조이므로 동사의 시제도 일치해야 한다. 따라서 staying을 stayed로 고쳐야 한다.

① 문맥상 'naupaka 꽃이 어떻게 해서 특이한 모양을 가지게 되었는지를 설명한다'라는 뜻이 되어야 하므로 how가 온 것은 알맞다.

② 주어가 the marriage이므로 단수동사 was가 온 것은 알맞다.

③ and 다음에 이어지는 절에서 부사구 역할을 하는 to부정사가 온 것은 알맞다.

⑤ 선행사가 a legend이므로 관계대명사 which가 온 것은 알맞다.

어휘 legend 전설 unusual 특이한, 독특한 shape 모양, 형태 marriage 결혼 oppose 반대하다 separate 떼어놓다, 분리하다 make sense 이해하다

Chapter 02 완료시제

02-1 현재완료 p.13

Exercise **1** has lived **2** have been to
3 haven't arrived **4** has gone to

어휘 see off ~을 배웅하다

02-2 과거완료/미래완료　　p.13

> **Exercise**　**1** had seen　**2** had been
> **3** will have read　**4** will have arrived　**5** had lived

1 나는 그를 전에 본 적이 있어서 그를 한 번에 알아보았다.
2 Ken은 서울에 살기 전에 서울에 두 번 갔다 온 적이 있었다.
3 내가 그 책을 한 번 더 읽는다면 나는 그것을 세 번 읽는 셈이 된다.
4 내가 그 일을 끝낼 때쯤에 Tim이 도착했을 것이다.
5 Eric은 런던으로 돌아오기 전에 2년 동안 뉴욕에 살았다.

어휘 recognize 알아보다

02-3 주의해야 할 완료시제　　p.14

> **Exercise**　**1** has been raining　**2** has been tested
> **3** hadn't been used　**4** saw　**5** had been closed
> **6** became　**7** discovered

1 3일 동안 비가 심하게 내리고 있다.
2 작물을 빨리 키우기 위한 새로운 농사법이 테스트되어 왔다.
3 그 트럭은 먼지로 가득하다. 그것은 몇 달 동안 사용되지 않았다.
4 나는 이 영화를 보고 싶지 않다. 나는 그것을 지난주에 봤다.
5 우리가 그 박물관에 갔을 때 그것은 닫혀있었다.
6 만리장성은 1987년에 세계문화유산이 되었다.
7 과학자들은 1980년대에 남극의 오존층에서 구멍을 발견했다.

어휘 crop 농작물　be full of ~로 가득 차다　the Great Wall 만리장성　heritage 유산　ozone layer 오존층　Antarctica 남극 대륙

Grammar Practice　　pp.15-16

> **A**　**1** 완료　**2** 계속　**3** 계속　**4** 경험　**5** 완료
> **B**　**1** went　**2** have been　**3** will have left
> 　　**4** had broken into
> **C**　**1** haven't seen / have never seen
> 　　**2** had left my wallet　**3** have kept you waiting
> 　　**4** has been climbed
> **D**　**1** have been working, for　**2** have never been
> 　　**3** have, watched　**4** has gone
> **E**　**1** have been　**2** had been　**3** have been used
> 　　**4** joined
> **F**　① → volunteered, ③ → had been

A　**1** 그들은 막 그 연구를 끝냈다.　**해설** just는 '막'이라는 의미로 완료시제 의미 중 '완료'와 자주 쓰이는 부사이다.
　2 우리는 오랫동안 서로 알아 왔다.　**해설** 부사구 for a long time으로 보아 '계속'의 의미임을 알 수 있다.
　3 당신은 얼마나 오래 한국에서 지내고 있나요?　**해설** How long(얼마나 오래)은 '계속'의 의미를 갖는다.
　4 나는 휴가 중에 부산에 여러 번 간 적이 있었다.　**해설** 횟수를 나타내는 many times(여러 번)로 보아 '경험'의 의미임을 알 수 있다.

5 나는 당신이 다음 주 월요일에 돌아왔을 때 그 일을 끝내놓을 겁니다.　**해설** '그 일이 끝나 있을 것이다'라는 '완료'의 의미를 나타낸다.

B　**1** 소라는 2년 전 가족과 함께 파리에 갔다.　**해설** two years ago라는 명백한 과거 부사구가 있으므로 과거시제로 쓴다.
　2 Sam과 나는 우리가 만난 이래로 좋은 친구로 지내고 있다.　**해설** 완료시제 의미 중 '계속'과 자주 쓰이는 since가 쓰였으므로 현재완료시제를 쓴다.
　3 그가 아침을 먹었을 때면, 스쿨버스는 떠났을 것이다.　**해설** 「By the time + 현재시제」가 실제 나타내는 때는 미래이므로, 주절에는 미래완료시제를 쓴다.
　4 지난밤 내가 집에 왔을 때 나는 누군가가 집에 침입했었다는 것을 알아차렸다.　**해설** 누군가가 집에 침입했던 것이 그것을 알아차린 것보다 이전에 일어난 일(대과거)이므로 과거완료시제를 쓴다.

C　**1** **해설** '경험'을 나타내는 현재완료시제가 필요하며, '~한 적이 없다'는 부정의 의미를 나타내야 하므로 have와 과거분사 사이에 not이나 never를 쓴다.
　2 **해설** 지갑을 사무실에 두고 온 것이 그것을 알아차린 것보다 먼저 일어난 일(대과거)이므로 과거완료시제를 쓴다.
　3 **해설** 과거부터 현재까지 기다리게 한 것이므로 현재완료시제를 쓴다. '당신을 기다리게 하다'의 의미는 「keep + 목적어 + -ing」 구문을 이용한다.
　4 **해설** 과거부터 현재까지 등반되고 있는 상황을 나타내고 있고, 산이 사람들에 의해 '등반되는 것(수동)'이므로, 현재완료수동태를 쓴다.

D　**1** A: 너는 얼마나 오랫동안 이 회사를 위해 일해 왔니? B: 나는 12년 동안 일해 왔어.　**해설** 현재완료진행형으로 물었으므로 대답도 현재완료진행형으로 답해야 한다. 12년이라는 기간이 나왔으므로 for로 쓴다.
　2 A: 너는 유럽에 가 본 적이 있니? B: 아니, 가본 적이 없어.　**해설** 유럽에 가본 적이 있는지를 묻는 말에 부정적인 답을 했으므로 가본 적이 없다는 표현이 알맞다.
　3 A: 이 영화를 보는 게 어때? B: 미안해. 나는 그것을 이미 보았어.　**해설** 영화를 보자는 제안에 대해 미안하다고 말했으므로 이어질 말은 이미 보았다는 뜻의 현재완료시제로 쓴다.
　4 A: Fred는 지금 어디에 있니? B: 그는 지금 여기에 없어. 그는 중국에 갔어.　**해설** 현재 여기에 없고 중국에 갔다는 대답이 되려면 has gone이 알맞다.

E　**1** 나는 3년 전부터 라디오에 출연해 왔지만, 텔레비전은 이번이 처음입니다.　**해설** since three years ago(3년 전부터)로 보아, 과거 3년 전부터 현재까지 이어진 상황을 표현하는 현재완료시제로 고쳐야 한다.
　2 우리는 처음에 그랬던 것보다 두 번째 경우에는 덜 놀랐다.　**해설** 첫 번째 경우는 두 번째 경우보다 시간상으로 앞서므로 과거완료시제로 고쳐야 한다.
　3 과거에 시력 검사표는 사람들의 시력을 측정하기 위해 사용되어 왔다. 그러나 요즘 새로운 장치가 대신 사용되고 있다.　**해설** 주어가 시력 검사표이고, 과거부터 현재까지 계속 사용되고

있다고 해야 하므로 현재완료수동태로 고쳐야 한다.

4 대학을 졸업한 후에, 그는 1963년에 Toei 애니메이션 회사에 들어갔다. 해설 명백한 과거의 한 시점(in 1963)에 일어난 일이므로 과거시제로 표현해야 한다.

F 지문해석ㅣ 그때, Lu Sheng이라는 한 남자가 진시황제에게 불로장생 약을 가져오겠다고 자원했다. 황제는 크게 기뻐하여 그에게 여행을 위한 많은 금과 은을 주었다. 몇 달 후에 그가 돌아와서는 그가 무릉도원에 갔었는데 그 약을 가진 사람들을 보았다고 말했다. 그는 그들이 약을 주는 것을 거절하는 대신 비밀의 책 한 권을 그에게 주었다고 말했다.

어법 설명ㅣ ① has volunteered → volunteered 과거를 나타내는 부사구 At that time이 있으므로 현재완료를 쓸 수 없고 과거시제로 고쳐야 한다.
③ had gone → had been 문맥상 '~에 갔었다'라는 경험의 의미이므로 had gone(~에 가고 없다)이 아니라 had been으로 고쳐야 한다.

구문 분석ㅣ [6행] Several months later he returned, **saying** that he **had been** to a fairyland and **seen** those who had the elixir. ▶ saying 이하는 분사구문으로, and he said ~로 바꿔 쓸 수 있다. been과 seen은 모두 앞의 had에 연결되어 병렬구조를 이루고 있다.

수능 **FOCUS** 기출로 짚어 보는 **완료시제** p. 17

1 have learned **2** since **3** had **4** had made
5 following **6** trained

1 Wilson 고등학교의 학생들은 그들이 올해 초부터 배우고 있는 모든 것을 매우 자랑스러워한다. 해설 since the beginning of this year로 보아 '계속의 의미를 가진 현재완료가 알맞다.

2 미국의 전직 대통령이었던 Jimmy Carter는 해비타트 운동을 장려하고 있는데, 1994년 이후로 여러 나라들을 둘러보았다. 해설 동사의 시제가 현재완료이므로 현재완료시제와 자주 쓰이는 since가 알맞다.
어휘 former 이전의   promote 장려하다   Habitat or Humanity 해비타트 운동

3 어제 그는 결국 시험에 통과했다는 말을 들었다. 해설 pass the test가 '시험에 합격하다'라는 의미이므로 수동태가 쓰이면 안 된다. 그리고 주절이 과거이므로 대과거의 의미를 담기 위해 과거완료시제 had passed가 알맞다.

4 나중에 경찰은 자신들이 끔찍한 실수를 했다는 것을 깨달았다. 해설 실수를 저지른 것이 사실을 깨달은 것보다 앞선 일이므로 had made가 알맞다.
어휘 after all 결국

5 광고비는 이러한 새로운 기술로 이동하는 코스를 단순히 따라가고 있다. 해설 문맥상 주어인 Advertising dollars가 목적어인 migration trail을 '계속 따라오고 있다'고 해야 적절하므로 현재완료 진행형이 알맞다.

6 그에 의해 훈련받아 왔던 사람들이 공직에 보내졌을 때 심지어

비윤리적인 통치자들조차 그들의 정직성을 높이 평가했다.
해설 관계사 who가 the men을 수식하고 있으므로 '훈련을 받아 왔다'라는 의미의 과거완료수동태가 알맞다.
어휘 migration 이동   immoral 비윤리적인   value 가치있게 여기다   honesty 정직성

Let's Do It! 정답 ④

지문해석ㅣ Alfred Chandler는 하버드대 경영대학원의 경영사 교수였다. 그는 경제역사학자로 그의 연구는 경영사, 특히 경영에 집중되었다. 그는 근래 역사에서 이 분야가 지나치게 무시되었다고 오랫동안 주장했다. 그의 대기업에 대한 연구는 Alfred P. Sloan 재단을 포함하여 여러 기관으로부터의 보조금으로 진행되어 왔다. 그의 업적은 전 세계적으로 인정받았고 그의 책 '보이는 손'은 역사 분야에서 Pulitzer상과 Bancroft상을 받았다. Chandler는 미국과 유럽의 여러 대학에서 가르쳤다.

어법 설명ㅣ ④ 그의 연구가 국제적으로 '인정받는' 것이므로 수동태(be recognized)로 표현하는 것이 알맞다. 현재완료시제와 함께 쓰였으므로 현재완료수동태(have(has) been p.p.)로 표현하여 has been recognized가 되어야 한다.
① 선행사인 an economic historian이 관계사절에서 소유격 역할을 하므로 whose가 온 것은 알맞다.
② 오랫동안 주장했다는 의미이므로 과거시제 argued가 온 것은 알맞다.
③ 과거부터 지금까지 진행되어 왔다는 의미이므로 현재완료수동태가 온 것은 알맞다.
⑤ 과거의 일을 언급하고 있으므로 과거시제 taught가 온 것은 알맞다.

구문 분석ㅣ [5행] His work has been internationally recognized, [his book *The Visible Hand* **being awarded** the Pulitzer Prize for History and the Bancroft Prize]. ▶ [ ]는 독립분사구문으로 주어인 his book이 상을 받은 것이므로 수동태인 being awarded가 왔다.
어휘 Graduate School of Business Administration 경영대학원   economic historian 경영역사학자   center on ~에 초점을 맞추다   neglect 무시하다   carry out 수행하다   grant 보조금   a number of 수많은   recognize 인정하다   award (상 등을) 수여하다, 주다   a variety of 여러 가지의

Chapter **03** 조동사 I

03-1 can/could, may/might, will/would p. 18

Exercise **1** 한국에서 사람들은 19살부터 투표할 수 있다.
2 그것은 사실일 수도 있고 아닐 수도 있다.
3 당신의 신분증을 볼 수 있을까요?
4 나의 개는 아무것도 먹으려 하지 않았다.
5 저에게 물 한 잔 가져다 주실래요?

어휘 vote 투표하다   ID card 신분증(= identification card)

Exercise 1 must 2 don't have to 3 must not
4 ought not to 5 have to 6 had to 7 should

1 그렇게 특별한 선물을 받다니 너는 매우 기쁨에 틀림없다.
2 우리가 디지털 교과서를 사용한다면 무거운 책을 들고 다닐 필요가 없다.
3 그건 비밀이다. 너는 누구에게도 말해서는 안 된다.
4 교통규칙을 위반해서는 안 된다.
5 나는 지금부터 나의 부모님께 예의바르게 대해야 할 것이다.
6 Sam은 어제 그 시험을 위해 열심히 공부해야 했다.
7 이곳의 모든 사람들은 다른 사용자들을 불편하게 하지 말아야 한다.

어휘 receive 받다 digital 디지털의 textbook 교과서 violate 위반하다 traffic rule 교통규칙 polite 예의바른, 공손한 from now on 지금부터 uncomfortable 불편한

Exercise A 1 had better 2 used to 3 need not

Exercise B 1 used to 2 need not
3 had better not

1 여기에 식당 하나가 있었다. 그것은 지금 신발가게이다.
2 너는 오늘 교복을 입을 필요가 없다. 그냥 평상복을 입어라.
3 너는 밤에 커피를 많이 마시지 않는 게 좋다. 잠을 잘 잘 수 없다.

어휘 casual clothes 평상복

Grammar Practice
pp. 21-22

A 1 가능 2 능력 3 의무 4 과거의 습관 5 추측
B 1 ought not to 2 have to 3 May/Can
  2 used to
C 1 didn't have to do 2 can't park here
  3 had better not go 4 will be able to go
D 1 can 2 must 3 Would/would 4 may
E 1 used to pay 2 don't need to 3 can
F doesn't have to

A 1 스마트폰은 당신이 공부하는 동안 당신을 방해할 수 있다.
   해설 '~할 수 있다'라는 가능의 의미이다.
  2 일부 동물들은 인간처럼 도구를 사용할 수 있다.
   해설 '~할 수 있다'라는 능력의 의미이다.
  3 날이 어두워지고 있다. 우리는 지금 집에 가야 한다.
   해설 '~해야 한다'라는 의무를 나타낸다.
  4 대학생이었을 때 나는 혼자 여행을 다니곤 했다.
   해설 '~하곤 했다'라는 과거의 습관을 나타낸다.
  5 너무 더울 때는 식욕을 잃을 수 있다. **해설** '~일지도 모른다'라는 추측을 나타낸다.

B 1 우리는 젖은 손으로 전기선을 만지지 말아야 한다.
   해설 '~하지 말아야 한다'는 뜻의 should not은 ought not to로 바꿔 쓸 수 있다.
  2 너는 무언가를 결정하기 전에 두 번 생각해야 한다.
   해설 must가 '의무'를 나타낼 때 have to로 바꿔 쓸 수 있다.
  3 내가 너의 사전을 사용해도 될까? **해설** 허락을 요청할 때는 may나 can을 쓴다.
  4 이 근처에 학교가 하나 있었지만 지금은 학교가 없다.
   해설 과거의 상태가 현재는 그렇지 않다는 의미를 나타내므로 used to를 쓴다.

C 1 **해설** '~할 필요가 없다'는 don't have to인데, 과거시제이므로 didn't have to를 쓴다. '숙제를 하다'는 표현은 do one's homework를 이용한다.
  2 **해설** '주차할 수 없다'는 의미는 can't를 이용한다.
  3 **해설** '~하지 않는 게 낫다'는 부정의 의미는 「had better not+동사원형」 형태로 쓴다.
  4 **해설** '~할 수 있을 것이다'라는 미래를 나타낼 때는 can을 쓸 수 없고 will be able to로 쓴다.

D 1 손뼉을 치는 것이 당신을 더 건강하게 해준다고 한다. / 고래는 수십 킬로미터가 떨어진 곳에서도 서로 의사소통 할 수 있다. **해설** 손뼉을 치는 것이 건강을 증진시켜 줄 수 있다는 '가능'을 나타내고, 고래가 멀리서도 서로 의사소통을 할 수 있다는 '능력'을 나타내는 조동사는 can이 알맞다.
  2 성공하기 위해서는 실수하는 것을 두려워하지 말아야 한다. / 각각의 아이는 자신의 노트북 컴퓨터를 가져와야 한다. **해설** 실수하는 것을 두려워해서는 안 된다는 '금지'를 나타내고, 자신의 노트북 컴퓨터를 가져와야 한다는 '의무'를 나타내는 조동사는 must가 알맞다.
  3 학교 축제를 위한 포스터를 만들어 주시겠어요? / 우리가 젊고 다른 어느 곳을 갈 돈이 없을 때 우리는 거의 매일 그곳을 걷곤 했다. **해설** 포스터를 만들어 주겠는지를 묻는 '공손한 표현'과, 거의 매일 그곳을 걷곤 했다는 '과거의 습관'을 나타내는 조동사는 would가 알맞다.
  4 나는 Jack이 어디에 있는지 모른다. 그는 사무실에 있을지도 모른다. / 너는 원한다면 담배를 피워도 된다. **해설** 사무실에 있을지도 모른다는 '추측'과 담배를 피워도 된다는 '허락'을 나타내는 조동사는 may가 알맞다.

E 1 내 친구 중의 하나는 그의 어린 아이들에게 그들이 감사편지를 쓸 때마다 1달러씩 줬었다. **해설** '(과거에) ~했었다'라는 의미를 나타내야 하므로 조동사 used to를 써야 한다. 「be used to + 동사원형」은 동사 use의 수동태로, '~하는 데 사용되다'의 의미이다.
  2 적은 돈을 받은 사람들은 '나는 내가 즐기는 것을 하기 위해 많은 돈을 받을 필요는 없어.'라고 생각했다. **해설** need는 조동사와 일반동사 둘 다의 형태로 쓰일 수 있는데, 일반동사로 쓰일 경우에는 뒤에 to부정사가 오고, 부정형은 don't/doesn't/didn't를 need 앞에 붙인다.
  3 당신은 Radio Music Festival 로고를 사용할 수 있지만 어떤 방법으로든 색을 바꾸는 것이 허용되지 않습니다.

해설 can이 '가능'을 의미할 때는 be able to로 바꿔 쓸 수 있지만 '허가'를 의미할 때는 바꿔 쓸 수 없다.

F **지문해석 |** 지난 현충일에 나는 사촌 집에 초대받았다. 내가 가장 꺼렸던 일은 교통 체증 속에서 몇 시간을 보내는 것이었다. 그래서 나는 다른 길을 택하기로 결정했고, 고속도로 대신 뒷길을 이용했다. 우리 가족과 나는 경치를 즐겼고, 교통 체증이 거의 없었다. 작은 변화가 우리의 하루를 바꾸어 놓았다. 하루에 최소 한번은 새로운 것을 시도해 보라. 그것이 중요한 것일 필요는 없다. 일상의 작은 파괴조차도 사물을 바라보는 새로운 방식을 만들 수 있다.

어법 설명 | 마지막 문장의 내용으로 보아 '중요한 것의 변화일 필요는 없다'는 의미가 되어야 하므로, doesn't have to(~할 필요 없다)가 알맞다.

구문 분석 | [1행] The last thing [I wanted to do] **was** spend hours in traffic. ▶ the last thing I want to do는 '정말로 하고 싶지 않은 일'이라는 뜻이다. The last thing이 주어이므로 단수 동사 was가 왔고, 다음에는 (to) spend가 보어로 쓰였다.

수능 FOCUS 기출로 짚어 보는 **조동사 1** p.23

1 have to **2** be able to **3** can't **4** be used to
5 used to **6** had better

1 나는 도시에서 사는 사람들이 참아내야만 하는 모든 소음, 인파와 교통 체증들이 싫다. **해설** 문맥상 '도시의 사람들이 받아들여야 하는 소음, 교통체증'이라는 의미이므로 have to가 알맞다.

2 당신이 문맥에서 새 단어를 읽을 때 그것의 의미를 추측할 수 있을 아주 좋은 기회이다. **해설** '문맥에서 새 단어를 읽을 때 그것의 의미를 추측할 수 있을 아주 좋은 기회이다'라는 의미이므로 be able to가 알맞다.

3 당신은 글을 쓸 때 독자들에게 몸짓을 사용하거나 얼굴을 찡그릴 수 없기 때문에, 말하기와 보여주기 이 두 가지를 하기 위하여 단어들에 의지해야 한다. **해설** 문맥상 '글을 쓸 때 몸짓을 사용하거나 얼굴을 찡그리거나 물건을 제시할 수 없으므로'라는 의미이므로 can't가 알맞다.
어휘 put up with 참다, 견디다　make faces 얼굴을 찡그리다　rely on 의지하다

4 대학 편람은 대학 생활에 혼란스러워하는 신입생들을 돕는 데 사용될 수 있다. **해설** 문맥상 '신입생들을 돕기 위해 사용된다'는 의미이므로 '~하기 위해 사용되다'라는 의미의 「be used +to부정사」를 써야 한다.

5 바람과 눈을 동반한 거센 폭풍이 있을 때 Barry는 길 잃은 여행자를 찾기 위해 밖에 나가곤 했다. **해설** '길 잃은 여행자를 찾기 위해 Barry가 밖에 나가곤 했다'라는 의미이므로 used to가 알맞다.

6 당신이 수학자가 되고 싶다면 당신의 새로운 아이디어를 다른 사람의 비평에 노출시키는 것이 좋다. **해설** '수학자가 되고 싶으면 새로운 아이디어를 다른 사람들의 비평에 노출하는 것이 좋다'는 의미이므로 had better가 알맞다.
어휘 university catalog 대학 편람　freshman 신입생, 1학년생 mathematician 수학자　expose 노출하다　criticism 비평

Let's Do It! 답 ②

지문해석 | 꽃들도 우리들을 위해 일할 수 있다. 꽃들은 아름답게 보일 뿐만 아니라 어떤 한 종류의 꽃들은 도쿄의 대기 중 스모그가 얼마나 많이 있는지 알려주는 데 사용된다. 그 꽃의 이름은 Winter Queen Gamma 3이며, 베고니아의 한 종류이다. 6일 동안 스모그에 방치되면, 잎에 하얀 점들이 생긴다. 스모그가 이틀 동안 더 지속되면, 점들은 물집으로 변한다. 그리고 잎들은 갈색이 되며 구멍으로 가득 차게 된다. 꽃들은 그곳에 사는 사람들에게 이 위험을 경고하기 위해 일하고 있다.

어법 설명 | ② 문맥상 '~을 알려주는 데 사용된다'라고 해야 하므로 is used to tell로 바꿔야 한다.
① 동사 look은 보어로 형용사를 취하므로 pretty는 알맞다.
③ Winter Queen Gamma 3가 선행사이므로 계속적 용법의 관계대명사 which가 온 것은 알맞다.
④ When 다음에 it is가 생략된 문장이다. 여기서 it은 Winter Queen Gamma 3를 나타낸다.
⑤ 문맥상 '경고하기 위하여'라는 뜻이므로 to부정사가 온 것은 알맞다.
어휘 spot 점, 반점　be filled with ~로 가득 차다　warn A of B A에게 B를 경고하다

Chapter 04 조동사 2

04-1 조동사 + have + p.p. p.24

Exercise **1** may **2** shouldn't **3** cannot **4** must
5 could

1 아빠가 전화를 받지 않으셨다. 그는 운전 중이셨을지 모른다.
2 내 배가 아프다. 나는 아이스크림을 너무 많이 먹지 말았어야 했다.
3 진호는 정직하다. 그가 거짓말을 했을 리가 없다.
4 그는 거기에 나타나지 않았다. 그는 나와의 계획을 잊은 게 틀림없다.
5 A: 누가 그 선물을 보냈니?
　B: 확실하지는 않지만 네 아버지였을 수도 있어.
어휘 stomach 위　tell a lie 거짓말하다　show up 나타나다

04-2 should의 특별 용법 p.25

Exercise **1** (should) use **2** was **3** is
4 (should) go **5** (should) be

1 선생님은 누구도 수업 중에 휴대폰을 사용하지 말 것을 요구하셨다.
2 그는 판결이 공정하지 않다고 주장했다.
3 연구는 껌을 씹는 것이 기억력에 좋다고 시사한다.
4 우리가 거기에 곧바로 가는 것이 필요하다.
5 과정이 모든 사람에게 공정해야 한다는 것은 중요하다.

어휘 judgement 판단, 판결　unfair 불공평한, 불공정한　chew 씹다
immediately 즉시　process 과정　fair 공정한

04-3 조동사의 관용적 표현　　　p. 26

Exercise **1** 나는 미소 짓지 않을 수 없다
2 그가 자신의 아들을 자랑스러워하는 것은 당연하다.
3 나는 영화 보러 가느니 차라리 집에 있겠다.
4 나랑 같이 갈래?
5 아무리 자주 반복해서 말해도 지나치지 않다
6 우리는 지금 집에 가는 게 좋겠다.

1 아기를 볼 때마다, 나는 미소 짓지 않을 수 없다.
2 그의 아들은 유명한 작가가 되었다. 그가 자신의 아들을 자랑스러워하는 것은 당연하다.
3 나는 피곤하다. 나는 영화 보러 가느니 차라리 집에 있겠다.
4 나는 이번 주말에 등산을 가려고 해. 나랑 같이 갈래?
5 우리가 운전할 때 조심해야 한다는 것은 아무리 자주 반복해서 말해도 지나치지 않다.
6 이 파티는 별로 재미가 없다. 우리는 지금 집에 가는 게 좋겠다.
어휘 be proud of ~을 자랑스러워하다　repeat 반복하다, 반복해서 말하다

Grammar Practice　　　pp. 27-28

A **1** have been　**2** found　**3** have paid
　　4 (should) think
B **1** may have left　**2** shouldn't have clicked
　　3 required, (should) be　**4** may as well talk, as
C **1** should have thought　**2** must have been
　　3 cannot but　**4** could have helped
D **1** may well　**2** cannot, enough
　　3 would rather, than　**4** couldn't help
E **1** ① → may well　**2** ③ → to
　　3 ③ → should have received　**4** ① → may
F should have paid

A **1** 나는 전화벨이 울리는 것을 듣지 못했다. 내가 깊이 잠들었던 게 틀림없다. 해설 과거 사실에 대한 강한 추측의 의미가 들어가야 하므로 must have p.p.가 알맞다.
2 일본 사람들은 그들이 17세기에 처음으로 독도를 발견했다고 주장했다. 해설 that절의 내용이 당연이 아니라 과거 사실을 기반으로 한 것이므로, 「(should +)동사원형」이 아니라, 시제에 맞추어 과거형 동사 found를 쓰는 것이 알맞다.
3 Alex는 뭔가를 하느라 너무 바빴다. 그는 내 강의에 집중 했었을 리가 없다. 해설 문맥상 '강의에 집중했을 리가 없다'는 부정적 확신의 의미가 되어야 하므로 cannot have p.p.가 알맞다.
4 그 교사는 학생들에게 첫 번째 문제와 연관시켜 두 번째 문제를 생각해야 한다고 제안했다. 해설 제안의 동사 suggested의 목적어인 that절이 '~해야 한다'는 당위의 의미를 가지므로 that절의 동사는 (should) think가 알맞다.

B **1** 해설 과거 사실에 대한 추측을 나타내려면 may have left로 쓴다.
2 해설 과거 사실에 대한 후회를 나타내려면 shouldn't have clicked로 쓴다.
3 해설 요구의 동사 required의 목적어인 that절이 '~해야 한다'는 당위의 의미를 가지므로 that절의 동사는 「(should+)동사원형」으로 쓴다.
4 해설 'B하느니 A하는 것이 더 낫다'는 may as well A as B로 나타낸다.

C **1** 나는 여행하기 전에 내 자금에 대해 더 많이 생각하지 않았던 것을 후회한다. → 나는 여행하기 전에 내 자금에 대해 더 많이 생각했어야 했다. 해설 더 많이 생각하지 않았던 것에 대해 후회하고 있으므로 '~했어야 했다'의 should have p.p. 형태로 쓴다.
2 나는 그가 그것들을 계산하다니 진정한 천재였다고 확신한다. → 그것들을 계산하다니 그는 진정한 천재였음에 틀림없다. 해설 '천재였음에 틀림없다'는 확신의 의미를 나타내므로 must have been이 알맞다.
3 아프리카 농부들은 그 곡물을 재배하지 않을 수 없다. 해설 cannot help -ing = cannot but + 동사원형
4 너는 그녀를 도울 수 있었지만 하지 않았다. → 너는 그녀를 도울 수 있었다. 해설 과거에 도와줄 수 있었는데 그렇게 하지 않았다는 표현은 could have p.p.로 쓴다.

D **1** 해설 may well + 동사원형: ~하는 것은 당연하다
2 해설 cannot ~ enough …: 아무리 ~해도 지나치지 않다
3 해설 would rather A than B: B하기보다는 (차라리) A하겠다
4 해설 cannot help -ing: ~하지 않을 수 없다. 시제가 과거이므로 cannot 대신에 couldn't를 쓴다.

E **1** 감수성이 예민한 십대들이 최종 산물을 보고 성공이 정말로 하룻밤 사이에 일어날 수 있다고 상상할 수 있을 것이다. 해설 십대가 결과물만을 보고 하루아침에 성공이 일어날 수 있다고 생각할 수도 있다는 의미가 되어야 하므로, may as well (~하는 편이 낫다)을 may well(아마 ~일 것이다)로 고쳐야 한다.
2 사람들은 노느니 차라리 일하려고 하는가? 그다지 그러지는 않다. 그러면 왜 사람들은 일요일보다 금요일을 더 선호할까? 해설 첫 번째 문장은 would rather A than B 구문으로 'B하느니 차라리 A하겠다'는 의미를 나타낸다. 세 번째 문장은 'B보다 A를 선호하다'는 prefer A to B 구문으로 than을 to로 고쳐야 한다.
3 우리는 위대한 예술가나 과학자가 될 수도 있었을 평범한 사람들에 대한 이야기를 듣는다. 교육의 희생자들은 학교에 다니는 동안 창의력을 개발하기 위한 훈련을 받았어야만 했다. 해설 창의력을 개발하기 위한 훈련을 받았어야 했는데 그렇지 못해서 유감스럽다는 내용이 되어야 하므로 should have received로 고쳐야 한다.
4 이메일이나 다른 글을 모두 대문자로 타이핑하는 것은 독자에게 여러분의 메시지를 '소리 지르는' 것이라고 여러분은 자주 들었을지도 모른다. 왜냐하면 단순히 모든 글자가 크

기만으로도 그것의 중요성을 강조하기 때문에 아마도 이런 것 같다. **해설** 문맥상 자주 들어보았을지도 모른다는 '추측'을 나타내야 하므로 shouldn't를 may로 고쳐야 한다.

F **지문해석** | 어제 내 동생이 아프기 시작했다. 그가 심하게 아파 보이지 않았기 때문에 나는 그를 거의 돌보지 않았고, 병원에도 보내지 않았다. 지금, 그의 건강상태가 악화되고 있다. 나는 그를 간호하지 않았던 것에 대해 후회한다. 다시 말해서, 나는 그에게 좀 더 귀를 기울였어야 했다.

어법 설명 | In other words는 앞의 문장을 다른 말로 바꾸어 설명하거나 표현할 때 쓸 수 있는데, 이때 연결사 앞뒤 문장이 형태는 달라도 의미가 같다는 점에 주의해야 한다. 아픈 동생에게 거의 관심을 갖지 못한 것을 후회하고 있다는 말을 통해서, 더욱 관심을 기울였어야 했는데 그렇지 못했다는 것을 알 수 있다. 따라서 밑줄 친 부분은 should have paid로 고쳐야 한다.

수능 FOCUS 기출로 짚어 보는 **조동사 2**　　p. 29

1 must　**2** cannot　**3** have seen　**4** be　**5** be
6 took

1 그 큐빗 막대는 매우 정확했음에 틀림없는데, 이는 대피라미드의 측면 길이들이 불과 몇 센티미터밖에 다르지 않기 때문이다. **해설** 이어지는 문장에서 불과 몇 센티미터밖에 다르지 않다고 했으므로 '정확했음에 틀림없다'는 확신의 의미를 나타내는 must have been이 알맞다.

2 그 시설을 방문한 아이들은 그들의 부모나 조부모가 한 때 어땠는지 기억하지 않을 수 없고, 그들의 무능력에 우울할 수밖에 없다. **해설** cannot but + 동사원형: ~할 수밖에 없다

3 스노클링을 가 본 적이 있다면, 여러분은 놀라운 장면을 봤을지도 모른다. **해설** 문맥상 '과거에 스노클링을 가 본 적이 있다면 놀라운 장면을 봤을지도 모른다'는 과거에 대한 추측이므로 may have p.p.가 알맞다.

어휘 accurate 정확한　length 길이　institution 보호 시설, 단체　depressed 의기소침한　incapacity 무능력　snorkeling 스노클링

4 한 연구는 아기들이 3개월까지는 자신의 방으로 옮겨져야 한다고 권한다. **해설** 제안의 동사 recommends의 목적어로 쓰인 that절이 '~해야 한다'는 당위성의 의미를 포함하므로 that절의 동사는 「(should+)동사원형」이 알맞다.

5 시 공무원들은 고속도로의 소음을 줄이는 일에 관해 어떤 조치를 취해 줄 것을 요구하기 위하여 여러 차례 주 의회에 갔다. **해설** ask와 같이 요구의 의미를 갖는 동사의 목적어로 당위를 나타내는 내용의 that절이 오면 「주어 + (should) + 동사원형」이 쓰이므로 be를 쓰는 것이 알맞다.

6 많은 목격자들이 그 사고는 횡단보도에서 일어났다고 주장했다. **해설** 주장을 나타내는 동사 insisted가 쓰였지만, that절의 의미가 과거에 일어난 사실이므로, that절의 동사는 「(should +)동사원형」이 아니라, 시제에 맞추어 과거형이 알맞다.

어휘 official 공무원　quiet 진정시키다, 조용히 시키다　witness 목격자

Let's Do It!　답 ②

지문해석 | 우리의 초기 조상들은 그날 사과를 몇 개나 땄는지를 나타내기 위하여 손가락을 사용하거나 나뭇가지에 ///와 같은 빗금표시를 했을 것이다. 그러나 그 어느 나뭇가지도 대단히 많은 수의 사과를 표시하기에 충분히 길지 않다는 것을 틀림없이 알아차렸을 것이다. 그들은 마침내 빗금표시에 대한 이름을 만들어 냈다. 그리고 우리는 그들이 어떤 언어를 사용했는지 알 수 없기 때문에 그들이 영어를 사용했다면 /에는 'one', //에는 'two', ///에는 'three', 혹은 /////////에는 'nine' 등이라고 말했을 것이라고 추측하는 것이 낫다. 그래서 특별한 단어들이 빗금에 대한 유용한 대체물이 되었다.

어법 설명 | ② 주어진 글은 초기 조상들의 숫자 표시에 대해 추측하며 쓴 글로, 첫 문장에도 may have used와 같은 과거의 일에 대한 추측의 표현이 나오고 있으므로 ②도 '~했음이 틀림없다(과거에 대한 강한 추측)'라는 의미가 되도록 하려면 「must have + p.p.」의 형태인 must soon have realized로 고쳐야 한다.
① 간접의문문의 어순은 「의문사 + 주어 + 동사」이므로 알맞다.
③ 「a very large number of + 복수명사」가 쓰인 것은 알맞다.
④ might as well은 '~하는 편이 낫다'라는 의미이며 다음에 동사원형이 온 것은 알맞다.
⑤ 강조의 do 다음에 동사원형이 온 것은 알맞다.
어휘 notch 표시　eventually 마침내, 결국　substitute 대체물

Chapter 05　동사의 종류

05-1　1형식/2형식/3형식 동사　　p. 30

> **Exercise A** **1** sick(보어) / some rest(목적어)
> **2** brown(보어) / good(보어)
> **3** each other(목적어) / brothers(보어)
> **4** his hat(목적어)

1 너는 아파 보인다. 휴식을 좀 취해라.
2 바나나들은 갈색이 되었지만 맛이 좋았다.
3 그들은 서로 닮았지만, 형제가 아니다.
4 그 남자는 자신의 모자를 들어 올리고 나에게 밝게 웃었다.

> **Exercise B** **1** marry with → marry
> **2** attend at → attend
> **3** reach to → reach
> **4** discuss about → discuss

1 나랑 결혼해 줄래요?
2 나는 회의에 참석할 수 없었다.
3 제 휴대전화 번호로 저에게 연락하시면 됩니다.
4 나중에 그 문제를 토론합시다.

Exercise A 1 us / some pictures of himself
→ He showed some pictures of himself to us.
2 me / your laptop
→ Can you lend your laptop to me for a while?
3 him / a few questions
→ I asked a few questions of him about his dream.
4 his sister / some hot dogs
→ Fred made some hot dogs for his sister yesterday.

1 그는 우리에게 자신의 사진들을 몇 장 보여주었다.
2 너의 노트북 컴퓨터를 잠시 나에게 빌려 줄 수 있니?
3 나는 그에게 그의 꿈에 관한 몇 가지 질문을 했다.
4 Fred는 어제 그의 여동생에게 핫도그 몇 개를 만들어 주었다.

Exercise B 1 for **2** to **3** for **4** of

1 엄마는 자주 우리에게 초콜릿 쿠키를 만들어 주신다.
2 그녀의 이야기는 많은 사람들에게 희망을 준다.
3 그는 주말마다 가족을 위해서 저녁을 요리한다.
4 나는 그에게 질문을 하나 했다.

Exercise 1 stay **2** to try **3** done
4 paint(painting) **5** (to) carry

1 폭우는 우리를 집에 머물게 했다. (폭우 때문에 우리는 집에 머물렀다.)
2 선생님은 내가 다시 시도해 보도록 격려해 주셨다.
3 나는 어두워지기 전에 내 숙제를 끝내도록 했다.
4 나는 그가 어제 울타리에 페인트칠하는 것을 보았다.
5 내 친구들은 내가 짐 나르는 것을 도와주었다.

Grammar Practice
pp.33-34

A 1 bad **2** entered **3** carefully **4** strong
B 1 ④ nervously → nervous
　2 ③ to turn on → turn on
C 1 go bad easily **2** left the window open
　3 felt something crawl(crawling) up
　4 give us shade, keep us cool
D 1 call to → call **2** good → well
　3 suitably → suitable **4** fix → to fix
E 1 to go **2** wrapped **3** detached **4** go
F (1) to
　(2) ⓑ encouragingly → encouraging / ⓓ to know →
　　know

A 1 이 생선은 나쁜 냄새가 난다. **해설** smell은 보어로 형용사를 취하며 '~한 냄새가 나다'라는 의미로 쓰인다.
2 나는 방에 조용히 들어갔다. **해설** enter는 '~에 들어가다'라는 의미의 동사로, 전치사 없이 바로 목적어를 취하는 동사이다.
3 그 초보 운전자는 버스를 조심스럽게 운전한다. **해설** 「주어 + 동사 + 목적어」로 이루어진 3형식 문장으로, careful은 동사 drives를 수식하는 부사 carefully로 고쳐야 한다.
4 칼슘과 비타민 D는 뼈를 튼튼하게 만든다. **해설** 「make + 목적어 + 목적격보어」의 5형식 문장으로, 목적격보어 자리에는 부사가 올 수 없고, 형용사가 와야 한다.

B 1 ① 나뭇잎들은 빨갛고 노랗게 변할 것이다.
② 그는 내가 차고 청소하는 것을 도와주었다.
③ 부탁을 하나 해도 될까요?
④ 시험은 항상 나를 긴장하게 만든다.
⑤ 당신에게 신청서를 이메일로 보내겠습니다.
해설 「make + 목적어 + 목적격보어」의 5형식 문장으로, 목적격보어 자리에는 형용사를 써야 한다.
2 ① 이 아이디어는 당신에게 이상하게 들릴 수도 있다.
② 이 바지는 당신을 날씬해 보이게 한다.
③ 나는 그가 TV를 켜는 것을 들었다.
④ 눈물은 당신의 눈을 깨끗하고 촉촉하게 해준다.
⑤ 나는 보통 한 달에 한 번 머리를 자른다.
해설 지각동사 heard가 쓰였고 목적어와 목적격보어의 관계가 능동이므로, 동사원형인 turn on을 써야 한다.

C 1 **해설** go bad는 '(음식이) 상하다'의 의미로 쓰인다. '쉽게'는 go를 수식하는 부사 형태로 써야 하므로 easily로 쓴다.
2 **해설** '~을 …한 상태로 두다'라는 의미는 「leave + 목적어 + 목적격보어(형용사)」의 형태로 쓴다.
3 **해설** 지각동사 felt의 목적격보어로 동사원형이나 현재분사를 쓸 수 있다.
4 **해설** 「give + 간접목적어 + 직접목적어」 구조와 「keep + 목적어 + 목적격보어(형용사)」의 구조로 문장을 구성한다.

D 1 **해설** call은 전치사 없이 바로 목적어를 취하는 동사이다.
2 **해설** 동사 work를 수식하는 부사가 필요하므로 well이 알맞다.
3 **해설** seem은 '~인 것 같다'라는 의미로 보어가 필요한 동사이므로 형용사 suitable이 알맞다.
4 **해설** get은 to부정사를 목적격보어로 취하는 동사이다.

E 1 다른 선생님들은 그녀에게 뭔가 다른 것을 하라고 충고했다. **해설** advise는 to부정사를 목적격보어로 취하는 동사이므로 to go가 알맞다.
2 이집트의 가정들은 죽은 고양이의 시신을 묻기 전에 천으로 감쌌다. **해설** 사역동사 have가 쓰인 5형식 문장에서 목적어와 목적격보어의 관계가 수동이면 과거분사를 쓴다. '고양이가 천에 감싸지는 것(수동)'이므로 과거분사 wrapped가 알맞다.
3 카메라 렌즈를 통해 보는 것은 그를 현장으로부터 분리시킨다. **해설** make가 쓰인 5형식 문장에서 목적어와 목적격보어의 관계가 수동이면 과거분사를 쓴다. '그가 현장에서 분리되는 것'이므로 수동의 의미를 나타내는 과거분사 detached가 알맞다.
4 종종 훈련되어 있지 않은 돌고래가 다른 돌고래가 연기하는

것을 지켜본 다음 훈련 없이 그 연기를 완벽하게 따라한다.
해설 지각동사 watches의 목적격보어 자리이므로 동사원형인 go가 알맞다.

F **지문해석|** "Annie, 대단히 훌륭한 그림을 그렸구나! 그 그림이 뭐니?" 아이의 그림에 대한 이러한 반응에서 잘못된 점이 무엇일까? 여러분은 분명히 관심이 있으며, 여러분의 귀에 이 말은 격려하는 것으로 들린다. 그러나 이러한 종류의 칭찬은 실제로는 정반대의 효과를 나타낼 수도 있다. '훌륭한 그림'과 같은 일반화된 칭찬은 아이들의 성과에 대한 구체적인 어떤 말만큼 의미 있지는 않다. 구체적인 칭찬은 아이들에게 확신을 주고 아이들로 하여금 여러분이 정말 관심을 갖고 있다는 것을 알게 해준다.

어법 설명| (1) 수여동사 give의 간접목적어를 직접목적어 뒤로 보낼 때는 간접목적어 앞에 전치사 to를 쓴다.
(2) ⓑ sound는 2형식 문장에서 형용사를 보어로 취한다. ⓓ 사역동사 let의 목적격보어이므로 동사원형인 know가 와야 한다.

수능FOCUS 기출로 짚어 보는 **동사의 종류**
p.35

1 officially **2** anxious **3** miserable **4** to work
5 difficult **6** draw

1 남아프리카공화국은 언어의 다양성으로 알려져 있다. 11개 언어가 공식적으로 인정된다. **해설** 동사 recognized를 수식하므로 부사인 officially가 알맞다.

2 그는 학자가 되기를 매우 갈망해서 그의 엄마는 그를 학교로 다시 보냈다. **해설** be동사의 주격보어 역할을 하는 말이 필요하므로 형용사 anxious가 알맞다.

3 그 가족들은 소음 때문에 괴로워서 시청에 항의를 했다. **해설** 동사 made의 보어 역할을 하는 말이 필요하므로 형용사 miserable이 알맞다.

어휘 diversity 다양성   official 공식적인   recognize 인정하다   be anxious to ~를 갈망하다   miserable 괴로운   complain 불평하다, 항의하다

4 아마도 인상파 그림이 가장 인기 있을 것이다. 그것은 보는 사람에게 이미지를 이해하기 위해 열심히 일하도록 요구하지 않는 쉽게 이해할 수 있는 예술이기 때문이다. **해설** ask의 목적격보어 자리이므로 to부정사가 알맞다.

5 이런 식으로 토끼는 코요테에게 추격을 더 어렵고 지치게 한다. **해설** makes의 목적격보어 자리이므로 형용사인 difficult가 알맞다.

6 100명의 훌륭한 화가들을 한 방에 모아 놓고 똑같은 의자를 그려 보게 하라. 어떤 결과를 얻을까? 100개의 매우 다른 의자 그림들일 것이다. **해설** 사역동사 have의 목적격보어 자리이므로 동사원형인 draw가 알맞다.

어휘 impressionist 인상파 화가   imagery 이미지   amazing 훌륭한

Let's Do It! **답** ②
지문해석| 나는 양로원에서 일하고 있었다. 일을 끝냈을 때는 늦은 밤이었고, 그래서 나는 버스정류장까지 거리를 달려 내려갔다. 나는 버스를 타고 집으로 가는 것을 즐겼고, 같이 탄 승객들이 정류장에서 내리는 것을 지켜보았다. 잠시 뒤에 내가 버스에 남은 유일한 사람이 되었다. 버스가 내가 내릴 정거장에 다가왔을 때, 버스 기사가 나에게 소리쳤다. "어디 사세요?" 나는 그에게 바로 다음 거리에 산다고 설명했다. 그러자 그는 나를 집 앞에 내려 주겠다고 제안했다. 나는 그의 제안이 매우 고마웠다. 나는 버스 기사에게 감사하다고 했고, 그의 친절함을 잊지 않을 거라고 생각하면서 집 쪽으로 걸어갔다.

어법 설명| ② 지각동사 watched의 목적격 보어로 능동의 의미이므로 동사원형인 get off로 고쳐야 한다.
① '내가 끝냈을 때'라는 의미의 시간을 나타내는 부사절을 이끌고 있으므로 접속사 when은 알맞다.
③ '버스에 남겨진 유일한 사람'이라는 의미이므로 과거분사 left는 알맞다.
④ 동사 explained의 목적어 역할을 하는 명사절을 이끌고 있으므로 that은 알맞다.
⑤ 문장의 동사가 thanked ~ and walked ~있고, 문맥상 '~라고 생각하면서'라는 의미이므로 분사구문을 나타내는 현재분사가 온 것은 알맞다.

어휘 nursing home 양로원   passenger 승객   approach 다가오다[가다]   offer 제안하다; 제안   kindness 친절

Real Test Chapter 01~05
pp. 36-39

1 ① **2** ⑤ **3** ⑤ **4** ① **5** ③ **6** ⑤ **7** ③ **8** ③

1 **지문해석|** 살아있는 조류에게 깃털은 비행 이외에도 다른 많은 기능이 있다. 깃털은 피부 표면에 가까운 몸에서 생긴 열을 가두어 새를 따뜻하게 해 준다. 깃털은 또한 짝을 유혹하는 데 쓰이기도 한다. 깃털공룡은 꼬리에 큰 부채 모양의 긴 깃털을 지녔는데, 그런 구조는 매우 인상적인 구애 동작을 만들었을 것이다. 깃털공룡의 몸의 나머지 부분은 훨씬 짧은 깃털로 덮여 있었던 것으로 보이며, 그것이 추위를 막아주었을 것이다. 팔에도 몇몇 큰 깃털이 있었으며 이것도 구애 행동에 쓰였던 것 같다.

어법 설명| (A) keep의 목적격보어가 필요한 자리이므로 형용사인 warm이 알맞다.
(B) 수동태에 쓰인 be used to 뒤에는 동사원형이 오며, '~ 하는 데 쓰인다' 라는 의미이다.
(C) 계속적 용법의 관계대명사로 which가 알맞다. that은 계속적 용법으로 쓰이지 않는다.

구문 분석| [4행] The tail of Caudipteryx carried a large fan of long feathers, a structure [that would have made a very impressive display]. ▶ a structure ~는 a large fan of long feathers를 부연 설명해 주는 구이다. [ ]는 a structure 를 선행사로 하는 관계사절이다.

어휘 feather 깃털   trap 가두다   surface 표면   attract 유혹하다   mate 짝   display (새·동물의) 구애 동작; 진열, 과시

2 **지문해석|** Paul은 파리 거리의 다리 아래에서 사는 노인이었다. 그는 몸을 따뜻하게 하고 먹을 것을 해결하기 위해 돈을 구걸했으며, 그는 자신의 근심 없는 삶을 즐겼다. 그런데 크리스마스 직전의 어느 날 병든 어머니와 세 명의 아이들이 그의 삶 속으로 들어왔다. Paul은 그들의 어려움을 무시하려고 애를 썼지만, 곧 자신이 그 가족을 돌보고 그들과 함께 다리 아래의 자

신의 별난 집에서 함께 살고 있음을 깨닫게 되었다. 그러나 아이들은 자신들의 집이 있었던 때를 그리워했다. 어떻게 그는 아이들의 크리스마스 소원을 이루어지게 만들 수 있을까?

어법 설명ㅣ ⑤ 사역동사 make의 목적격보어가 필요한 자리이므로 to come을 come으로 고쳐야 한다.

① 과거의 상황을 설명하는 내용이므로 과거시제 lived가 온 것은 알맞다.

② keep은 목적격보어로 형용사를 취하는 동사이므로 warm이 왔다.

③ '~하려고 노력하다'라는 뜻이 되어야 하므로 try 다음에 to부정사가 왔다.

④ 문장의 주어인 Paul 자신이 깨달은 것이므로 재귀대명사가 목적어로 온 것은 알맞다.

어휘 beg 구걸하다　ignore 무시하다　care for ~를 돌보다　miss 그리워하다　come true 이루어지다

3 **지문해석ㅣ** The Inchcape Rock은 북해에 있는 큰 암초이다. 대부분의 시간 동안 그것은 물로 덮여있다. 그것은 많은 소형 배와 큰 선박들이 그 바위에 충돌하게 만든다. 그 암초는 물의 상층부에 매우 가까워서 그 위를 항해하려는 모든 배들은 그것에 부딪친다. 100여 년 전에 한 인정 많은 사람이 근처에 살았다. 그는 그렇게 많은 선원들이 그 숨겨진 암초 때문에 죽는 것이 비극적이라고 생각했다. 그래서 그는 단단한 체인으로 부표를 암초에 묶었는데, 그 부표의 윗부분에는 종 하나가 달려있었다. 배들이 가까이 왔을 때 파도가 그 부표를 앞뒤로 떠다니게 만들어 그 종이 또렷하게 울리게 했다. 이제 선원들이 더 이상 그곳의 바다를 건너는 것을 두려워하지 않았다.

어법 설명ㅣ (A) 5형식 동사 cause의 목적격보어가 필요한 자리이므로 to crash가 알맞다.

(B) that절의 주어가 복수 형태인 all the vessels이므로 복수 동사인 hit이 알맞다.

(C) 두 개의 절 구조를 연결하는 기능을 가진 말이 필요하므로 관계대명사 which가 알맞다.

구문 분석ㅣ [5행] He thought that **it** was tragic **for** so many sailors **to die** on that hidden rock. ▶ that절의 it은 가주어, to die ~가 진주어인 구문이다. for so many sailors는 to부정사의 의미상 주어이다.

어휘 vessel 배　fasten 매다　floating mark 부표　attach 붙이다 no longer 더 이상 ~아닌

4 **지문해석ㅣ** 1976년 4월 6일에 나는 팔과 다리가 없이 태어났다. 어머니는 나를 출산하던 날 나를 볼 수가 없었다. 한 달 뒤 마침내 어머니는 나를 만날 수 있었다. 모든 사람들이 그녀에 대해서 걱정을 했지만 어머니는 전혀 놀라지 않으셨다. 어머니는 나를 처음 보았을 때 "이렇게 귀여울 수가!"라고 말씀하셨다. 그녀는 나를 보고 매우 행복해 하는 것 같았다. 그 시절에 부모들은 장애 자녀들을 남들에게 보여주지 않았지만 우리 부모님은 그렇지 않았다. 그들은 외출할 때 항상 나를 데리고 다니셨다.

어법 설명ㅣ ① 과거에 태어났다는 내용을 진술하고 있으므로 과거완료인 had born을 과거시제인 was born으로 고쳐야 한다.

② 「be allowed to + 동사원형」은 '~하도록 허락받다'라는 의미로 올바른 표현이다.

③ '~에 놀라다'라는 표현이므로 과거분사 shocked가 온 것은 알맞다.

④ 감탄문의 어순은 「How + 형용사 + 주어 + 동사」이므로 올바르다.

⑤ 「look + 형용사」는 '~하게 보이다'라는 뜻으로 올바른 표현이다.

구문 분석ㅣ [5행] In those days parents hid handicapped children from the public, but my parents **didn't**. ▶ didn't 다음에는 hide handicapped children from the public이 생략되었다.

어휘 give birth to 출산하다　at last 마침내, 결국　at all 전혀　hide 숨기다(-hid-hidden)　handicapped (신체적, 정신적) 장애가 있는 public 일반 사람들, 대중

5 **지문해석ㅣ** 지구상의 모든 장소는 다르다. 사람들과 마찬가지로 어떠한 두 장소도 정확히 똑같을 수 없다. 그러나 몇몇 장소는 어떤 면에서는 유사하다. 사람들이 살아가는 방식이나 그 땅을 이용하는 방법에는 몇 가지 패턴이 있다. 건물의 디자인이 한 가지 패턴을 보여준다. 많은 대도시들은 마천루라 불리는 아주 높은 건물들을 가지고 있다. 땅이 충분하지 않아서 사람들은 하늘 높이 지어 올려 더 많은 공간을 만든다. 다른 패턴들은 우리가 먹는 음식, 우리가 입는 방식, 또는 우리가 작물을 재배하는 방식에서 발견될 수 있다. 이런 패턴들에 대해서 아는 것은 우리가 이 세상을 좀 더 잘 이해하는 데 도움을 준다.

어법 설명ㅣ (A) 주격보어인 형용사 alike를 수식해야 하므로 부사인 exactly가 알맞다.

(B) 내용상 '~라고 불리는' 매우 높은 빌딩이라는 뜻이므로 과거분사 called가 알맞다.

(C) 주어가 동명사구인 Learning about these patterns이므로 단수 동사 helps가 알맞다.

구문 분석ㅣ [2행] There are patterns in **the way** [people live and use the land]. ▶ [ ]는 관계부사절로 선행사 the way를 수식한다. 선행사가 the way일 때는 관계부사 how와 함께 쓰이지 않는다.

어휘 alike 같은　skyscraper 마천루, 높은 건물　room 공간　crop 작물

6 **지문해석ㅣ** 동물들은 여러 가지 이유로 유명해질 수 있다. 예를 들면 어떤 소는 역사상 최악의 재앙 때문에 유명해졌다. '시카고 대화재'라고 불리는 그 사건은 Mrs. O'Leary라는 이름의 한 여자의 축사에서 시작되었다. 몇 분 만에 도시 전역의 건물들이 화염에 휩싸였다. 도시의 대부분이 전소되었다. 사람들은 Mrs. O'Leary의 소가 가스램프를 넘어뜨렸음에 틀림없다고 생각했다.

어법 설명ㅣ ⑤ 문맥상 '~이었음에 틀림없다'는 과거의 일을 추측해야 하므로 must knock을 must have knocked로 고쳐야 한다.

① famous for는 '~로 유명한'이라는 의미로 문맥상 알맞다.

② because of 다음에 명사(구)가 왔으므로 올바르게 쓰였다.

③ the Great Chicago Fire라고 '불리는' 사건이므로 과거분사 called가 온 것은 알맞다.

④ 주어가 buildings이므로 복수 동사 were가 온 것은 알맞다.

어휘 disaster 참사, 재해　belong to ~에 속하다, ~의 소유이다　knock over ~을 넘어뜨리다

7 **지문해석 |** 우리의 기본적인 성향은 영향을 미치는 것이지 영향을 받는 것이 아니다. 이는 우리로 하여금 특정 상황에 대한 우리의 반응을 선택할 수 있게 해 줄뿐 아니라 상황을 창조하도록 장려하기도 한다. 주도권을 잡는다는 것은 뭔가를 이루어 내야 하는 우리의 책임을 인식하고 있다는 것을 의미한다. 수년 동안 나는 더 많은 주도권을 잡기 위해 더 나은 직장을 원하는 사람들에게 조언을 해 주었다. (조언에 대한) 반응은 대체로 수긍하는 것이다. 대부분의 사람들은 그러한 접근 방식이 고용과 승진을 위한 기회에 얼마나 강력하게 영향을 미치는지 확인할 수 있다.

어법 설명 | (A) '~이 …하도록 장려하다'의 의미를 나타낼 때는 「encourage + 목적어 + to부정사」의 구문으로 써야 하므로 create 가 알맞다.
(B) 지난 수년 동안 자신이 계속 해 왔던 일을 언급하고 있으므로 수동태가 아닌 현재완료시제가 와야 한다. 따라서 have가 알맞다.
(C) 부사인 powerfully를 수식하고 있으므로 정도를 나타내는 의문부사 how가 알맞다.

구문 분석 | [1행] **Not only does this** enable us to choose our response to particular circumstances, but this encourages us to create circumstances. ▶ 부정어 not only가 문두로 도치되면 「부정어 + do/does/did + 주어 + 동사원형」의 어순이 된다.

어휘 nature 천성, 성향　act 작용하다, 영향을 미치다　take the initiative 주도권을 잡다　responsibility 책임, 책임감　counsel 조언하다, 상담하다　agreement 수긍, 동의　approach 접근 방법　affect 영향을 미치다　employment 고용　advancement 승진, 발전

8 **지문해석 |** 1893년 미국 대통령 Grover Cleveland는 자신이 암에 걸렸다는 통보를 받았다. 수술은 그의 요트에서 Cleveland에게 행해졌다. 대부분의 그의 왼쪽 윗턱이 제거되었다. 대통령은 그 수술이 비밀로 유지되어야 한다고 주장했다. 그는 자신의 건강에 대한 걱정이 그 시기에 국가가 직면하고 있는 어려운 경제적 문제를 악화시킬까봐 두려웠다. Cleveland에게는 딱딱한 고무로 만들어진 인공 턱이 끼워졌는데, 누구도 그 차이를 알아채는 것 같아 보이지 않았다. 그 비밀은 1917년까지 드러나지 않았다.

어법 설명 | ③ 주장·제안·요청·명령 등의 동사에 연결되는 절이 당위성을 포함하는 내용이면 「(should) + 동사원형」의 형태로 써야 한다. 따라서 insist(주장하다) 뒤에 연결되는 절에서 had been kept 를 should be kept로 고쳐야 한다.
① Grover Cleveland가 암에 걸렸다는 '통보를 들었다'고 해야 하므로 수동태가 온 것은 알맞다.
② 그의 왼쪽 윗턱이 '제거되었다'고 해야 하므로 수동태가 온 것은 알맞다.
④ 그 나라가 '직면하고 있는' 문제들이라고 해야 하므로 과거진행형이 온 것은 알맞다.
⑤ 누구도 '알아차리지 못한 것 같았다'고 해야 하므로 seemed 다음에 to부정사가 온 것은 알맞다.

구문 분석 | [4행] He was afraid that worries about his health might make worse **the difficult economic problems** [the country was facing at the time]. ▶ 「make + 목적어 + 목적격보어」 구문에서 목적어가 길어지면서 목적격보어인 worse의 뒤로 이동했다. [ ]는 관계사절로 앞의 the difficult economic problems를 수식한다.

어휘 surgery 수술　jaw 턱　operation 수술　face 직면하다　artificial 인공의　rubber 고무　reveal 드러나다, 알리다

Chapter 06 수동태

06-1 수동태의 쓰임　p.40

Exercise **1** My cellphone was stolen (by someone).
2 The swings were made for their kids (by them).
3 A famous architect designed this building.
4 Ebbot Charles first systematized sign language for the deaf.

1 누군가가 내 휴대전화를 훔쳐갔다.
2 그들은 아이들을 위해서 그네를 만들었다.
3 이 건물은 유명한 건축가에 의해 설계되었다.
4 청각장애인들을 위한 수화는 Ebbot Charles에 의해 처음 체계화되었다.

어휘 steal 훔치다(-stole-stolen)　swing 그네　architect 건축가　sign language 수화　the deaf 청각장애인　systematize 체계화하다

06-2 4형식/5형식의 수동태　p.41

Exercise **1** The movie was found very interesting
2 I was told to stay after school
3 Tim was seen playing basketball with his friends
4 I was made to clean the windows
5 This sweater was bought for me yesterday

1 우리는 그 영화가 매우 재미있다는 것을 알게 되었다.
2 선생님은 내게 방과 후에 남으라고 말씀하셨다.
3 Jessica는 Tim이 친구들과 농구하고 있는 것을 보았다.
4 그는 내게 창문을 닦으라고 시켰다.
5 나의 삼촌은 어제 나에게 이 스웨터를 사주셨다.

06-3 by 이외의 전치사를 쓰는 수동태　p.42

Exercise **1** to　**2** with　**3** in　**4** to

1 그에 관한 이야기는 모든 학생들에게 알려져 있었다.
2 그 방은 다채로운 풍선들로 가득 차 있었다!
3 나의 아버지는 해외 무역에 종사하신다.
4 나의 이모는 미국인 남성과 결혼하셨다.

Exercise   **1** must be finished   **2** was run over by
3 be used to prevent   **4** thought that

1 이 보고서는 이번 주 금요일까지는 끝마쳐져야 한다.
2 나의 여동생은 어제 자전거에 치였다.
3 CCTV는 범죄를 예방하는 데 사용될 수 있다.
4 숫자 7은 행운을 가져온다고 여겨진다.

Grammar Practice

pp. 43-44

A   **1** is held   **2** be kept   **3** is covered
     4 are expected   **5** is believed
B   **1** do → to do   **2** go → to go   **3** lie → to lie(lying)
     4 in → of   **5** as → to
C   **1** is watered   **2** was looked up to by
     3 is pleased with   **4** were served a delicious dinner
D   **1** sing → to sing(singing)   **2** founded → founded
     by   **3** made → be made   **4** us → to us
E   **1** disappear   **2** be used to stand
     3 were taken good care of   **4** have
F   ② → was renamed / ③ → were discovered

A   **1** 광주 비엔날레는 2년마다 열린다.   해설 '열리다, 개최되다'는 수동태로 쓴다. hold 개최하다 / be held 개최되다
     2 이 프로젝트는 엄격하게 비밀로 지켜져야 한다.   해설 조동사 must가 있고 의미상 '지켜져야 한다'는 수동의 의미이므로 「be + 과거분사」가 알맞다.
     3 지구의 4분의 3은 물로 덮여 있다.   해설 '~로 덮여 있다'는 수동의 의미이므로 is covered가 알맞다. 「분수 + of + 명사」의 경우, of 뒤에 오는 명사의 수에 일치시키므로 단수동사를 쓴다.
     4 올해는 수치가 급격한 감소를 보여줄 것으로 예상된다.   해설 the numbers가 '예상되는' 대상이므로 수동태가 알맞다.
     5 그 부부는 그 나라를 떠난 것으로 믿어진다.   해설 It은 가주어이고 that 이하가 진주어인 문장으로, that절의 내용이 사람들에 의해 '믿어지는 것(수동)'이므로 is believed가 알맞다.

B   **1** 그녀는 모든 집안일을 하게 되었다.   해설 사역동사 made가 쓰인 문장의 수동태이므로 목적격보어는 to부정사 형태로 써야 한다.
     2 나는 집에 일찍 가는 것을 허락받지 못했다.   해설 5형식 동사 allow는 목적격보어로 to부정사를 취하므로 수동태에서도 to부정사가 그대로 와야 한다.
     3 그가 하루 종일 침대에 누워 있는 것이 보였다.   해설 지각동사 see가 쓰인 문장의 수동태이므로 목적격보어는 현재분사나 to부정사 형태로 써야 한다.
     4 이 셔츠는 순면으로 만들어졌다.   해설 '순면으로 만들어진다'라는 의미이므로 be made of를 써야 한다.
     5 그의 모든 책이 모든 사람들에게 알려져 있다.   해설 '모든 사

람들에게 알려져 있다'는 의미이므로 '~에게 알려져 있다'의 be known to를 써야 한다. be known as는 '~로 알려져 있다'의 의미이다.

C   **1** 해설 '식물에 물이 주어지는 것'이므로 수동태를 쓴다.
     2 해설 look up to는 여러 개의 단어로 이루어진 동사구이므로, 전체를 하나의 동사처럼 여겨 수동태를 만든다. 행위자 앞의 by를 빠트리지 않도록 유의한다.
     3 해설 be pleased with: ~에 기뻐하다(만족하다)
     4 해설 「serve A B」는 'A에게 B를 대접하다'라는 의미인데, 이를 수동태로 바꾸면 「A is served B by ~」의 형태가 된다.

D   **1** 새 여러 마리가 지붕에서 지저귀는 소리가 들렸다.
     해설 지각동사 heard가 쓰인 문장의 수동태이므로 목적격보어는 현재분사나 to부정사 형태로 써야 한다.
     2 국경 없는 의사회는 1971년에 소규모의 프랑스 의사들에 의해 설립되었다.   해설 능동태의 주어는 수동태에서 「by + 목적격」의 형태로 쓰이므로 founded 뒤에 by가 와야 한다.
     3 예약은 우리 웹사이트에서 이루어져야 한다.   해설 조동사 must가 쓰인 문장의 수동태이므로 must 다음에 be made로 써야 한다.
     4 귀하의 취소 요청은 허용된 취소 기간 이후에 당사에 보내어졌습니다.   해설 4형식의 간접목적어는 수동태에서 「전치사 + 목적격」의 형태로 써야 한다. send는 전치사 to를 쓴다.

E   **1** 갑자기 그가 무대에서 사라졌다.   해설 '사라지다'라는 의미의 disappear는 목적어를 취하지 않는 동사이므로 수동태로 쓸 수 없고 능동태로 써야 한다.
     2 눈물이 가득한 눈은 '슬픔'을 나타내는 데 사용될 수도 있다.   해설 문맥상 '나타내는 데 사용되다'라는 의미이므로 수동태로 써야 하고, used 다음에는 to부정사가 와야 한다.
     3 나의 아이들은 그날 동안 Simpson 부인에 의해서 잘 돌보아졌다.   해설 문맥상 '내 아이들이 돌보아졌다'라는 의미이므로 수동태로 써야 하고, take care of의 수동태는 be taken care of by ~의 형태로 쓴다. 동사구의 경우 전치사가 누락되지 않도록 유의해야 한다.
     4 의사의 도움이 필요한 모든 사람들은 의료 혜택을 받을 권리가 있다.   해설 have가 '가지고 있다'라는 상태를 의미할 때는 수동태로 쓸 수 없고 능동태로 써야 한다.

F   지문해석 | 보츠와나는 한때 아프리카에서 가장 가난한 국가들 중 하나였다. 보츠와나는 Bechuanaland라고 불렸었다. 1966년에 영국으로부터 독립을 쟁취한 후, 그것은 보츠와나라고 개명되었다. 1967년에, 그 지역에서 대량의 다이아몬드 매장층이 발견되었다. 갑자기 보츠와나는 아프리카의 가장 부유한 나라들 중 하나가 되었다. 보츠와나는 남아프리카에 있다. 보츠와나의 약 70%는 칼라하리 사막으로 덮여 있다.

어법 설명 | ② '보츠와나라고 개명된 것(수동)'이므로 수동태를 써야 한다.
③ '커다란 다이아몬드 광산이 발견된 것(수동)'이므로 수동태를 써야 한다.
① 문맥상 '~라고 불리곤 했다'라는 의미가 되어야 하므로 used to 다음에 be called가 온 것은 알맞다.

④ 보츠와나가 아프리카의 가장 부유한 나라가 되었다는 내용이므로 능동태 became이 온 것은 알맞다.

⑤ 보츠와나의 70퍼센트가 칼라하리 사막으로 '덮여 있다'고 해야 하므로 수동태가 온 것은 알맞다.

수능FOCUS 기출로 짚어 보는 **수동태**   p. 45

1 dug   **2** kidnapped   **3** encouraged   **4** be loved
5 been left   **6** be accounted for

1 많은 천연 자원들은 식물이나 동물에서 오거나 또는 땅에서 파내어진다. 해설 천연자원들이 땅에서 파내어진 것(수동)이므로 과거분사 dug이 알맞다.

2 그녀는 심지어 한 때 악마에 의해 납치되어 3일 후에 빠져나왔다고 주장한다. 해설 악마에 의해 납치된 것(수동)이므로 과거분사 kidnapped가 알맞다.

3 몇 십 년 동안 전문가로부터의 자녀 양육 조언은 부모로부터 밤에 아이를 따로 재우는 것을 권장해 왔다. 해설 전문가들의 자녀 양육 조언이 부모로부터 밤에 아이를 따로 재우는 것을 권장해 왔다고 하는 것(능동)이 더 적절하므로 능동태 encouraged가 알맞다.

어휘 natural material 천연 자원   devil 악마   child-rearing 자녀 양육
expert 전문가   separation 분리

4 대부분의 사람들은 착하고, 공정하며, 좋아하게 되기를 원한다. 다른 사람들을 사랑하라, 그러면 여러분은 다시 사랑을 받게 될 것이다. 해설 문맥상 '사랑을 받을 것(수동)'이라는 내용이 와야 하므로 be loved가 알맞다.

5 대형 쇼핑센터의 혼잡한 주차장에서 이 소년들은 차 안에 완전히 홀로 남겨졌다. 해설 소년들이 차 안에 완전히 홀로 남겨진 것(수동)이므로 been left가 알맞다. 5형식 문장의 수동태이다.

6 우리의 뇌는 19세기 기술로 얻어진 이미지에 의해 설명될 수 있는 것보다 더 복잡한 시스템을 내포하고 있다. 해설 account for는 동사구로 전체를 하나의 동사처럼 여겨 수동태를 만든다. 행위자 앞의 by를 빠트리지 않도록 유의한다.

어휘 parking lot 주차장   account for 설명하다

Let's Do It! 답 ③

지문해석 │ 폼페이 시는 현재의 네팔 근처에 있는, 부분적으로 묻힌 로마의 타운시티이다. 서기 79년경 오랜 기간에 걸친 베수비오 화산 분출로 폼페이는 파괴되고 묻혀 버렸다. 그 분출로 인해 폼페이는 4~6미터의 화산재와 돌 아래로 묻혀 1599년에 우연히 발견되기 전까지 1,500년이 넘도록 잊혀졌다. 그 때 이후로 그 발견은 전성기 로마 제국의 생활상을 자세하게 엿볼 수 있는 기회를 제공하고 있다. 오늘날, 이 UNESCO 세계 문화유산 유적지는 매년 2백 5십만 명의 사람들이 방문하는 이탈리아의 가장 각광받는 관광명소 중 하나가 되었다.

어법 설명 │ ③ 주어인 it이 가리키는 Pompeii가 잊혀진 것(수동)이므로 was lost로 고쳐야 한다.

① 과거분사 buried를 수식하므로 부사인 partially가 온 것은 알맞다.
② a long eruption of ~의 구체적인 기간이 나왔으므로 during이 온 것은 알맞다.

④ Since then이 나왔으므로 현재완료가 온 것은 알맞다.
⑤ 「with + 목적어 + 분사」 구문에서 목적어인 about 2,500,000 people과 분사의 관계가 능동이므로 현재분사 visiting이 온 것은 알맞다.

어휘 eruption 분출   volcano 화산   ash 재   accidental 우연한   detailed 상세한   insight 이해, 간파   at the height of ~이 한창일 때, ~의 전성기에 tourist attraction 관광명소

Chapter 07   to부정사 I

07-1 명사적 용법   p. 46

Exercise **1** 주어 / 사람들을 존중하는 것은 민주주의의 기본적인 사상이다.
2 (진)주어 / 경기장에서 야구 경기를 보는 것은 흥미진진하다.
3 목적어 / 나의 누나는 이번 여름 방학에 해외에 가는 것을 계획 중이다.
4 보어 / 나의 목표는 한국에서 최고의 요리사가 되는 것이다.

어휘 respect 존경(존중)하다   democracy 민주주의   go abroad 해외에 가다 goal 목표

07-2 형용사적 용법   p. 47

Exercise **1** ○   **2** × → something to eat
3 × → a pen to write with   **4** × → turned out to be false

1 경주에는 방문할 많은 역사적 장소들이 있다.
2 드실 것을 좀 드릴까요?
3 나에게 가지고 쓸 펜을 빌려 주세요.
4 그 소문은 거짓임이 판명되었다.

어휘 historical 역사적인   rumor 소문   false 거짓인

07-3 부사적 용법   p. 48

Exercise **1** 많은 사람들이 해돋이를 보기 위해서 정동진에 간다.
2 교통 표지판은 이해하기 쉬워야 한다.
3 그녀는 고향을 떠나서 결코 돌아오지 않았다.
4 할머니는 내 목소리를 들어서 행복하심에 틀림없다.
5 나는 당신을 알게 되어서 기쁩니다.

어휘 sunrise 일출, 해돋이(↔ sunset 일몰)   traffic sign 교통 표지판   get to ~하게 되다

07-4 too ~ to/enough to   p. 48

Exercise **1** clean enough to drink, clean, can drink it
2 too heavy to carry, heavy, can't carry it

3 too poor to go, poor that they couldn't go
4 small and light enough to lift, small and light that they can lift

Grammar Practice

pp. 49-50

A 1 to work **2** to write on **3** too thin to skate on
　4 old enough to get **5** something cold to

B 1 커피 얼룩은 제거하기 어렵다.
　2 시간을 현명하게 쓰기 위해서는 계획을 세워야 한다.
　3 항상 최선을 다하는 것이 중요하다.
　4 나는 쓸 어떤 것도 생각나지 않는다.

C 1 To think **2** It is dangerous to ride a motorbike
　3 To keep a diary in English
　4 too busy to do laundry

D 1 being → to be **2** finding → to find
　3 working → to work **4** find → to find

E 1 to do **2** to buy **3** to be **4** so, that, can
　5 so, that, can't

F (1) not to have bad breath
　(2) To clean your teeth
　(3) Remember to brush your tongue, too.

A 1 나는 당신과 함께 다시 일하게 되어 정말 행복하다.
　해설 감정의 원인을 나타내는 부사적용법의 to부정사(to work)로 고쳐야 한다.
　2 나는 쓸 종이가 없다. 해설 의미상 to write on paper의 의미가 되어야 하므로 전치사 on이 필요하다.
　3 그 얼음은 너무 얇아서 스케이트를 탈 수 없다. 해설 문맥상 '너무 얇아서 스케이트를 탈 수 없다'는 의미가 되어야 하므로 「too + 형용사 + to부정사」의 형태로 써야 한다. to skate on the ice의 의미이므로 전치사를 반드시 써야 한다.
　4 나는 운전면허증을 가질 만큼 나이가 들었다. 해설 enough to 구문에서 형용사나 부사는 enough 앞에 온다.
　5 그 소년들은 마실 차가운 것을 원한다. 해설 -thing으로 끝나는 명사를 수식하는 경우 「-thing + 형용사 + to부정사」의 어순으로 쓴다.

B 1 해설 to remove는 형용사 hard를 수식하는 부사적 용법으로 '정도(~하기에)'를 나타낸다..
　2 해설 in order to는 '목적(~하기 위해서)'을 나타낸다.
　3 해설 It은 가주어이고 to부정사구가 진주어이다.
　4 해설 to write about은 앞의 명사 anything을 수식하는 형용사적 용법의 to부정사이다.

C 1 해설 '~하기 위해서'라는 뜻이므로 부사적 용법(목적)의 to부정사를 쓴다.
　2 해설 주어 자리에 가주어 It을 쓰고, to ride a motorbike는 뒤로 보낸다.
　3 해설 주어 자리이므로 명사 용법의 to부정사구를 쓴다. keep

a diary: 일기를 쓰다
　4 해설 '…하기에 너무 ~하다,' '너무 ~해서 …할 수 없다'는 「too + 형용사 + to 동사원형」 구문을 이용한다.

D 1 그는 전혀 긴장되어 보이지 않는다. 해설 appear는 to부정사를 보어로 취하는 2형식 동사이므로 to be로 고쳐야 알맞다.
　2 나는 미지의 땅에서 성공을 찾을 원대한 계획으로 가득 차 있었다. 해설 finding을 great plans를 수식하는 형용사적 용법의 to부정사 to find로 고쳐야 알맞다.
　3 그녀는 아이들을 폭력으로 보호하기 위해 일하겠다고 약속했다. 해설 promise는 to부정사를 목적어로 취하는 동사이므로 to work로 고쳐야 알맞다.
　4 여러분이 학교에서 집에 왔는데 거실 바닥에 쿠션이 갈가리 찢겨져 있는 것을 발견한다고 생각해 보라. 해설 find를 to부정사의 부사적 용법 중 '결과'를 나타내는 to find로 고쳐야 알맞다.

E 1 나는 오늘밤 해야 할 일이 하나도 없다. 해설 '할 일'이라는 뜻이므로 work를 수식하는 형용사적 용법의 to do를 쓴다.
　2 Jane은 커피를 좀 사려고 외출했다. 해설 '~하기 위해서'로 해석되는 부사적 용법 중 '목적'에 해당하므로 to do를 쓴다.
　3 그녀는 자라서 의사가 되었다. 해설 grow up 다음에 나오는 to부정사는 '자라서 ~가 되다'의 결과를 나타낸다.
　4 Eireen은 그 선반에 닿을 정도로 키가 크다. 해설 enough to부정사 = so ~ that 주어 can (~할 수 있을 정도로 …하다)
　5 나의 부모님은 내가 너무 어려서 혼자 여행을 할 수 없다고 생각하신다. 해설 too ~ to부정사 = so ~ that 주어 can't (…하기에 너무 ~하다, 너무 ~해서 …할 수 없다)

F 지문해석 | 당신이 이를 닦는 한 당신은 입 냄새를 없앨 수 있다고 생각한다. 사실은 대부분의 사람들이 오직 30초에서 45초 동안만 닦는다는 것인데, 이것은 단지 그 문제를 해결하지 않는다. 당신의 이를 충분히 깨끗이 하기 위해서는 적어도 하루에 두 번 2분 동안 이를 닦아야 한다. 당신의 혀를 닦는 것도 기억하라.

어법 설명 | (1) to부정사의 부정은 to 앞에 not을 붙인다.
(2) '~하기 위해서'라는 뜻이므로 부사적 용법(목적)의 to부정사를 쓰는 것이 알맞다.
(3) '~을 기억하라'는 「Remember + to부정사」의 형태로 쓴다.

구문 분석 | [2행] The truth is [that most people only brush their teeth for 30 to 45 seconds], **which** just doesn't solve the problem. ▶ [　]는 보어 역할을 하는 명사절이다. which는 앞문장 전체를 받는 계속적 용법의 관계대명사이다.

수능 FOCUS 기출로 짚어 보는 **to부정사 1**　p.51

1 to bring **2** to tell **3** to save **4** to take
5 to motivate **6** to point

1 가장 최선의 방법은 당신의 전화를 고객서비스 센터로 가져가는 것이다. 해설 보어의 역할을 하는 to부정사의 명사적 용법으로 to bring을 쓰는 것이 알맞다.

2 이와 같은 여행에서 그는 항상 말할 좋은 이야기를 갖고 있었다. (해설) a good story를 수식하는 형용사적 용법의 to부정사가 알맞다.

3 평균적인 고양이는 힘을 절약하고 시간을 보내기 위해 매일 13시간에서 18시간 동안 낮잠을 잔다. (해설) and 뒤의 원형동사(pass)와 같은 형태를 취하기 위해 '~하기 위해서'라는 의미로 to부정사의 부사적 용법(목적)인 to save를 쓰는 것이 알맞다.
(어휘) average 평균   nap 낮잠을 자다

4 어떤 공무원은 너무 정직해서 뇌물을 받는 것을 거절했다. (해설) refuse는 to부정사를 목적어로 취하는 동사이므로 to take가 알맞다.

5 당신은 당신에게 숙제를 하게 시킬 사람이 아무도 없기 때문에 스스로에게 동기를 부여할 필요가 있다. (해설) need는 to부정사를 목적어로 취하는 동사이므로 to motivate가 알맞다.

6 더욱 개선된 소형 망원경들을 만들면서 Galileo는 망원경을 달로 향하게 했다. (해설) decide는 to부정사를 목적어로 취하는 동사이므로 to take가 알맞다.
(어휘) spyglasses 소형 망원경   point 향하다

Let's Do It!   답 ①

지문해석 | 교복은 몇 가지 장점을 가진다. 예를 들자면, 교복은 모든 학생들로 하여금 평등한 느낌을 가지게 한다. 사람들의 생활수준은 크게 달라서 어떤 사람들은 부유한 반면 어떤 이들은 그렇지 않다. 교복은 그들이 부유하든 부유하지 않던 간에 모든 학생들을 똑같이 보이게 한다. 교복은 유행하는 옷을 사서 입을 여유가 없는 학생들에게 자존심을 세워주고, 자아 존중감을 높여준다.

어법 설명 | (A) feel은 감각동사로 형용사 형태의 보어를 취하므로 feel 뒤에는 부사인 equally가 아닌 형용사 equal을 쓰는 것이 알맞다.
(B) 'others are not'이라는 절이 뒤따르고 문맥상으로도 '반면에 다른 사람들은 그렇지 않다'는 의미이므로 '반면에'라는 의미를 갖는 접속사 while을 쓰는 것이 알맞다.
(C) afford는 to부정사를 목적어로 취하는 동사이므로 to wear를 쓰는 것이 알맞다. afford to: ~할 여유가 있다
(어휘) advantage 장점, 이점   standard of living 생활수준   well-off 부유한

Chapter 08   to부정사 2

08-1 to부정사의 의미상 주어   p. 52

> **Exercise** **1** for plants to grow **2** for you to swim **3** of you to say **4** of you to take

1 그 지역은 식물이 자라기에 너무 건조하다.
2 네가 여기에서 수영하기에는 너무 깊다.

---

3 네가 그런 말을 하다니 매우 경솔하구나.
4 여동생들을 돌보다니 너는 착하구나.
(어휘) region 지역   take care of ~을 돌보다

08-2 to부정사의 시제와 수동태   p. 53

> **Exercise** **1** to be **2** to have been **3** to be released

(어휘) in one's youth 젊은 시절에   release 개봉하다

08-3 원형부정사   p. 53

> **Exercise** **1** touch **2** (to) adapt **3** take **4** cancel

1 나는 뭔가가 내 등을 건드리는 것을 느꼈다.
2 그들은 내가 새로운 환경에 적응하는 것을 도와주었다.
3 당신의 운전면허증 좀 보겠습니다.
4 나는 너무 아파서 내 약속을 취소할 수밖에 없었다.
(어휘) adapt to ~에 적응하다   take a look at ~을 보다   cancel 취소하다

08-4 to부정사의 관용 표현   p. 54

> **Exercise A** **1** To be honest **2** To make matters worse **3** not to mention food

> **Exercise B** **1** when to go **2** where to meet **3** what to cook for dinner **4** how to control yourself

1 너는 언제 가야 할지 아니?
2 그들은 어디에서 만나야 할지 결정하지 못했다.
3 나는 저녁으로 무엇을 요리해야 할지 모르겠다.
4 자신을 통제하는 법을 아는 것은 중요하다.

Grammar Practice   pp. 55-56

A 1 for any of us **2** of you **3** to be completed
   4 to have been built **5** him come **6** but watch

B 1 ○ **2** × → of you **3** × → to be returned
   4 ○ **5** × → Strange to say

C 1 for me to understand **2** to have come
   3 how to study **4** To tell the truth

D 1 falling → fall **2** how cook → how to cook
   3 to have been → to be **4** learning → (to) learn

E 1 to have lost **2** to have been chosen
   3 for Alice to solve, easy for, to solve
   4 of you to help

F (1) ② → move (2) they should move

A

1 우리 중 누구도 외국어를 배우는 것은 쉽지 않다. **해설** to learn ~의 의미상 주어 자리이고, 앞에 쓰인 형용사가 사람의 성질을 나타내는 형용사가 아니므로 「for + 목적격」이 알맞다.

2 네가 노크도 하지 않고 들어오는 것은 무례하다. **해설** rude(무례한)는 사람의 성질을 나타내는 형용사이므로, to부정사의 의미상 주어는 「of + 목적격」으로 쓰는 것이 알맞다.

3 그 프로젝트는 2019년에 완성될 것으로 예상된다. **해설** The project가 '완성되는 것(수동)'이므로 to be completed가 알맞다.

4 노아의 방주는 이라크에서 지어졌던 것으로 믿어진다. **해설** 노아의 방주가 지어진 것이 현재 믿어지는 것보다 이전에 일어난 일이므로, 「to have + 과거분사」가 되어야 하고, 배가 '만들어지는 것(수동)'이므로 부정사의 수동태 「to be + 과거분사」가 되어야 한다. 이 둘을 합하면 to have been built가 된다.

5 누구도 그가 여기로 돌아오는 것을 알아채지 못했다. **해설** noticed는 지각동사이므로 목적격보어 자리에는 원형부정사인 come이 알맞다.

6 그는 주말에 텔레비전만 본다. **해설** 「do nothing but + 동사원형」: ~하기만 하다

B

1 이 상자는 너무 무거워서 내가 들 수 없다. **해설** to lift의 의미상 주어 자리이므로 for me가 온 것은 알맞다.

2 그가 말한 것을 믿다니 너는 어리석다. **해설** foolish(어리석은)는 사람의 성질을 나타내는 형용사이므로 to부정사의 의미상 주어로 「of + 목적격」을 써야 한다.

3 나는 이 책들 모두가 내일까지 반납되길 바란다. **해설** to부정사의 의미상 주어 all these books가 동사 return의 행위의 대상이므로 수동태 부정사 「to be+과거분사」 형태로 써야 한다.

4 나는 너무 당황해서 무엇을 처음에 해야 할지 몰랐다. **해설** 문맥상 '무엇을 해야 할지'를 나타내야 하므로 what to do가 온 것은 알맞다.

5 이상한 얘기지만, 나는 아무것도 먹고 싶지 않다. **해설** strange to say: 이상한 얘기지만

C

1 **해설** 「too ~ to ....」 구문이 쓰인 문장이다. to understand의 의미상 주어를 밝혀 주어야 하므로, for me to understand로 쓰는 것이 알맞다.

2 **해설** 할로윈이 고대 아일랜드 축제에서 유래한 것은 과거의 일이므로, 시제가 문장의 전체 동사인 seems(현재)보다 앞선다. 따라서 to have come 형태로 써야 알맞다.

3 「how to + 동사원형(~하는 법)」을 이용하여 쓴다.

4 to tell the truth: 사실을 말하면

D

1 나는 그녀와 사랑에 빠질 수밖에 없다. **해설** 「cannot (help) but + 동사원형」은 '~할 수밖에 없다'라는 의미로 쓰인 관용 표현이므로 falling을 fall로 고쳐야 한다. cf. 「cannot help + 동명사(-ing)」: ~하지 않을 수 없다

2 위의 도표는 전자레인지를 사용하여 고기를 요리하는 법을 보여 준다. **해설** shows의 목적어 역할을 하면서 문맥상 '~하는 방법'이라는 의미가 되어야 하므로 「의문사 + to부정사」 형태로 써야 한다. how to cook: 요리하는 법

3 황금독개구리는 그들이 포식자의 위협을 받지 않는다는 것을 알고 있는 것 같다. **해설** 황금독개구리가 포식자의 위협을 받지 않는다는 것은 과거의 한 시점에 국한된 것이 아니라 일반적인 사실이므로 현재시제로 표현하는 것이 알맞다. 즉, 문장의 전체 동사 seem의 시제와 일치하므로 단순부정사 to be를 쓰는 것이 알맞다.

4 우리는 아기들이 심지어 태어나기도 전에 좋은 음식들을 좋아하게 되도록 돕기 시작할 수 있다. **해설** help의 목적격보어에 해당되므로 learning은 to부정사 또는 원형부정사 형태인 (to) learn으로 고쳐야 한다.

E

1 너는 살이 빠졌던 것 같다. **해설** 문장의 동사 seem보다 살이 빠진 것이 한 시제 앞서므로 완료부정사 to have lost를 쓰는 것이 알맞다.

2 그는 자신이 그 팀의 회장으로 뽑혔던 것을 자랑스러워했다. **해설** 문장의 동사는 과거시제(was proud)이고 팀의 주장으로 뽑힌 것이 한 시제 앞서므로 to부정사 수동태의 완료형인 to have been chosen으로 쓰는 것이 알맞다.

3 Alice는 이 문제를 쉽게 풀 수 있다. **해설** It은 가주어이고 to solve ~를 진주어로 바꿔쓸 때 to solve의 주체는 Alice이므로 「for + 목적격」으로 의미상 주어를 밝혀 준다.

4 그들을 재정적으로 돕다니 너는 매우 너그럽다. **해설** 사람의 성질을 나타내는 형용사인 generous(관대한)가 쓰였으므로, to부정사의 의미상 주어는 「of + 목적격」으로 나타낸다.

F **지문해석ㅣ** 우리 인간의 몸은 많은 근육들로 구성되어 있다. 이 모든 근육들은 함께 작용해서 당신이 움직일 수 있도록 도와준다. 그것들은 기본적으로 담요처럼 뼈들을 감싸고 있다. 근육들은 힘줄이라고 불리는 강한 띠들에 의해서 뼈에 단단히 고정되어 있다. 손가락을 위아래로 움직여보면 힘줄을 볼 수 있다. 손가락들을 앞뒤로 움직이는 것은 당신의 힘줄이 움직이게 만든다. 이러한 근육들은 언제 움직여야 하는지를 통보받아야 한다. 그것들은 당신의 생각에 의해 통제된다.

어법 설명ㅣ (1) make가 사역동사로 쓰였고 '힘줄이 움직인다'는 능동의 의미이므로, 목적격보어는 원형부정사인 move가 알맞다.
(2) told의 목적어 역할을 하면서 문맥상 '언제 ~해야 할지'라는 의미의 「when + to부정사」는 「when + 주어 + should + 동사원형」형태의 절로 바꿔 쓸 수 있다

수능 FOCUS 기출로 짚어 보는 **to부정사 2** p. 57

> **1** to have fallen **2** to have been **3** be told
> **4** to make **5** shine **6** to put

1 북송조 전체가 그것 때문에 멸망했다고 여겨진다. **해설** 북송조가 멸망했다고 여겨지는 시점(is thought → 현재)보다 북송조가 멸망한 시점이 이전(→ 과거)이므로, 완료부정사 to have fallen이 알맞다.

2 그 지갑에는 3달러와 몇 년 동안 거기에 있었던 것처럼 보이는 구겨진 편지 한 통만 있었다. **해설** for years(여러 해 동안)는 대과거부터 과거까지의 기간을 나타내므로 to have been이 알맞다.

3 나는 매번 그녀에게 저항했다. 나는 무엇을 하라고 말을 듣는 것이 싫었다. **해설** 그녀에게 매번 저항했다고 했으므로 '말하기가 싫다'라는 능동태인 tell이 아닌 '듣기가 싫다'는 의미인 수동태 be told가 알맞다.

4 이것은 우리로 하여금 국가 경제 정책에 대해 모든 종류의 잘못된 결정을 내리게 한다.   해설 「lead + 목적어 + to부정사」의 형태로 사용되므로 to부정사구인 to make를 써야 한다.

5 갑작스럽게 너무 많은 선물과 너무 많은 돈은 그녀의 눈을 빛나게 했다.   해설 사역동사 make는 동사원형을 목적격보어로 취할 수 있으며 사물 주어(presents, money)가 눈을 '빛나게 한 것'으로 능동의 관계이므로 shine을 쓰는 것이 알맞다.

6 그것은 독자에게 폭풍우 속에서 장작을 찾는 방법과 비가 올 때 옷을 두는 곳을 말해주었다.   해설 「의문사 + to부정사」의 형태로 사용되므로 to put이 알맞다.

어휘 policy 정책   firewood 장작

Let's Do It!   답 ③

지문해석 । 대부분의 지하철 전동차에서 문들은 각각의 정거장에서 자동으로 열린다. 그러나 파리의 지하철인 메트로를 타면 사정이 다르다. 나는 메트로를 탄 한 남자가 전동차에서 내리려다가 실패하는 것을 지켜보았다. 전동차가 그가 내릴 정거장으로 들어왔을 때 그는 자리에서 일어나 문이 열리기를 기다리며 문 앞에 끈기 있게 서있었다. 문은 열리지 않았다. 전동차는 그저 다시 떠났고 다음 정거장으로 계속 갔다. 메트로에서는 단추를 누르거나 레버를 내리누르거나 문을 옆으로 밀어서 승객 스스로 문을 열어야 한다.

어법 설명 । (A) 지각동사 watched의 목적어인 a man과 목적격보어인 try가 능동관계이므로 동사원형인 try를 쓰는 것이 알맞다. .
(B) for it은 to부정사의 의미상 주어이고, open은 '열리다'라는 능동의 의미를 가진 자동사이므로 to open을 쓰는 것이 알맞다.
(C) 전치사 by의 목적어 pushing a button과 depressing a lever가 병렬구조로 이어져 있으므로 sliding을 쓰는 것이 알맞다.

구문 분석 । [3행] When the train came to his station, he got up and stood patiently in front of the door, **waiting for it to open**. ▶ waiting for it to open은 부대상황을 나타내는 분사구문으로 '~하면서'의 의미로 해석한다.

어휘 Métro 파리의 지하철   get off ~에서 내리다   patiently 끈기 있게   depress 내리누르다   lever 레버

Chapter 09 동명사

09-1 동명사의 쓰임   p.58

> **Exercise** **1** 목적어/패션 잡지를 읽는 것
> **2** 주어/많은 물을 마시는 것
> **3** 전치사의 목적어/제 일을 도와주신 것
> **4** 보어/레고로 유명한 명소를 만드는 것
> **5** 전치사의 목적어/잠들기
> **6** 목적어/소설을 쓰는 것

1 그녀는 패션 잡지를 읽는 것을 좋아한다.
2 많은 물을 마시는 것은 피부에 좋다.
3 제 일을 도와주셔서 감사합니다.
4 나의 취미는 레고로 유명한 명소를 만드는 것이다.
5 나는 잠들기 전에 주로 TV를 본다.
6 그는 마침내 소설 쓰는 것을 끝냈다.

어휘 plenty of 많은   landmark 명소, 랜드마크   fall asleep 잠들다

09-2 동명사 vs. to부정사   p.59

> **Exercise** **A** **1** turning   **2** to do   **3** looking for
> **4** discussing(to discuss)

1 에어컨 좀 틀어주시겠어요?
2 오늘밤에 숙제하는 것을 잊지 마라.
3 그 가족은 그들의 잃어버린 개를 찾는 것을 결코 포기하지 않았다.
4 그 두 나라는 에너지 안보 문제에 대해 논의하기 시작했다.

어휘 lost 잃어버린, 분실된   security 안보, 보안

> **Exercise** **B** **1** ⓐ 본 것을 기억했다 ⓑ 볼 것을 기억했다
> **2** ⓐ 말하는 것을 멈춰야 한다 ⓑ 말하기 위해 멈췄다

1 ⓐ 그는 그 영화를 본 것을 기억했다.
   ⓑ 그는 그 영화를 볼 것을 기억했다.
2 ⓐ 그는 그렇게 말하는 것을 멈춰야 한다.
   ⓑ 그는 잠시 내게 말하기 위해 멈췄다.

09-3 자주 쓰이는 동명사 표현   p.60

> **Exercise** **1** 나는 먹고 싶지 않다
> **2** 그들은 준비하느라 바쁘다   **3** 나는 일할 것을 고대한다
> **4** 너는 구명조끼를 입지 않고는 물에 들어가지 말아야 한다. (너는 물에 들어가려면 구명조끼를 입어야 한다.)

1 나는 지금 먹고 싶지 않다.
2 그들은 토요일의 영화 축제를 준비하느라 바쁘다.
3 나는 당신 가게에서 일할 것을 고대한다.
4 너는 구명조끼를 입지 않고는 물에 들어가지 말아야 한다.
   (너는 물에 들어가려면 구명 조끼를 입어야 한다.)

09-4 동명사의 여러 가지 형태   p.60

> **Exercise** **1** he → his(him)   **2** ignoring → ignored
> **3** answering not → not answering

1 우리는 그가 7세 아이들을 가르치는 것이 상상되지 않는다.
2 다른 사람들에게 무시당하는 것을 좋아하는 사람은 아무도 없다.
3 당신 질문에 답변 드리지 못해서 정말 죄송합니다.

어휘 imagine 상상하다   ignore 무시하다

Grammar Practice

A 1 asking　2 not making　3 feeling　4 working

B 1 cleaning　2 to going　3 installing　4 buying

C 1 trouble (in) connecting　2 his(him) not coming
　　3 Being loved　4 stop worrying

D 1 × → drinking　2 × → to using　3 × → to turn
　　4 ○

E 1 are → is　2 to go → going　2 to wait → waiting
　　4 to fly → flying

F ④ arrived → arriving

A 1 그녀는 그런 질문을 하는 것이 부끄러웠다.　**해설** 전치사 of
의 목적어 자리이므로 동명사 형태인 asking이 알맞다.
2 내 희망은 실수를 하지 않는 것이다.　**해설** 동명사의 부정은
동명사 앞에 not을 쓴다.
3 죄책감도 안 느끼고 너는 어떻게 '아니'라고 말할 수 있니?
해설 전치사 without의 목적어 자리이므로 동명사 형태인 feeling
이 알맞다.
4 때때로 어떤 상황에서는 혼자 일하는 것이 필요할 수 있다.
해설 주어 역할을 하는 동명사 형태가 필요하므로 working이 알
맞다. Sometimes는 부사, working alone이 주어, may be
necessary가 서술어이다.

B 1 그 방을 청소하는 것을 끝마쳤니?　**해설** finish는 동명사를
목적어로 취하는 동사이다.
2 그들은 소풍가기를 학수고대하고 있다.　**해설** 「look forward
to + -ing」 구문이므로 to 다음에 동명사가 와야 한다.
3 그 도시는 가능한 한 빠르게 교통 신호등 설치하는 것을 고려해
야 한다.　**해설** consider는 목적어로 동명사를 취하는 동사이다.
4 그 가격에 그 기계를 살 가치가 있니?　**해설** 「be
worth + -ing」 구문이므로 to buy는 buying이 되어야 한다.

C 1 **해설** '~하는 데 어려움을 겪다'의 「have trouble (in) -ing」 구문
이다.
2 **해설** '그가 여기에 일찍 오지 못한다는 것에'의 의미는 「동명사의
의미상 주어 + not + 동명사」의 순서로 쓴다. 이때 동명사의 의미
상 주어는 소유격이나 목적격 형태로 쓴다.
3 **해설** '사랑받는'은 수동의 의미이므로 「being + p.p.」의 동명사
수동태로 쓴다.
4 **해설** '~하는 것을 멈추다'의 의미이므로 stop 다음에 동명사 형
태로 쓴다.

D 1 나는 잠자기 바로 전에 커피를 마시는 것을 피한다.
해설 avoid는 동명사를 목적어로 취하는 동사이다.
2 James는 그가 한국에 살았기 때문에 젓가락 사용하는 것
이 익숙하다.　**해설** '~하는 데 익숙하다'는 의미를 나타내므로
「be used to -ing」 구문으로 써야 한다.
3 외출하기 전에 불을 끄는 것을 잊지 마라.　**해설** '~할 것을 잊
다'의 의미를 나타내므로 「forget + to부정사」 구문으로 써야 한다.
4 모든 사람은 그가 유명한 영화배우이기 때문에 그 남자의
사진을 찍기 위해 멈췄다.　**해설** 문맥상 '사진을 찍기 위해 멈
췄다'는 의미이므로 부사적 용법의 to take가 온 것은 알맞다.

E 1 소설을 각색하는 것은 가장 좋은 영화 프로젝트 중 하나이
다.　**해설** 동명사구 주어 Adapting novels를 단수 취급하므로
동사도 are가 아닌 단수 형태 is로 써야 한다.
2 어렸을 때 당신은 차고 유리창을 깨뜨리고 엄마에게 갔던 것을
기억한다.　**해설** 문맥상 '(과거에) 엄마에게 갔던 것을 기억한다'
는 의미가 되어야 하므로 to go는 동명사 형태인 going이 알맞다.
3 그녀는 정거장에서 그녀의 남자친구를 기다리는데 한 시간
을 보냈다.　**해설** 「spend 시간 (on) -ing」 구문으로 '~하는데
시간을 보내다'의 의미를 나타낸다. 따라서 to wait는 waiting으
로 고쳐야 한다.
4 중력은 우리가 우주로 날아가 버리는 것을 막아 주는, 지구
의 끌어당기는 힘이다.　**해설** 「keep ~ from -ing」 구문으로
'~가 …하는 것을 못하게 하다(막다)'의 의미를 나타낸다. 따라서
to fly는 flying으로 고쳐야 한다. that 이하는 앞의 the pull of
the earth's forces를 수식하는 주격 관계대명사절이다.

F **지문해석 |** 어느 날 장을 보고 나서, 나는 버스 정류장에 앉아
있었다. 나는 집에 도착하고 나서야 버스 정류장 벤치 위에 핸
드백을 두고 왔다는 것을 깨달았다. 나는 부랴부랴 택시를 잡아
타고 버스 정류장으로 되돌아갔다. 버스 정류장에 도착하자마
자 나는 핸드백을 찾기 시작했다. 바로 그 순간, 벤치 아래로부
터 뭔가가 내 시선을 끌었다. 그것은 내 핸드백이었고, 다행스
럽게도 내 모든 돈이 그곳에 그대로 있었다.

어법 설명 | ④ arrived → arriving / '~하자마자'의 「On -ing」
구문이므로 전치사 on 다음에는 동명사 형태로 써야 한다.
① 과거의 상황을 묘사하고 있으므로 「be동사의 과거형 + -ing」
형태의 과거진행형으로 쓰는 것은 알맞다.
② 문맥상 내가 그것을 '깨달은 것'(did I realize)보다 핸드백을
'두고 온 것'이 앞선 시제이므로 had left는 알맞다.
③ 문맥상 택시를 '잡기 위해' 서둘렀다는 의미이므로 to부정사의
부사적용법 to catch는 알맞다.
⑤ start는 동명사나 to부정사 둘 다 목적어로 취하는 동사이므로
searching은 알맞다.

수능 FOCUS 기출로 짚어 보는 동명사

1 taking　2 running　3 sleeping　4 reading
5 Giving　6 is

1 내 평생 나는 선생님의 충고를 진지하게 받아들이지 않은 것을
후회할 것이다.　**해설** '과거에 ~하지 않은 것을 후회한다'는 의미로
동명사 taking을 쓴다.

2 나는 작년에 연수회를 진행했던 것을 기억한다.　**해설** '과거(작년)
에 한 일을 기억한다'라는 의미이므로 동명사 running이 알맞다.

어휘 seriously 진지하게, 심각하게　workshop 연수회

3 당신은 잠자는 데 문제가 있나요?　**해설** 「have trouble -ing」 구
문으로 '~하는 데 어려움을 겪다'의 의미를 나타낸다. 따라서 동명사
sleeping이 알맞다.

4 대부분의 아이들은 유명한 버전으로 출간된 고전을 읽는 데 익숙
하다.　**해설** 「be used to -ing」 구문으로 '~하는 데 익숙하다'의 의미
를 나타낸다. 따라서 동명사 reading이 알맞다.

어휘 classic 고전   publish 출간하다   popular version 유명한 버전

5 도움을 주는 것은 흔히 도움을 받는 최선의 방법이다.   해설 주어 자리이므로 명사로서 주어 역할을 할 수 있는 동명사 Giving이 알맞다.

6 당신 자신을 다른 사람과 비교하는 것은 자연스러운 것이며 동기 부여가 될 수 있다.   해설 주어인 동명사구 Comparing yourself with others는 단수 취급하므로 are가 아니라 is가 알맞다.

어휘 compare 비교하다   motivational 동기부여가 되는

Let's Do It!   답 ④

지문해석 | 저는 3개월 전에 우리에게 공급된 세탁기의 서비스에 대해 지난 월요일에 있었던 우리의 논의를 귀사가 기억하고 있기를 바랍니다. 저는 그 기계가 더 이상 작동하지 않는다는 사실을 말하게 되어 유감입니다. 우리가 만났을 때 합의한 바와 같이 가능한 한 빨리 그것을 수리할 서비스 기사를 보내주시기 바랍니다. 제품 보증서에는 귀사에서 여분의 부품과 재료들은 무료로 제공하지만, 기사의 노동에 대해서는 비용을 부과한다고 되어 있습니다. 이것은 부당한 것 같습니다. 저는 기계의 고장이 생산 결함에 의해 발생한 것이라고 믿습니다. 처음부터 그것은 많은 소음을 냈으며, 나중에 그것은 완전히 작동을 멈추었습니다. 결함을 고쳐 주는 것은 전적으로 회사의 책임이므로, 수리의 노동력 부분에 대해서도 그 비용을 우리에게 지불하게 하지 마시기를 바랍니다.

어법 설명 | ④ 문맥상 '작동을 멈추다'의 의미가 되어야 하므로 operating으로 고쳐야 한다.

① the washing machine을 수식하는 과거분사로 '우리에게 공급된' 세탁기라는 의미이므로 과거분사가 온 것은 알맞다.

② says의 목적어 역할을 하는 명사절이므로 that이 온 것은 알맞다.

③ sounds의 주격보어 역할을 하는 말이므로 형용사가 온 것은 알맞다.

⑤ 사역동사 make의 목적격보어 자리이므로 동사원형이 온 것은 알맞다.

구문 분석 | [2행] I **regret to say** the machine is no longer working. ▶ regret 다음에 to부정사가 오면 '~하게 되어 유감이다'라는 의미이다.

어휘 warranty 보증서   spare 여분의   charge (요금을) 청구하다   labor 노동, 일   unfair 부당한, 불공평한   manufacture 생산하다   defect 결함   initially 처음에   operate 작동하다   component 요소, 부품

Chapter 10 분사

10-1 형용사 역할을 하는 분사   p. 64

> **Exercise** **1** broken **2** waiting **3** formed **4** boring

1 찬바람이 깨진 창문을 통해서 집 안으로 불었다.
2 당신을 그렇게 오랫동안 기다리게 해서 미안합니다.
3 어릴 때 들인 좋은 습관은 종종 평생 남아 있을 것이다.
4 나는 그것이 세상에서 가장 지루한 책이라고 생각한다.

어휘 blow (바람이) 불다   the rest of one's life 여생, 평생

10-2 분사구문의 의미   p. 65

> **Exercise** **1** Feeling hungry **2** watching the movie
> **3** Not knowing his phone number
> **4** All the students arriving

1 배가 고파서 나는 먹을 뭔가를 찾았다.
2 영화를 보는 동안 나는 잠이 들었다.
3 나는 그의 전화번호를 모르기 때문에 그에게 연락할 수 없다.
4 모든 학생들이 도착하자 선생님이 말씀하시기 시작했다.

10-3 주의해야 할 분사구문   p. 66

> **Exercise** **1** Having grown up **2** Surprised
> **3** Laughing **4** closed **5** shining **6** speaking

1 런던에서 자라서, 그녀는 영어를 유창하게 한다.
2 그 소식에 놀라서, 나는 울음을 터뜨렸다.
3 큰 소리로 웃은 후에 나는 기분이 훨씬 좋아졌다.
4 그녀는 눈을 감은 채 언덕 위에 서 있었다.
5 그는 눈을 반짝거리면서 내 말을 들었다.
6 일반적으로 말하면, 아이들은 어른들보다 언어를 더 빨리 배운다.

어휘 fluently 유창하게   burst into tears 울음을 터뜨리다   laugh out 웃음을 터뜨리다   shine 빛나다

Grammar Practice   pp. 67-68

A **1** used **2** purchased **3** disappointing
  4 Satisfied

B **1** Finished → Having finished
  2 Having never → Never having
  3 Seeing → Seen **4** freezing → frozen

C **1** some people waiting for the bus
  2 The books written by Rowling
  3 reading a comic book
  4 Not knowing what to say

D **1** while he was playing soccer
  2 Because she has visited China many times
  3 before she went out
  4 Although I am sitting here in the sun

E **1** making → made **2** returned → returning
  3 pulling → pulled **4** pleased → pleasing

F (1) While cutting our clients' hair
  (2) Realizing that I could have offended someone

A **1** 벼룩시장은 중고품을 판매한다.   해설 '사용된 물품'이라는 의미이므로 수동의 의미를 나타내는 과거분사가 알맞다. used goods 중고품
  2 온라인으로 구입된 책은 환불이 되지 않는다.   해설 '온라인으로 구입된'이라는 수동의 의미이므로 과거분사가 알맞다.

3 그 설문조사는 우리에게 실망스러운 결과를 보여주었다. **해설** disappoint는 '실망시키다'라는 의미의 동사이다. '실망시키는 결과'의 의미는 현재분사로 나타낸다. disappointing 실망스러운 / disappointed 실망한, 낙담한

4 만족한 고객들은 기꺼이 더 많이 지불한다. **해설** satisfy는 '만족시키다'라는 의미의 동사이며, 사람의 감정을 나타낼 때는 과거분사를 쓴다. satisfying 만족감을 주는 / satisfied 만족하는, 만족스러워하는

B **1** 내 일을 끝냈기 때문에 나는 지금 한가하다. **해설** 부사절의 시제가 과거이고 주절의 시제가 현재이므로, 「having + 과거분사」의 완료분사구문으로 써야 한다.

2 나는 해외에 나가 본 적이 없기 때문에 여행에 대해서 많은 것을 준비했다. **해설** 부정어 never는 분사 앞에 쓴다.

3 그 바위는 멀리서 보면, 용처럼 생겼다. **해설** 수동태 문장의 분사구문인 Being seen from a distance에서 Being을 생략하면 과거분사 Seen으로 시작하는 분사구문이 된다.

4 채소는 신선하게 얼리면 심한 영양소 파괴가 되지 않는다. **해설** 수동태 문장의 분사구문인 Being frozen에서 Being은 생략할 수 있으며, 의미를 분명히 하기 위해 접속사 when을 생략하지 않고, frozen 앞에 쓸 수 있다.

C **1** **해설** '버스를 기다리고 있는'을 분사구로 표현하면 waiting for the bus가 되고, 분사구가 some people을 뒤에서 수식하는 구조로 쓴다.

2 **해설** 책이 'Rowling에 의해 쓰인 것(수동)'이므로 과거분사구 written by Rowling이 The books를 뒤에서 수식하는 구조로 쓴다.

3 **해설** '~하면서'라는 동시상황을 나타내는 분사구문으로 표현한다.

4 **해설** 부정어 not은 분사 앞에 쓰므로 Not knowing이 되고, 목적어인 what to say를 다음에 쓴다.

D **1** Tim은 축구를 하는 동안 그의 다리가 부러졌다. **해설** '~하는 동안'의 의미이므로 접속사 while을 이용하여 바꾼다.

2 그녀는 중국을 많이 방문했었기 때문에 중국에 대해 많이 알고 있다. **해설** '~을 방문했기 때문에'의 의미이므로 접속사 because를 이용하여 바꾸고, 완료 분사구문이므로 시제를 주절보다 앞선 현재완료시제를 쓴다.

3 Eireen은 외출하기 전에 물을 마셨다. **해설** 분사구문에 접속사가 함께 쓰였으므로 그대로 쓰고 시제도 주절과 같은 과거시제로 쓴다.

4 나는 햇볕을 쪼이며 여기에 앉아있지만 여전히 춥다. **해설** '~에 앉아 있지만'의 의미이므로 접속사 Although를 이용하여 바꾼다.

E **1** 때때로 성실하게 한 약속이 지켜지지 않을 수도 있다. **해설** '약속이 만들어지는 것'이므로 수동의 의미를 나타내는 과거분사 made가 알맞다.

2 마을 사람들은 그들의 아이들이 집으로 돌아오는 것을 보았다. **해설** 지각동사 saw의 목적어와 목적격보어 관계가 능동이므로 현재분사 returning이 알맞다.

3 말이 끄는 바퀴 달린 수레는 시장에 더 많은 상품을 더 빨리 운반할 수 있었다. **해설** '말에 의해 끌리는' 것은 수동의 의미이므로 과거분사 pulled를 쓰는 것이 알맞다.

4 나는 사람들을 만나는 것을 즐기기 때문에 이것은 종종 나에게 즐거운 경험이다. **해설** '즐거움을 주는 경험'이라는 능동의 의미이므로 현재분사 pleasing이 알맞다.

F **지문해석 I** Julie와 나는 미용실에서 일한다. 고객들의 머리를 자르는 중에 Julie가 나에게 말했다. "내 차 때문에 고생 중인데, 그것을 수리해 줄 믿을 만한 사람을 찾기가 힘들어." "자동차 정비사는 의사와 크게 다를 게 없어."라고 내가 말했다. "너는 문제를 고치려고 그들에게 돈을 지불하지만, 그것이 고쳐진다는 보장은 없어." 내가 누군가를 불쾌하게 했을 수도 있었겠다는 것을 깨닫고, 나는 Julie의 고객에게 몸을 기울이며 물었다. "정비사는 아니시죠?" "아니요, 전 의사예요."라고 짜증 섞인 대답이 돌아왔다.

어법 설명 I (1) 부사절의 주어가 주절의 주어를 포함하고 있으므로 생략하고 동사의 시제도 주절과 같은 과거이므로 분사 cutting을 이용하여 분사구문으로 바꾼다. 의미를 분명히 하기 위해 접속사 While을 그대로 둘 수도 있다.
(2) 부사절의 주어와 주절의 주어가 같으므로 생략하고, 시제도 주절과 같은 과거이므로 분사 realizing을 이용하여 분사구문으로 바꾼다.

수능 FOCUS 기출로 짚어 보는 **분사** p.69

1 running **2** traveling **3** lifted **4** installed
5 forcing **6** Searching

1 다리 아래로 흐르는 물소리가 언제나 내 주의를 끈다. **해설** 문장의 동사가 grabs이므로 run under the bridge가 앞의 the water를 수식해야 한다. 주어인 The sound of the water가 '흐르는' 능동의 의미이므로 현재분사 running을 쓰는 것이 알맞다.

2 1992년 1월 10일에 거친 바다를 항해하던 배 한 척이 12개의 화물 컨테이너를 잃어버렸다. **해설** '거친 바다를 항해하던 배 한 척'이라는 뜻으로, 능동의 의미로 a ship을 수식하므로 현재분사 traveling이 알맞다.

3 당신은 그것을 볼 때마다 미소 지을 것이고 기분이 고양되는 것을 느낄 것이다. **해설** 동사 feel의 목적어 your spirit과 목적격보어 lift가 '고양되는' 수동 관계이므로 과거분사 lifted를 쓰는 것이 알맞다.
어휘 cargo 화물 every time ~할 때마다 lift (기분 등이) 좋아지다

4 창틀에 설치될 때 유리는 안전을 위해 두꺼운 쪽이 아래로 가도록 놓여야 할 것이다. **해설** 문맥상 '유리가 설치하는 것이 아니라 설치되는 것'이므로 수동의 의미를 갖고 있는 과거분사 installed가 알맞다.

5 대신, 그것은 이리저리 재빠르게 움직여 코요테 역시 방향을 바꾸고 급선회를 하도록 한다. **해설** 능동의 의미를 지닌 forcing이 알맞다.

6 주차 공간을 찾다가 나는 내 맏딸 Margaret을 발견했다. **해설** 주절이 I found ~이므로 분사구문은 주어(I)가 '주차공간을 찾다가'라는 능동의 의미이므로 현재분사 Searching이 알맞다.
어휘 install 설치하다 window frame 창틀 for the sake of ~을 위하여 stability 안전성 back and forth 앞뒤로, 이리저리

Let's Do It! 답 ③

지문해석 | 유사(流砂)는 정말로 있는가? 그렇다. 그러나 유사는 영화에서 보는 것만큼 그리 치명적인 것은 아니다. 유사는 모래가 너무나 많은 물과 섞여서 모래 성분이 분해되고 죽처럼 걸쭉해질 때 형성된다. 겉으로 보면 일반적인 모래처럼 보일지 모르지만, 여러분이 한걸음 디디면 발의 압력이 모래를 좀 더 액체처럼 움직이게 해서 바로 가라앉을 것이다. 지하수원에서 나오는 압력은 모래 알갱이 입자를 분리하고 둥둥 뜨게 만들어서 모래 입자 간의 마찰력을 감소시킨다. 유사 속에서는 빠져 나오려고 애를 쓰면 쓸수록 더욱 밑으로 가라앉는다. 그러나 가만히 있으면 위로 떠오르기 시작할 것이다. 그러므로 혹시나 여러분이 유사 속에 빠지기라도 한다면 침착하게 있어야 할 것을 기억하고, 몸이 가라앉는 것이 멈춰질 때까지 움직이지 마라.

어법 설명 | ③ 분사구문의 주어인 pressure가 동사 reduce의 주체이므로 능동의 의미인 reducing이 되어야 한다.
① 주어가 Quicksand이므로 becomes가 온 것은 알맞다.
② cause의 목적격보어가 와야 하므로 to부정사가 온 것은 알맞다.
④ 「the + 비교급, the + 비교급」 구문이므로 the deeper가 온 것은 알맞다.
⑤ 주어인 you가 멈추는 것이므로 능동태 stopped가 온 것은 알맞다.

어휘 | quicksand 유사(流砂) deadly 치명적인 loosen 느슨해지다 soupy 수프같은 liquid 액체 sink 가라앉다 suspended 매달리다 granular 알갱이 particle 입자 friction 마찰

Real Test Chapter 06-10 pp. 70-73

1 ⑤ **2** ③ **3** ① **4** ⑤ **5** ① **6** ③ **7** ① **8** ⑤

1 지문해석 | 딜레마 이야기는 질문으로 끝맺음을 하는 아프리카의 이야기 형식이다. 그 질문은 듣는 사람으로 하여금 여러 대안들 중 하나를 선택하게 한다. 딜레마 이야기는 활발한 토론을 하도록 조장함으로써 청중들로 하여금 사회 안에서의 옳고 그른 행동에 대해 생각하게 이끈다. 딜레마 이야기는 주로 짧고 단순하며 전적으로 줄거리에 의해 전개된다는 점에서 민간설화와 비슷하다. 당신이 딜레마 이야기를 읽을 때, 대부분의 아프리카 문화들은 전통적으로 구술문화였다는 점을 명심할 필요가 있다. 즉, 그들의 이야기와 설화는 크게 소리 내어 말하도록 의도되어 있다.

어법 설명 | (A) 「ask + 목적어 + to do」의 구문으로 to choose가 알맞다. (B) folk tales를 목적어로 가질 수 있는 전치사 like가 알맞다. (C) 행위의 대상인 their stories와 tales가 이야기되는 것이므로 be told가 알맞다.

구문 분석 | [5행] **As** you read a dilemma tale, you need to keep in mind [that most African cultures were traditionally oral **ones**]: ~. ▶ As는 '~할 때'를 나타내는 접속사이다. ones는 앞의 cultures를 가리키는 대명사이다.

어휘 | alternative 대안 folk tale 민간 설화 traditionally 전통적으로 oral 구두의

2 지문해석 | 재활용은 환경을 보호하는 데 도움이 된다. 예를 들어, 50킬로그램의 재활용 종이는 나무 한 그루를 보호한다. 일부 도시들은 시민들에게 쓰레기를 분리하도록 훈련시켜왔다. 사람들은 서로 다른 쓰레기통에 깡통과 플라스틱 병을 넣어야 한다. 종이도 역시 분리되어 보관된다. 플라스틱, 금속, 그리고 종이는 재활용을 위한 특별 센터로 보내진다.

어법 설명 | ③ 주어인 종이가 '분리하는' 행위의 주체가 아니라 '분리되는' 행위의 객체가 되므로 수동태 is kept로 고쳐 쓰는 것이 알맞다.
① '재활용된' 종이이므로 과거분사 recycled가 온 것은 알맞다
② 주어가 Some cities로 복수 명사이므로 복수 동사 have가 온 것은 알맞다.
④ 주어가 The plastic, metal, and paper로 복수이므로 are가 온 것은 알맞다.
⑤ 전치사 for의 목적어이며 '재활용'을 의미하므로 현재분사 recycling이 온 것은 알맞다.

구문 분석 | [1행] For example, **fifty kilograms** of recycled paper **saves** one tree. ▶ 「단위명사 + of + 명사」는 of 다음에 나오는 명사가 단수이면 단수 취급, 복수이면 복수 취급한다. 여기서는 paper가 단수 명사이므로 단수 동사인 saves가 왔다.

어휘 | recycling 재활용 protect 보호하다 environment 환경 recycle 재활용하다 save 보호하다, 살리다, 구하다 citizen 시민 separate 분리하다; 분리된 garbage 쓰레기 metal 금속

3 지문해석 | Paranandayya는 어느 날 자신의 집 앞 현관에 앉아 있었는데, 그때 그의 학생들이 와서 이렇게 말했다. "선생님, 선생님의 소들이 집에 오고 있어요." 그때 그 교사는 그의 학생들에게 적절한 말로 가르쳤다. 그는 교사와 그의 학생들이 하나의 큰 과(科)에 속해 있기 때문에 '당신의 소들'이라고 말하는 것은 적절하지 않다고 말했다. 그러므로 예의 바른 학생이라면 '우리의 소들'이라고 말해야 한다고 설명되었다. 학생들은 그들의 수업을 잘 배웠고 그날의 일과를 마치고 갔다. 다음날 아침 똑같은 학생들이 그 교사의 아들이 한 양동이의 물을 들고 우물에서 오고 있는 것을 보았다. 그래서 그 학생들은 교사에게 뛰어가서는 이렇게 말했다. "선생님, 우리 아들이 오고 있어요."

어법 설명 | (A) 진주어 역할을 하는 to 부정사구(to say "your cows")가 있으므로 가주어 역할을 하는 대명사 it을 쓰는 것이 알맞다.
(B) 주어(it)가 설명한 것이 아니라 설명이 된 것이므로 수동의 형태인 was explained를 쓰는 것이 알맞다.
(C) 지각동사 saw 뒤에 목적어와 목적격보어의 관계가 수동인 경우 과거분사를 쓸 수 있지만 to부정사는 쓸 수 없으므로 현재분사 coming을 쓰는 것이 알맞다.

어휘 | front porch 앞 현관 cow 암소, 젖소 give a lesson in ~을 가르치다 proper 적절한, 적당한 inappropriate 적절하지 않은 belong to ~에 속하다 respectful 예의 바른, 공손한 leave for the day 하루의 일과를 마치고 가다, 퇴근하다 well 우물 a bucket of water 한 양동이의 물

4 지문해석 | 일상적으로 많이 쓰이는 두 가지의 다른 통신장치는 자동응답기와 그 사촌격인 음성메일이다. 자동응답기는 전화를 건 사람에게 이름과 전화번호를 남기라고 말하는 녹음된 메시지를 제공한다. 한때는, 많은 사람들이 자동응답기를 사용하는 것을 무례하다고 생각했다. 오늘날, 대부분의 사람들은 자동응답기가 없는 것을 사려 깊지 못한 것으로 여긴다. 왜냐하면, 그것이 없다면 전화를 건 사람이 출타하여 전화를 받지 못

하는 사람에게 메시지를 남길 수가 없기 때문이다. 음성메일도 또한 메시지와 메시지를 남길 기회를 제공한다. 실제 통화를 원하는 사람에게는 그것이 매우 당황스러운 일이 될 수도 있다.

어법 설명ㅣ ⑤ 감정동사 frustrate(실망스럽게 하다)는 주어가 사람(감정을 받는 대상)이면 과거분사형(-ed), 사물(감정을 주는 대상)이면 현재분사형(-ing)을 쓴다. 따라서 주어 it이 목적어인 사람을 좌절시키는 능동의 관계인 frustrating을 쓰는 것이 알맞다.

① 주어가 Two other communication devices이므로 복수 동사 are가 온 것은 알맞다.

② message를 수식하는 분사구이고, 문맥상 '말하는'이라는 능동의 의미이므로 현재분사가 온 것은 알맞다.

③ most 다음에 나온 people이 복수 명사이므로 복수 동사 consider가 나온 것은 알맞다.

④ a chance를 수식하는 형용사적 용법의 to부정사 to leave는 알맞다.

구문 분석ㅣ [2행] The answering machine **gives callers a recorded message** [telling them to leave a name and telephone number]. ▶ 수여동사 give 다음에 「간접목적어 + 직접목적어」로 이루어진 문장이다. '~에게 …을 주다'라고 해석한다.

어휘 device 기계장치　voice mail 음성메일　rude 무례한　lack 부족, 결핍　inconsiderate 사려 깊지 못한　provide ~을 제공하다　actual 실제의　immediately 즉시

5 **지문해석ㅣ** 지난 토요일 오후 나는 런던에 축구 경기를 구경하러 갔다. 아버지께서 네덜란드와의 결승전 표를 나에게 사 주셨던 것이다. 경기는 처음부터 정말로 흥미진진했다. 경기 시작 10분 후에 네덜란드가 한 골을 넣었고 훌륭한 경기를 펼쳤다. 그러나 하프 타임이 지난 후에는 잉글랜드가 더 잘했다. 내가 제일 좋아하는 Rooney가 정말 잘했다. 경기 시작 60분 후에 그가 첫 골을 넣었다. 10분 후에 그가 추가 골을 넣어서 점수가 2대 1이 되었다! 나는 Rooney가 최고의 선수라고 생각한다. 그는 다른 어떤 선수보다 경기를 더 잘하며 더 빠르게 달리고 더 강한 슈팅을 한다.

어법 설명ㅣ (A) 경기가 흥미롭다는 내용이 와야 하므로 현재분사인 exciting이 알맞다.

(B) 잉글랜드가 이전보다 더 잘했다는 내용이 와야 하므로 비교급 better가 알맞다.

(C) 주어 He에 이어지는 동사 세 개가 병렬 관계를 이루는 구조이므로 shoots가 알맞다.

어휘 final 결승전

6 **지문해석ㅣ** 19세기에 철학자와 정치 과학자들은 '인종적 순수성'에 대해 관심이 있었다. 그러나 최근에 숨겨진 다양성에 대한 조심스러운 유전자 연구가 '순수한' 인종이 존재하지 않는다는 것이 확인되었다. 인종적 순수성은 자연에도 존재하지 않을 뿐 아니라 완전히 이루어질 수도 없고 바람직하지도 않을 것이다. 그러나 이제는 우리와는 아주 멀리 떨어지지 않은 동물 속에서만 존재하는 '복제'가 '순수한' 인종을 만들어낼 수 있다는 것이 사실이다. 일란성 쌍둥이가 살아있는 인간 복제의 실례이다. 하지만 인간의 종족을 인공적으로 만들어내는 것은 생물학적으로나 사회적으로 매우 위험한 결과를 얻을 가능성이 있다.

어법 설명ㅣ (A) 동사의 수동태는 목적어를 취할 수 없다. 목적어 역할을 하는 that절이 동사 뒤에 있으므로 능동태인 has confirmed를 쓰는 것이 알맞다.

(B) 문장 전체에서 it이 가주어이고, that으로 시작되는 절이 진주어 역할을 하는 명사절인데, 이 명사절이 주어, 동사, 목적어가 있는 완전한 3형식 문장이므로 완전한 문장을 이끄는 접속사 that을 쓰는 것이 알맞다. which ~ us는 that절의 주어 cloning을 보충설명하는 계속적 용법의 명사절이라는 것도 알아둔다.

(C) 동사 would have의 주어가 필요하므로 주어 역할을 하는 동명사 creating을 쓰는 것이 알맞다.

구문 분석ㅣ [3행] **Not only** does racial purity not exist in nature, **but** it is entirely unachievable and would not be desirable. ▶ 부정어 Not only를 강조하기 위해 문장의 맨 앞에 나오면 주어와 동사의 어순이 도치된다.

어휘 be concerned with ~에 관심이 있다　racial 인종적인, 인종의　purity 순수성　genetic 유전자의　variation 다양성　race 인종　entirely 전적으로　unachievable 이루어질 수 없는, 달성할 수 없는　clone 복제하다; 복제 (생물)　remote 먼, 외딴　identical twin 일란성 쌍둥이　artificially 인공적으로　consequence 결과

7 **지문해석ㅣ** 읽으면 읽을수록 당신은 어휘가 늘어나고 읽기 능력이 향상될 것이다. 가능한 한 어디서든지 당신을 계속해서 읽도록 해주는 책이나 기사를 선택하라. 그것들은 꼭 당신의 수준에 맞거나 약간 높은 것이어야 하며, 너무 어려워도 너무 쉬워서도 안 된다. 단어장을 가지고 공부하기보다는 오히려 문맥 속에서 새로운 단어를 아는 것이 대개는 가장 좋다. 그러면 당신은 그것들이 어떻게 사용되는지를 이해할 것이다. 당신이 문맥 속에서 새로운 단어를 만날 때 그것의 의미를 추측해 볼 수 있는 매우 좋은 기회가 될 것이다.

어법 설명ㅣ (A) 문장에서 주어가 없이 동사로 이루어진 명령문 형태이므로 동사원형인 choose가 알맞다.

(B) 형용사 best를 수식하므로 부사인 usually가 알맞다.

(C) 수의 일치 문제로 단수인 a word를 받아야 하므로 its가 알맞다.

구문 분석ㅣ [1행] **The more** you read, **the more** you will build up your vocabulary and develop your reading skills. ▶ 「the + 비교급, the + 비교급」 구문으로 '~하면 할수록 더 …하다'라는 의미이다.

어휘 build up 향상하다　context 문맥

8 **지문해석ㅣ** Emma는 노래 부르는 것을 매우 좋아했다. 그녀는 매우 좋은 목소리를 가지고 있었다. 일부 고음에서 기름칠을 하지 않은 문과 같은 소리가 나는 경향이 있다는 것만 제외하면 말이다. Emma는 이 약점을 무척 의식해서, 기회가 날 때마다 이러한 고음을 연습했다. 그녀는 다른 가족들을 방해하지 않고는 연습할 수 없는 작은 집에서 살았기 때문에 보통은 밖에서 고음을 연습했다. 어느 날 오후 그녀가 가장 높고도 어려운 음조 부분을 노래하고 있을 때 자동차 한 대가 지나갔다. 그녀는 운전자의 얼굴에 갑자기 걱정스러운 표정이 떠오르는 것을 보았다. 그는 브레이크를 세게 밟더니, 뛰어 나와, 모든 타이어를 주의 깊게 점검하기 시작했다.

어법 설명ㅣ (A) 「forget + 동명사」는 '(과거에) ~했던 것을 잊다'라는 뜻이며, 「forget + to부정사」는 '(미래에) ~할 것을 잊다'라는 뜻이다.

문맥상 「to + 동사원형(to oil)」이 알맞다.

(B) 뒤에 「주어 + 자동사」를 갖춘 완전한 절을 이끌고 장소의 선행사를 수식하는 관계부사 where가 알맞다.

(C) 지각동사 see의 목적격보어 자리이므로 동사원형 come이 알맞다.

어휘 be fond of ~을 좋아하다   high note 고음   tend to ~하는 경향이 있다   sound like ~같은 소리가 나다   oil 기름칠 하다   conscious of ~을 의식하는   weakness 약점   opportunity 기회   practice 연습하다   disturb 방해하다   difficult note 어려운 음조   put brake on 브레이크를 밟다   violently 세게, 격렬하게   jump out 뛰어 나오다   examine 점검하다

11-1 등위접속사 p.76

Exercise **1** but **2** or **3** and **4** so **5** and

1 그들은 부유하지 않지만 그들은 항상 웃는다.
2 자전거 타는 것과 산책을 하는 것 중에 어느 것을 더 좋아하니?
3 매일 운동해라, 그러면 건강한 체형을 유지할 수 있을 것이다.
4 나는 치통이 있어서 치과에 갔다.
5 운전자는 도로 표지판을 이해하고 교통규칙을 배워야 한다.

11-2 상관접속사 p.77

Exercise **1** or **2** and **3** nor **4** but **5** but

1 너는 이것 아니면 저것 둘 중 하나를 선택해야 한다.
2 개구리는 물속과 땅 위에서 모두 살 수 있다.
3 4월에는 너무 춥지도 않고 너무 덥지도 않다.
4 규칙을 깬 것은 내가 아니라 Tim이었다.
5 초콜릿은 맛있을 뿐만 아니라 건강에도 좋다.

11-3 병렬구조 p.77

Exercise **1** × → cooking **2** × → add **3** ○

1 나는 주말에 책을 읽거나 영화를 보거나 요리를 하는 것을 즐긴다.
2 물을 끓이고, 고기와 야채를 넣으세요.
3 Emily는 숲이나 해변에서 사는 것을 좋아한다.

11-4 명사절을 이끄는 접속사와 간접의문문 p.78

Exercise **1** that **2** if **3** Whether
4 what my dream is **5** think

1 거의 모든 사람이 그가 결백하다고 주장했다.
2 그가 영업사원인지, 디자이너인지, 혹은 무엇이든지는 중요하지 않다.
3 내가 정말로 지저분한 방에서 사는 것을 좋아하는지는 전적으로 다른 문제였다.
4 너는 내 꿈이 무엇인지 기억하니?
5 너는 누가 가장 최고의 경기를 했다고 생각하니?

어휘 innocent 결백한   messy 지저분한   altogether 완전히, 전적으로

Grammar Practice
pp. 79-80

A **1** that **2** or **3** so **4** whether **5** that

B **1** × → what you want
2 × → Who do you think will win the race?
3 × → shopping **4** × → which bus I should take
5 ○ **6** × → Neither he nor I have

C **1** and you won't be late for school
2 not only people but (also) plants and animals
3 if(whether) the museum is open
4 What do you think

D **1** mop **2** go **3** cutting **4** placing

E **1** how does the universe work → how the universe works **2** is → are **3** if → whether

F ⑤ do I like → I like

A **1** 사실은 내가 너의 비밀을 안다는 것이다. 해설 '~라는 것'의 의미로 명사절을 이끄는 접속사는 that이 알맞다.

2 코트를 입어라, 그렇지 않으면 감기에 걸릴 거야. 해설 문맥상 '코트를 입지 않으면 감기에 걸릴 것이다'라는 의미이므로, 「명령문 + or」가 알맞다.

3 내일은 추울 것이니, 꼭 장갑을 껴라. 해설 앞문장과 뒷문장이 <원인―결과>로 이어지므로 결과를 나타내는 접속사 so가 알맞다.

4 우리는 그가 행사에 참석할지 안 할지 모른다. 해설 '~인지 아닌지'의 의미가 되어야 하고 뒤에 or not이 있으므로 whether가 알맞다.

5 나는 내 친구가 교통사고를 당했다는 슬픈 소식을 들었다. 해설 the sad news와 동격을 이루는 명사절을 이끄는 that이 알맞다.

B **1** 네가 원하는 것을 내게 말해 줘. 해설 간접의문문이므로 「의문사 + 주어 + 동사」의 어순으로 써야 한다.

2 너는 누가 그 경주에서 이길 것이라고 생각하니? 해설 do you think가 있으므로 간접의문문의 의문사를 문장 맨 앞에 써야 한다.

3 우리는 낚시하러 가지 않고, 쇼핑하러 갈 것이다. 해설 「not A but B」에서 but으로 연결된 A와 B는 병렬구조로 같은 형태를 취하므로 shopping으로 고쳐야 한다.

4 내가 어떤 버스를 타야 하는지 말해 줄래? 해설 간접의문문

이므로 「의문사(which bus) + 주어(I) + 조동사(should) + 동사
원형(take)」의 어순으로 써야 한다.

5 내일 무슨 일이 일어날지를 아는 사람은 아무도 없다.
해설 의문사와 주어가 일치하는 경우이므로 「의문사 + 동사」의 어
순으로 쓴 것은 알맞다.

6 그도 나도 저 차를 살 충분한 돈이 없다. **해설** 「neither A
nor B」는 B에 동사의 수를 맞추므로 I에 맞추어서 have를 써야
한다.

C **1** **해설** '그러면'은 접속사 and를 이용하여 표현한다.
2 **해설** 'A뿐만 아니라 B도'는 「not only A but also B」 구문을 이
용한다.
3 **해설** '~인지 아닌지'의 뜻은 if(whether)를 이용한다.
4 **해설** 간접의문문이 do you think의 목적어이면 의문사를 문장
맨 앞에 두므로, 「What do you think + 주어 + 동사 ~?」의 어순
으로 쓴다.

D **1** 그녀는 바닥을 문지르고 닦곤 했다. **해설** 동사 scrub과
mob이 and에 의해 병렬구조로 연결된 문장으로 쓴다.
2 너는 집에 있거나 우리와 함께 갈 수 있다. **해설** 동사 stay
와 go가 상관접속사 「either A or B」에 병렬구조로 연결된 문장
으로 쓴다.
3 그들은 부모님과 함께 살고 여가 비용을 줄임으로써 돈을
절약했다. **해설** 전치사 By에 living과 cutting이 접속사 and
에 의해 병렬구조로 연결되는 형태로 쓴다.
4 인간은 그러한 도구들을 정확하게 조작하고 그것들을 설치
하는 능력이 있다. **해설** is capable of 다음에 operating과
placing이 병렬구조로 연결된 문장으로 쓴다.

E **1** 사진술은 우주가 어떻게 작동하는지를 우리가 이해하는 데
항상 중요한 역할을 해왔다. **해설** 전치사 of의 목적어 역할을
하는 명사절이 와야 하므로 how does the universe work는
간접의문의 어순인 how the universe works로 써야 한다.
2 독서는 스키타기와 같다. 잘되면 독서와 스키타기 둘 다 우
아하고 조화로운 활동이다. **해설** 「both A and B(A와 B 둘
다)」가 주어로 쓰이면 복수 취급하므로 다음에 복수 동사가 온다.
3 연구자들은 재활용을 하지 않는 주민들을 발견했고, 그들이
주민들의 행동을 변화시킬 수 있는지를 알기 위해 연구에
착수했다. **해설** if는 or not을 바로 뒤에 쓸 수 없으므로 같은
의미의 whether로 고쳐야 한다.

F **지문해석ㅣ** 여러분이 어느 날 프로젝트를 하느라 바빠서 점심
식사를 살 시간이 없다고 가정해 보자. 갑자기 가장 친한 친구
가 여러분이 가장 좋아하는 샌드위치를 들고 나타난다. 그는 여
러분이 바쁘다는 것을 알고 있으며, 샌드위치를 사 주는 것으로
돕고 싶다고 말한다. 이런 경우에, 여러분은 친구의 도움에 고
마워할 가능성이 높다. 그러나 만약 낯선 사람이 같은 샌드위치
를 들고 나타나 그것을 여러분에게 준다면, 여러분은 그것을 고
마워하지 않을 것이다. 대신에, 혼란스러울 것이다. 여러분은
"당신은 누군데, 제가 어떤 종류의 샌드위치를 먹고 싶은지 어
떻게 아세요?"라고 생각하기가 쉽다.

어법 설명ㅣ ⑤ know의 목적어 역할을 하는 간접의문문이 와야 하
므로 「의문사 + 주어 + 동사」의 어순이 되어야 한다.

① 「be busy -ing」는 '~하느라 바쁘다'는 의미이다. busy 다음에
동명사가 온 것은 알맞다.
② tell의 목적어 역할을 하는 명사절을 이끄는 접속사로 that이 온
것은 알맞다.
③ 문맥상 '그러나'를 뜻하는 However가 온 것은 알맞다.
④ 수여동사 offer는 간접목적어가 직접목적어 뒤로 올 때 간접목적
어 앞에 전치사 to를 쓴다.

수능 FOCUS 기출로 짚어 보는 **접속사 1** p.81

1 remembered **2** lowered **3** if **4** that
5 how I should respond **6** why he looked

1 장기간의 여행을 하면서 당신이 운전해 지나간 마을을 기억하
지 못한 적이 있는가? **해설** 문맥상 taken과 병렬구조를 이루는
remembered가 알맞다.

2 1856년에 그는 간단한 상자형 카메라를 방수 처리하고 막대
에 부착하여 남부 잉글랜드 연안의 바닷속으로 내려 보냈다.
해설 waterproofed, attached와 함께 술어동사가 병렬구조로 연결
되어야 하므로 lowered가 알맞다.
어휘 drive through 운전해서 지나가다　waterproof 방수 처리하다　attach
부착하다, 붙이다　lower 내리다, 낮추다　beneath ~ 아래에

3 경기 후에 나는 아내와 아들을 만나서 관중석에서 응원을 외친
사람을 아는지 물었다. **해설** 동사 asked의 목적어 역할을 하는 접
속사로 문맥상 '~인지 아닌지'를 뜻해야 하므로 if가 알맞다.

4 어떤 의사도 나의 기본적인 질문에 대답할 수 없다는 것이 내게
분명해졌을 때, 나는 의학적 조언을 따르지 않고 병원을 나갔다.
해설 When이 이끄는 절은 형식상의 주어 it과 내용상의 주어 that절
이 나오는 구조이다. 따라서 that이 알맞다.
어휘 encouragement 응원, 격려　stand 관중석

5 나는 그것에 어떻게 응답을 해야 할지 알 수 없었다. **해설** didn't
know의 목적어 자리이므로 명사절이 와야 한다. 「의문사 + 주어 + 동
사」 어순의 간접의문문이 알맞다.

6 그는 베트남 출신이었다. 나는 그가 왜 그렇게 한국인처럼 보이는
지 궁금했다. **해설** wondered의 목적어 역할을 하는 간접의문문이
므로 「의문사 + 주어 + 동사」의 어순이 알맞다.

Let's Do It! 🔲 ①

지문해석ㅣ Arthur 삼촌의 한 가지 멋진 점은 그가 항상 야영하기
에 가장 좋은 장소를 고를 수 있다는 것이었다. 우리는 언제가 한 번
Garrison Rock에 갔었다. Arthur 삼촌은 그곳에 인디언들이 머물렀
다고 말했다. 이와 같은 여행에서 그에게는 들려줄 멋진 이야기가 항
상 있곤 했다. 그의 이야기는 항상 아이인 우리가 곤경에서 벗어나기
위해 우리의 머리를 쓰도록 돕는 데에 목표를 두었다. 예를 들어 한 이
야기는 큰 개에게 쫓기고 있던 한 남자에 관한 것이었다. 그들(개와 남
자)은 들판으로 달렸다. 아이인 우리는 그 개가 그 남자를 따라잡을 것
으로 생각하고 있었다. 그러나 그 남자는 들판에서 욕조를 보았다. 그
는 욕조로 달려가 그것을 뒤집어썼다. 그 개는 계속 짖어대다가 결국
은 가 버렸다. 그런 다음 그 남자는 욕조에서 나와 집으로 갔다.

어법 설명ㅣ ① was 뒤에는 보어로 쓰일 명사절이 와야 한다. what도 명

사절을 이끌 수는 있지만 관계대명사 what을 쓸 경우에는 관계대명사절에서 what이 주어나 목적어 역할을 하므로, 뒤에 주어나 목적어가 없는 불완전한 문장이 와야 한다. 그런데 뒤에 오는 문장이 주어(he), 동사(could pick), 목적어(the best places to camp)가 모두 있는 완전한 문장이므로 접속사 that을 써야 한다.

② a good story를 수식하는 to부정사로 '말할 좋은 이야기'라는 의미이므로 알맞다.

③ 전치사 at의 목적어 역할을 해야 하므로 동명사 helping이 온 것은 알맞다.

④ 동명사의 의미상 주어인 a guy가 추격을 받는 상황이므로 수동 동명사 being chased가 온 것은 알맞다.

⑤ 동사인 ran과 pulled가 and로 연결된 병렬 구조이므로 과거동사가 온 것은 알맞다.

어휘 pick 고르다, 선택하다   be aimed at ~에 목표를 두다   get out of trouble 곤경에서 벗어나다   chase 쫓다, 추적하다   bathtub 욕조   bark 짖다

Chapter 12 접속사 2

12-1 시간/조건의 부사절 p.82

Exercise A 1 since   2 until   3 Unless   4 will finish   5 find

1 나는 그녀가 아이였을 때부터 그녀를 알고 지냈다.
2 감자가 부드러워질 때까지 끓여라.
3 시도하지 않으면 기회를 얻지 못할 것이다.
4 내가 숙제를 언제 끝낼지 모르겠다.
5 내 지갑을 찾으면 나에게 알려주세요.

어휘 boil 끓이다; 끓다   tender 부드러운

Exercise B 1 Every time   2 In case   3 As soon as

어휘 sign up for ~에 등록하다   direction 방향   oar 노

12-2 이유/대조의 부사절 p.83

Exercise 1 while   2 As[as]   3 since   4 Now that[now that]

1 나는 집에서 TV를 보면서 실내 자전거를 탄다. / 빨간색은 열정을 상징하는 반면, 노란색은 희망을 상징한다.
2 당신은 18세 미만이기 때문에 50% 할인을 받을 수 있습니다. / 제가 당신에게 말한 대로 그 지시를 따라 주세요.
3 산에서는 어둠이 일찍 오기 때문에 등산을 일찍 시작해야 한다. / 사고가 난 이후로 내 차는 최근 이상한 소리가 나고 있다.
4 나는 숙제를 끝냈으니 쉴 수 있다. / 네가 여기에 있으니 나는 좋다.

어휘 indoor 실내의   symbolize 상징하다   passion 열정   discount 할인   instruction 지시, 설명

12-3 접속사 vs. 전치사(구) p.84

Exercise A 1 because of   2 because   3 during   4 While   5 Though   6 despite

1 황사 때문에 내 목이 아프다.
2 지문은 모든 사람에게 유일하기 때문에 특별하다.
3 환절기 동안에는 감기에 걸리기 쉽다.
4 어젯밤에 자다가 큰 천둥소리를 들었다.
5 나는 시험공부를 열심히 했지만 실망스런 결과를 받았다.
6 Hawking은 장애에도 불구하고 위대한 과학 이론들을 발전시켰다.

어휘 yellow sand 황사   fingerprint 지문   unique 유일무이한   thunder 천둥   disappointing 실망감을 주는   theory 이론   disability 장애

Exercise B 1 because of   2 While   3 Though

1 그 도시는 연기가 매우 적기 때문에 스모그가 없다.
2 인터뷰 동안 당신은 당신의 능력에 대해 겸손해야 한다.
3 그 책의 성공에도 불구하고 Johnson은 계속 돈이 부족하다.

어휘 modest 겸손한   short of ~이 부족한

Grammar Practice pp. 85-86

A 1 When/As   2 As soon as   3 Although/Though   4 As long as
B 1 Since   2 While   3 unless   4 if
C 1 Whenever   2 Because/As   3 When   4 Unless
D 1 when Dad comes home
   2 since I graduated from middle school
   3 while I was watching the movie
   4 because of global warming
E 1 × → is   2 × → while   3 ○   4 × → Despite
F (1) While[while]   (2) will be → are

A 1 **해설** '~할 때'의 의미이므로 접속사 When이나 As가 들어가야 알맞다.
2 **해설** '~하자마자'라는 의미의 접속사는 As soon as가 알맞다.
3 **해설** 두 개의 절이 서로 상반되는 내용이므로 '(비록) ~이지만'의 접속사 Although/Though가 알맞다.
4. **해설** '~하는 한'의 의미를 가진 접속사는 As long as로 쓴다.

B 1 나는 지금 직업이 없기 때문에 그것을 살 여유가 없다.
   해설 이유를 나타내는 접속사 since를 쓰는 것이 알맞다.
2 대부분의 곤충이 날개가 네 개인 데 반해, 파리는 날개가 두 개이다. **해설** '~인 데 반해'의 의미는 대조를 나타내는 접속사 While이 알맞다.
3 아프지 않다면 여러분은 모든 경기에 참가해야만 합니다. **해설** '아프지 않다면'의 의미가 되어야 하므로 if ~ not의 의미인 unless가 알맞다.
4 영수증이 없으면 환불을 받을 수 없습니다. **해설** 부사절에 don't가 있으므로 if가 알맞다.

C
1 내가 너에게 전화할 때마다 너의 전화는 통화중이다. 해설 every time = whenever(~할 때마다)

2 지구가 태양 주위를 돌기 때문에 우리에게 계절이 있다. 해설 Since는 이유를 나타내는 접속사로 쓰였으므로 Because 나 As로 바꿔 쓸 수 있다.

3 내가 방에 들어갈 때 전화가 울리기 시작했다. 해설 '내가 방에 들어갈 때 전화가 울리기 시작했다'는 의미이므로 As는 시간을 나타내는 접속사이다. 따라서 When으로 바꿔 쓸 수 있다.

4 규칙을 따르지 않으면, 우리는 처벌을 받을 것이다. 해설 if ~ not = unless

D
1 해설 '~할 때'라는 시간의 부사절이 와야 하므로 접속사 when을 쓰고, 시간의 부사절에서는 미래를 현재시제로 표현하므로 Dad comes home이 된다.

2 해설 '졸업한 이래로'의 의미이므로 접속사 since를 쓰고, 졸업한 것은 과거이므로 I graduated from이 된다.

3 해설 '~하는 동안'의 의미이므로 접속사 while을 쓰고, 영화를 보던 중에 잠이 든 것이므로 과거진행형을 써서 I was watching the movie로 쓴다.

4 해설 global warming이라는 명사구가 원인에 해당되므로 '~ 때문에'라는 의미는 전치사구 because of를 쓴다.

E
1 만약 날씨가 좋다면, 그는 8월 15일에 여의도에 도착할 것이다. 해설 If절은 조건의 부사절이므로 현재시제로 미래를 표현한다. 따라서 will be는 is로 고쳐야 한다.

2 학생들은 독해하는 동안, 새로운 단어의 의미를 추측해 보려고 노력해야 한다. 해설 they are reading은 절이므로 전치사 during은 접속사 while로 고쳐야 한다.

3 그는 여기저기 다니고 싶었지만 교통 때문에 그렇게 할 수 없었다. 해설 the traffic은 명사이므로 접속사 because of가 바르게 쓰였다.

4 푸에르토리코는 면적이 작음에도 불구하고 매우 다양한 풍경을 지니고 있다. 해설 Although 다음에 its small size의 명사구가 이어지고 있으므로 전치사 Despite로 고쳐야 한다.

F 지문해석 Ⅰ 대부분의 전문가들이 여덟 시간의 수면이 이상적이라고 말하는 반면에, 사실 그것은 전적으로 당신이 어떻게 느끼느냐에 달려 있다. 어떤 사람들은 일곱 시간 또는 그 미만으로도 잘 지내지만, 다른 사람들은 최상의 상태이기 위해서 아홉 시간 또는 그 이상을 필요로 한다. 만약 당신이 아프거나 엄청난 스트레스를 받고 있다면, 아마도 당신은 평소에 자는 것보다 더 오래 자야 할 필요가 있을 것이다. 당신에게 얼마의 수면이 필요한지에 대한 최고의 지표는 당신이 어떻게 느끼느냐에 바탕을 두어야만 한다. 때때로 우리는 충분한 잠을 잔다고 생각하도록 스스로를 속인다는 것을 명심하라. 만약 당신이 충분한 잠을 잔다면, 당신은 아침에 기분이 상쾌해야 하고 잠자리에서 일어나는 데 문제가 없어야 한다.

어법 설명 Ⅰ (1) 문맥상 (a)와 (b)에 '~인 반면에'라는 의미의 접속사가 필요하므로 while이 알맞다.
(2) 시간의 부사절에서는 현재시제로 미래를 표현하므로 will be를 are로 고쳐야 한다.

구문 분석 Ⅰ [5행] The best indicator of [how much sleep you need] should be based on [how you feel]. ▶ 첫 번째 [ ]는 전치사 of의 목적어로 쓰인 명사절이고, 두 번째 [ ]는 전치사 on의 목적어로 쓰인 명사절이다.

수능 FOCUS 기출로 짚어 보는 접속사 2   p.87

1 as **2** unless **3** as **4** because **5** during
6 Despite **7** is

1 일반적으로 어느 특정 시기에 대한 사람의 기억은 그것으로부터 멀어짐에 따라 필연적으로 약해진다. 해설 문맥상 '~함에 따라'의 의미가 적절하므로 as가 알맞다.

2 홍보실에서 허가가 나지 않는다면 박물관 내에서의 플래시사진은 허락되지 않습니다. 해설 '허가가 나지 않는다면'이라고 해석되어야 의미가 통하므로 unless가 알맞다.

3 이 초콜릿은 쉽게 부서지는 경향이 있기 때문에 장식용으로 사용되어서는 안 됨에도 불구하고, 여전히 먹을 수는 있다. 해설 문맥상 '~ 때문에'라는 의미로 접속사 as를 쓰는 것이 알맞다.

어휘 period 시기 weaken 약해지다 permit 허가하다 grant 허락하다, 인정하다 Public Affairs Office 홍보실 decoration 장식

4 여러분의 계획을 원하는 만큼 환상적으로 만드세요. 왜냐하면 지금으로부터 25년 후에는 그들이 그토록 특별하게 보이지 않을 테니까요. 해설 접속사인 because 다음에는 절이 오고, 전치사구인 because of 다음에는 명사(상당어구)가 온다. 주어와 동사를 갖춘 절이 왔으므로 접속사 because가 알맞다.

5 그들이 머물 동안 음식, 물, 전기, 가스, 그리고 그밖에 필요한 것은 무엇이든 가져오는 것을 확실히 정하는 것은 가족이 결정할 일이다. 해설 뒤에 명사구가 왔으므로 전치사 during이 알맞다.

6 운전 중에 문자를 보내는 일을 막기 위해 여러 주의 법으로 금하고 전국적인 캠페인을 벌였지만 운전하면서 문자를 보내는 사람의 수가 실제로 늘어가고 있다. 해설 뒤에 명사구가 왔으므로 전치사 Despite가 알맞다.

7 브로콜리를 준비하는 것은 매우 쉬워서, 당신이 해야 할 일은 3분에서 5분까지 단지 그것이 부드러워질 때까지 물 안에서 끓이는 것이다. 해설 until은 '~할 때까지'라는 시간을 나타내는 접속사이며, 시간과 조건의 부사절에서는 현재 시제가 미래 시제를 대신한다. 따라서 will be가 아닌 is가 알맞다.

어휘 state-law 주(州)의 법 ban 금지 nationwide 전국적인 text 문자를 보내다 on the rise 증가하는, 오름세인 tender 부드러운

Let's Do It! ③

지문해석 Ⅰ 아이들은 몇 살에 컴퓨터 사용법을 배워야 하는가? 그 답은 누구에게 묻는가에 따라 달라질 것 같다. 일부 아동 교육자들은 현대 사회에서 컴퓨터 기술은 모든 아이들에게 기본적으로 필요한 것이라고 생각한다. 그러나 다른 일부 교육자들은 컴퓨터 화면이 아이들에게 모든 것을 보여주기 때문에 아이들이 자신의 상상력을 충분히 사용하지 않는다고 한다. 신체적으로, 오랫동안 컴퓨터 자판을 두드리거나 마우스를 너무 많이 사용하는 것은 아이들의 몸에 문제를 일으킬 수 있다. 아마도 어린 아이들이 컴퓨터를 쓰는 최상의 방법은 매일 잠깐씩만 사용하는 것일 것이다.

어법 설명 | ③ 다음에 나오는 the computer screen shows them everything이 절이므로 전치사구 because of가 아니라 접속사 because가 와야 한다.
① 동사 learn의 목적어 역할을 하므로 to부정사가 온 것은 알맞다.
② 동사 believe의 목적어 역할을 하는 명사절이므로 접속사 that은 알맞다.
④ 동사 use를 수식하므로 부사구 too much가 온 것은 알맞다.
⑤ computers를 가리키는 말이므로 them이 온 것은 알맞다.

구문 분석 | [4행] Physically, **children** [who type for a long time or use a computer mouse too much] **can develop** problems to their bodies. ▶ [ ]은 주어 children을 수식하는 관계사절이고, 동사는 can develop이다.

어휘 educator 교육자 necessity 필수품 imagination 상상력 physically 신체적으로

Chapter 13 관계대명사 I

13-1 관계대명사 who, which
p. 89

Exercise 1 whose sister is a famous singer
2 who(that) loves to play the piano and the violin
3 which I stayed at in London 또는 at which I stayed in London
4 whom I hadn't talked to in twenty years

1 나는 언니가 유명한 가수인 여자애를 안다.
2 Sarah는 피아노와 바이올린 치는 것을 좋아하는 똑똑한 소녀이다.
3 내가 런던에서 머물렀던 호텔은 매우 좋았다.
4 20년 동안 말을 하지 않았던 친구가 나에게 전화했다.

13-2 관계대명사 that
p. 89

Exercise 1 which, that **2** who, that **3** that
4 that

1 동대문에 가는 버스를 어디에서 타나요?
2 마침내, 우리는 이 일에 적임인 사람을 찾았다.
3 이것은 내가 지금껏 읽은 것 중에서 가장 재미있는 책이다.
4 당신을 기분 상하게 하는 것은 무엇이든 알려 주세요.

13-3 관계대명사 what
p. 90

Exercise A 1 주어 / 내가 원하는 것은 더 많은 시간이다.
2 전치사 with의 목적어 / 나는 네가 말한 것에 동의하지 않는다.
3 주어 / 중요한 것은 네가 무엇을 하느냐이다.
4 전치사 from의 목적어 / 미래에, 나는 지금 현재의 나와 다를 것이다.

Exercise B 1 what **2** that **3** that **4** what

1 이것이 정확히 오늘 내가 너에게 말하고 싶은 것이다.
2 그는 우리가 의지할 수 있는 유일한 사람이었다.
3 네가 쇼핑몰에서 산 물건을 내게 보여줘.
4 그 사건에 대해 네가 알고 있는 모든 것을 쓰시오.

어휘 rely on 의지하다, 믿다

Grammar Practice
pp. 91-92

A 1 what **2** whose **3** that **4** which(that)
5 that
B 1 what → that **2** that → what
3 which → that **4** who → whose
C 1 which(that) has many pockets
2 the book whose cover is red
3 the first people that landed on the moon
4 What is worse
5 what he used to be
D 1 have **2** processes **3** has **4** enjoy, are
E 1 what **2** that **3** what **4** who(m)
F ③ → that / ⑤ → were

A 1 사람의 가치는 그가 가지고 있는 것(재산)에 있지 않다.
해설 전치사 in의 목적어에 해당하는 명사절이 와야 하고, 앞에 선행사가 없으므로 what이 알맞다.
2 자전거를 도난당한 소년은 경찰에 전화했다. 해설 The boy's bike was stolen의 의미이므로 소유격 관계대명사 whose가 알맞다.
3 너는 내가 도움을 요청할 마지막 사람이다. 해설 the last가 선행사를 수식하고 있으므로 that이 알맞다.
4 그는 자신이 직접 만든 나무 탁자를 나에게 줬다. 해설 the wooden table을 선행사로 하는 관계대명사가 필요하므로 which나 that이 알맞다.
5 나는 피카소가 지금까지 살았던 가장 위대한 화가라고 생각한다. 해설 선행사에 the greatest라는 최상급이 있으므로 that이 알맞다.

B 1 그는 저축한 모든 돈을 기부하기로 결심했다. 해설 all the money라는 선행사가 있으므로 what을 that으로 고쳐야 한다.
2 역사를 배우는 것은 우리가 들은 것을 외우는 것에 관한 것이 아니다. 해설 '우리가 들은 것'이라는 의미가 되어야 하므로 that은 선행사를 포함한 관계대명사 what으로 고쳐야 한다.
3 Jake는 반에서 그 문제를 풀 수 있는 유일한 학생이었다. 해설 선행사는 바로 앞의 the class가 아니라 the only student이므로 관계대명사 which는 that으로 고쳐야 한다.
4 Concetta Antico는 그림이 매우 다채로운 화가이다. 해설 Concetta Antico's paintings are very colorful의 의미이므로 who는 소유격 관계대명사 whose로 고쳐야 한다.

C 1 해설 a new suitcase가 선행사이므로 사물을 선행사로 하는

which나 that을 이용하여 관계대명사절을 구성한다.

2 해설 '표지가 빨간 책'은 소유격 관계대명사 whose를 이용하여 the book whose cover is red와 같이 쓴다.
bring A B A에게 B를 가져오다

3 해설 '최초의 사람들'은 the first people로 쓸 수 있으며, 선행사에 the first가 있으므로 관계대명사 that을 이용하여 문장을 구성한다.

4 해설 주어 '더 안 좋은 것'은 관계대명사 what을 이용하여 what is worse와 같이 쓴다.

5 해설 '예전의 그'는 관계대명사 what을 이용하여 what he used to be와 같이 쓴다.

D 1 서랍에 있던 열쇠가 사라졌다. 해설 The keys가 주어이고 which were in the drawer는 주어를 수식하는 관계대명사절이므로, 동사는 주어의 수에 맞추어 복수 동사 have disappeared가 알맞다.

2 다른 언어를 배우는 것은 정보를 처리하는 뇌의 영역을 변화시킨다. 해설 선행사가 the area of the brain이므로 주격 관계대명사절의 동사도 단수 동사인 processes가 알맞다.

3 이미 많은 개를 기르는 사람에게는 퍼그와 불도그와 같은 붙임성 있는 개가 완벽하다. 해설 선행사가 a person이므로 주격 관계대명사절의 동사도 단수 동사인 has가 알맞다.

4 블루스, 재즈, 클래식, 그리고 포크 음악을 즐기는 사람들은 좀 더 창의적인 것 같다. 해설 선행사가 people이므로 주격 관계대명사절의 동사도 복수 동사인 enjoy가 알맞다. 주어가 people이므로 동사는 are가 알맞다.

E 1 당신이 음식을 사야 한다면, 바로 당신이 원하는 것을 파는 슈퍼마켓이나 식당에 가야 한다. 해설 which 앞에 선행사가 없고, '~하는 것'이라는 의미의 명사절이 되어야 하므로 which를 what으로 바꿔야 한다.

2 초기 아메리칸 원주민들은 필요한 모든 것을 스스로 만들어야 했다. 해설 everything을 선행사를 취하는 목적격 관계대명사가 필요한 자리이다. what은 앞에 선행사를 쓰지 않으므로 that으로 고쳐야 알맞다.

3 다른 사람들이 우정에 관해서 말한 것을 읽는 것이 재미있기는 하지만, 가장 중요한 것은 당신이 '친구'라는 말을 들었을 때 무엇을 생각하느냐이다. 해설 that 뒤의 is가 동사이므로 that을 선행사를 포함한 관계대명사 what으로 고쳐 '가장 중요한 것'이 되게 해야 알맞다.

4 사람들이 다시 만날 것으로 예견하지 않는 사람과 상호작용을 할 때, 그들은 긍정적인 특성들을 찾을 이유가 거의 없다. 해설 which가 이끄는 관계대명사 절에서 meeting의 목적어가 없고, 선행사가 사람(someone)이므로 which는 who(m)로 바꿔야 한다.

F 지문해석 | 모호한 용어란 문맥이 의도된 의미를 명확히 보여주지 않는 것을 의미한다. 예를 들어, 'Bear To The Right'라고 쓰인 산길에 있는 표지판은 두 가지 방식으로 이해될 수 있다. 좀 더 가능성 있어 보이는 의미는 그 표지판이 등산객들에게 왼쪽이 아닌 오른쪽 길로 가라고 알려주고 있다는 것이다. 그러나 그 표지판을 만든 삼림 관리인이 정반대로 말하려 했다

는 것도 가능하다. 그는 등산객들에게 산길 오른쪽에서 종종 발견되는 곰에 대해 경고했을 수도 있다.

어법 설명 | ③ 문장에서 보어 역할을 하는 절을 이끌어야 하고, 다음에 나오는 절이 완전한 문장구조를 이루고 있으므로 접속사 that이 알맞다.
⑤ 선행사가 the bears이므로 복수 동사인 were가 알맞다.
① 동사 means의 목적어 역할을 하는 명사절을 이끌어야 하므로 that이 온 것은 알맞다.
② 표지판이 쓰여 있다고 해야 하므로 read가 온 것은 알맞다. read는 '쓰여 있다'라는 의미로 수동태로 쓰지 않는다.
④ 선행사가 the ranger이고 관계사절에서 주어 역할을 해야 하므로 주격 관계대명사 who가 온 것은 알맞다.

수능 FOCUS 기출로 짚어 보는 **관계대명사 1** p. 93

1 who **2** whose **3** were **4** leave **5** what
6 that **7** whether

1 크게 웃는 것을 정말 잘 활용할 수 있는 아픈 친구들을 방문하러 갈 때 여러분의 만화를 가지고 가라. 해설 선행사가 sick friends이므로 관계대명사는 who가 알맞다.

2 'kid'란 단어는 새끼 염소를 의미하는 단어에서 유래된 것이기 때문에 한때 속어로 간주되었다. 해설 the word가 선행사이고 관계대명사절에서 소유격 역할을 해야 하므로 whose가 알맞다.

3 1830년대에 영국의 과학자들은 그 버드나무 껍질 속에 들어 있는 모든 것들을 분석했다. 해설 선행사가 all the things이므로 관계대명사절에서도 복수 동사가 알맞다.

4 그들은 뻐꾸기와 유사한데 이는 다른 새의 둥지에 알을 낳고 그 알을 그 새가 기르도록 두기 때문이다. 해설 관계대명사 which가 이끄는 절의 동사인 lay와 병렬 구조를 이루고 있으므로 leave가 알맞다.

어휘 a good laugh 큰 웃음 slang 속어 goat 염소 analyze 분석하다 bark 껍질 cuckoo 뻐꾸기 lay (알을) 낳다(-laid-laid)

5 만약 당신이 특정 분야에 약점이 있다면, 배워서 상황을 개선하기 위해 스스로 해야 할 것들을 행하라. 해설 동사 do의 목적어와 접속사 역할을 동시에 하면서 선행사를 포함해야 하므로 관계대명사 what이 알맞다.

6 많은 사람들은 최면이 자연적인 현상이라는 것을 이해하지 못한다. 그것은 우리가 자주 빠져 들어갔다가 나오는 변화된 상태이다. 해설 앞에 선행사 an altered state가 있으므로 that이 알맞다.

7 개는 당신이 그들을 좋아하는지 아닌지를 알 수 있다. 만약 당신이 그들을 좋아하면 그들도 당신을 좋아한다. 해설 동사 tell의 목적어로 문맥상 '~인지 아닌지'를 의미하므로 명사절을 이끄는 접속사 whether가 오는 것이 알맞다.

어휘 weakness 약점 phenomenon 현상 altered 변화된 tell 알다

Let's Do It! 답 ⑤

지문해석 | "나는 네가 참 자랑스러워."라는 칭찬에 있어 잘못된 점이 무엇일까? 많다. 자녀에게 거짓된 칭찬을 하는 것이 잘못된 판단이듯, 자녀의 모든 성취에 대해 보상하는 것 또한 실수이다. 보상이 꽤 긍정적으로 들리기는 하지만, 그것은 종종 부정적인 결과로 이끈다.

이는 그것이 배움의 즐거움을 감소시킬 수 있기 때문이다. 만약 당신이 자녀의 성취에 대해 지속적으로 보상을 해준다면, 당신의 자녀는 보상을 얻기 위해 하는 일 자체 보다는 보상을 얻는 것에 좀 더 집중하기 시작한다. 자녀의 즐거움의 초점이 배움 그 자체를 즐기는 것에서 당신을 기쁘게 하는 것으로 옮겨 간다. 만약 당신이 자녀가 글자를 알아볼 때마다 박수를 쳐 준다면, 자녀는 결국 당신이 칭찬하는 것을 듣기 위해서 알파벳 배우기에 관심을 갖기보다 알파벳 그 자체를 배우는 것에 흥미를 덜 갖게 되는 칭찬 애호가가 될 수도 있다.

어법 설명 | ⑤ who가 이끄는 관계대명사절의 선행사가 단수 명사구인 a praise lover이므로 단수 동사인 becomes로 고쳐야 한다.
① 가주어 it이 왔으므로 진주어 to offer가 온 것은 알맞다.
② 동사 sound의 보어 자리이므로 형용사 positive가 온 것은 알맞다.
③ 「more ~ than …」의 비교 구문에서 비교가 되는 대상은 같은 형태여야 한다. on의 목적어 역할을 해야 하므로 명사절을 이끄는 접속사가 필요하고, 문맥상 '그녀가 했던 것'이 되어야 하므로 선행사를 포함한 관계사 what이 온 것은 알맞다.
④ 「from A to B」 구문에서 A와 B는 같은 형태여야 한다. A에 해당하는 말이 동명사 enjoying ~이므로 B에 해당하는 말도 pleasing이 온 것은 알맞다.

어휘 compliment 칭찬(= praise) misguided 잘못 판단된 accomplishment 성취 consequence 결과 take away from ~을 깎아내리다 applaud 박수를 치다 identify 알아보다 for one's own sake ~을 위하여

Chapter 14 관계대명사 2

14-1 접속사 that vs. 관계대명사 that p. 94

Exercise 1 관계대명사 2 관계대명사 3 접속사
4 관계대명사 5 접속사

1 나는 어제 잃어버린 지갑을 찾지 못했다.
2 내가 사고 싶었던 책은 그 서점에 없었다.
3 그녀는 아들이 시험에 합격했다는 것을 듣고 정말 기뻤다.
4 '주차 금지'라는 표지판을 보지 못했나요?
5 우리 팀이 경기에 이길 것이 확실하다.

14-2 전치사 + 관계대명사 p. 95

Exercise A 1 in which 2 with whom
3 through which 4 whom 5 stayed at

1 생물학은 내가 관심 있는 과목이다.
2 우리는 긴밀하게 일할 수 있는 파트너를 찾고 있다.
3 이것은 그녀가 들어온 문이다.
4 너는 Fred가 말하고 있는 남자를 아니?
5 우리가 머물렀던 게스트하우스는 끔찍했다.
어휘 biology 생물학 be interested in ~에 관심이 있다 terrible 끔찍한

Exercise B 1 where 2 why 3 when

1 이곳은 나의 엄마가 자란 마을이다.
2 네가 늦은 이유를 나에게 말해 줘.
3 그녀는 박물관이 문을 닫은 오후 6시에 도착했다.

14-3 관계대명사의 계속적 용법 p. 96

Exercise A 1 ⓑ 2 ⓐ

Exercise B 1 which didn't fit me
2 who is studying in China
3 both of which I didn't like
4 some of which were made into films
5 which made his teacher upset

1 나는 재킷을 하나 입어 보았는데, 그것은 나에게 맞지 않았다.
2 그는 누나가 한 명 있는데, 그녀는 중국에서 공부하고 있다.
3 점원은 나에게 가방 두 개를 보여 주었는데, 나는 둘 다 마음에 들지 않았다.
4 그녀는 몇 권의 소설을 썼는데 그것들 중 몇 권은 영화로 만들어졌다.
5 Greg는 항상 수업에 늦었는데 그것이 그의 선생님을 화나게 했다.
어휘 try on ~을 입어 보다 fit ~에게 맞다 clerk 점원 upset 화난

Grammar Practice pp. 97-98

A 1 ⓐ, ⓓ 2 ⓑ, ⓒ
B 1 whom 2 which 3 which 4 which(that)
C 1 by which 2 through which 3 which
   4 on which
D 1 in which I live 또는 which I live in
   2 on which this movie is based 또는 (which) this movie is based on
   3 one of whom is married
   4 which can be painful and ugly
E 1 that → which 2 where → which
   3 what → that 4 them → which
F which

A ⓐ 그는 벌이 원 모양으로 날면서 의사소통을 한다고 말했다.
ⓑ 별처럼 생긴 꽃들을 봐.
ⓒ 브라질은 지난 20년간 모든 월드컵 경기에 참가한 유일한 나라이다.
ⓓ 일부 사람들이 스마트폰 없이 살 수 없다는 것은 심각한 문제가 되어 왔다.
1 해설 ⓐ, ⓓ that 이후에 주어와 동사로 이루어진 완전한 1형식 문장이 있으므로, that은 접속사이다. ⓓ에서 that 이하는 진주어에 해당하는 명사절이다.

2 (해설) ⓑ, ⓒ that 이후의 문장에 주어가 없으므로, that은 주격 관계대명사이다. ⓑ에서는 the flowers를, ⓒ에서는 the only country를 각각 수식한다.

B **1** 그 왕은 네 명의 아들이 있었는데, 그들 모두는 용감했다. (해설) 선행사가 four sons이고 목적격 관계대명사가 와야 하므로 whom이 알맞다.

2 Teresa는 사람들이 가난으로 고생하는 마을로 이사하기로 결심했다. (해설) 선행사가 a town이고 앞에 전치사가 있으므로 which가 알맞다. that은 전치사와 함께 쓸 수 없다.

3 간디는 보통 '마하트마 간디'로 알려져 있는데, 그것은 '위대한 영혼'이라는 의미이다. (해설) Mahatma Gandhi라는 이름을 선행사로 하는 계속적 용법의 관계대명사이므로 which가 알맞다. that은 계속적 용법의 관계대명사로 쓸 수 없다.

4 탄자니아는 멋진 사진에 기여하는 버팔로 무리로 유명하다. (해설) 선행사가 the herds of buffalo이므로 which나 that이 알맞다.

C **1** 독서는 당신의 생각들을 얻는 주요한 수단이다. (해설) 관계 사절은 you acquire your ideas by reading의 의미이므로, by which가 알맞다.

2 공기는 소리가 전달되는 유일한 매개체는 아니다. (해설) that은 전치사와 함께 쓰이지 않고 sound is carried through the medium의 의미이므로, through which가 알맞다.

3 감정 자체는 그것이 생겨난 상황과 연관된다. (해설) 관계대명사절 끝에 전치사 in이 있으므로, which가 알맞다. where를 쓰려면 마지막의 in을 없애야 한다.

4 나는 집이 우리가 누구인지를 보여줄 수 있는 캔버스를 제공한다고 믿는다. (해설) we can illustrate who we are on a canvas의 의미이므로 on which가 알맞다.

D **1** (해설) I live in the house에서 the house를 관계대명사 which로 바꾸면 which I live in 또는 in which I live가 된다.

2 (해설) this movie is based on the novel의 의미이므로, on which this movie is based로 쓴다. which 앞의 전치사 on은 관계대명사절 마지막으로 보낼 수도 있다. 그럴 경우 관계대명사 which는 생략이 가능하다.

3 (해설) and one of them is married를 관계대명사절로 바꾸면 one of whom is married가 된다.

4 (해설) 관계대명사 which가 앞 문장 전체를 받는 경우이며, which 다음에는 can be painful and ugly로 쓴다.

E **1** 그것의 이름은 Mephistopheles에서 유래하는데, 그것은 '빛을 싫어하는 사람'이라는 의미이다. (해설) 관계대명사 that은 계속적 용법으로 쓸 수 없으므로 which로 바꿔야 한다.

2 고고학자들은 그 현장을 계속해서 탐사하는데, 그곳은 수중 1,500피트에 있다. (해설) 관계사절에 주어가 없으므로 관계부사 where가 아니라 the site를 선행사로 하는 주격 관계대명사 which가 와야 한다.

3 그들은 그 화산재가 비행기 엔진에 얼마나 많은 위험이 되는지 알아낼 수 있다고 덧붙였다. (해설) what 뒤에 오는 문장이 완전하므로 added의 목적어를 이끌 수 있는 접속사 that

으로 고쳐야 한다.

4 1992년 1월 10일에 거친 바다를 항해하던 배 한 척이 12개의 화물 컨테이너를 유실했는데, 그것들 중 하나에는 28,800개의 물에 뜨는 목욕용 장난감이 들어 있었다. (해설) 계속적 용법의 관계대명사절로 one of them의 them을 관계대명사 which로 받아 연결해야 한다.

F 지문해석 | 섬들이 있는 가장 높은 호수는 티베트에 있는 오르바코이다. 이 호수는 해발 5,209미터에 해수면이 있다. 티베트는 또한 '세계의 지붕'으로 알려져 있다. 그곳은 겨울에는 매섭게 춥고 일 년 내내 바람이 분다. 비와 녹은 눈이 수십 개의 호수로 흘러들어가고, 그 중 네 곳이 지역 사람들에 의해 신성한 곳으로 여겨진다. 사람들은 호수 근처에 사는데, 그곳에서 건강에 좋은 작물들을 기른다.

어법 설명 | 첫 번째 빈칸에는 a surface를 선행사로 하는 주격 관계대명사가 필요한 자리이므로 which가 알맞다. 두 번째 빈칸에는 콤마(,) 뒤에 두 개의 절을 연결하는 접속사가 없으므로, 「접속사+대명사」의 역할을 하는 관계대명사가 알맞다.

수능 FOCUS 기출로 짚어 보는 **관계대명사 2** p.99

1 for whom **2** in which **3** that **4** that **5** which **6** whom

1 나는 전에 그 밑에서 일했던 가장 똑똑한 IT 중역 중 한 사람을 기억한다. (해설) 관계대명사절이 의미상 I ever worked for the smartest I.T. executives이므로 관계대명사 앞에 전치사가 필요하다.

2 특정 문제를 공유하는 이러한 자발적인 모임들은 흔히 전문 치료사 없이 운영된다. (해설) 의미상 people share a particular problem in these voluntary groups이므로 관계대명사 앞에 전치사가 필요하다.나는 전에 그 밑에서 일했던 가장 똑똑한 IT 중역 중 한 사람을 기억한다. (해설) 관계대명사절이 의미상 I ever worked for the smartest I.T. executives이므로 관계대명사 앞에 전치사가 필요하다.

어휘 executive 중역, 경영간부   voluntary 자발적인   conduct (특정 활동을) 하다   therapist 치료사

3 우리의 가장 중요한 모금 행사가 곧 다가온다는 것을 기억해 주세요. (해설) 네모 이하의 절이 주어(our most important fund raiser), 동사(is coming)로 이루어진 완전한 문장이므로 명사절을 이끄는 접속사 that이 알맞다.

4 플라스틱은 합성 물질인데, 이는 공장에서 화학물질로 만들어졌다는 것을 의미한다. (해설) 네모 이하의 절이 주어(they), 동사(are made)로 이루어진 완전한 문장이므로 접속사 that이 알맞다.

어휘 fund raiser 모금 행사   synthetic 합성의   chemical 화학물질

5 그녀는 많은 이야기를 해 주었는데, 그 이야기들이 그녀 자신의 모험담이라고 주장했다. (해설) 문맥상 many stories가 선행사이므로 사물을 가리키는 관계대명사 which가 알맞다. that은 계속적 용법으로 쓸 수 없다.

6 매일 당신은 당신이 즐기는 제품과 서비스를 제공해 주는 많은

사람들에게 의존하는데, 그들 중 대부분은 당신이 알지 못하는 사람들이다. **[해설]** 문맥상 many people에 대해 보충 설명하는 절이 문장의 중간에 삽입된 구조이다. 따라서 관계대명사 whom이 알맞다.

[어휘] adventure 모험담 rely on 의존하다 goods 제품

Let's Do It! **답 ③**

지문해석 | 물에 대한 향상된 소비자 의식이 가장 많은 물을 절약하는 가장 저렴한 방법일지 모르지만, 그것이 소비자들이 물 보존에 기여할 수 있는 유일한 방법은 아니다. 기술이 이전보다 더 빠르게 진보하면서, 소비자들이 물을 더 절약하기 위해 자신의 가정에 설치할 수 있는 많은 장치들이 있다. 35개가 넘는 고효율 변기 모델이 오늘날 미국 시장에 있으며, 그것들 중 일부는 물을 내릴 때마다 1.3갤런 미만을 사용한다. 200달러에서 시작하는 이 변기들은 가격이 적당하고 일반 소비자가 일 년에 수백 갤런의 물을 절약하는 데 도움이 될 수 있다. 가장 효율이 높다고 공식적으로 승인된 기기들은 소비자가 알 수 있게 Energy Star 로고가 붙어 있다. 그런 등급의 세탁기들은 40갤런을 사용하는 구형 제품에 비해, 1회 세탁 시 18에서 25갤런의 물을 사용한다. 고효율 식기 세척기는 훨씬 더 많은 물을 절약한다. 이런 기계들은 구형 모델보다 물을 50퍼센트까지 덜 사용한다.

어법 설명 | ③ 문맥상 35 models of high-efficiency toilets에 대해 보충 설명하는 절이 추가된 구조이므로, 관계대명사 which가 오는 것이 알맞다.
① the cheapest way를 수식하는 말로 to부정사가 온 것은 알맞다.
② plenty of devices가 주어이므로 복수 동사 are가 온 것은 알맞다.
④ 동사 approved를 수식하는 말로 부사 officially가 온 것은 알맞다.
⑤ 비교급을 수식하는 말이므로 even이 온 것은 알맞다.

[어휘] consciousness 의식 contribute to ~에 기여하다 high-efficiency 고효율 flush (변기의) 물 내림 affordable (가격이) 알맞은 appliances 가전제품 approve 승인하다 tag 꼬리표[태그]를 붙이다 alert 알리다 rating 등급, 평가 load (운반하거나 실을 수 있는) 짐의 양, 한 짐

Chapter 15 관계부사

15-1 관계부사 where, when, why, how p.100

> **Exercise** **1** the reasons / [why many tourists visit the Netherlands]
> **2** the place / [where students spend most of their time]
> **3** the day / [when I met you for the first time]
> **4** the way / [you want them to be]

1 풍차는 많은 관광객들이 네덜란드를 방문하는 이유들 중 하나이다.
2 학교는 학생들이 대부분의 시간을 보내는 곳이다.
3 나는 너를 처음 만났던 날을 기억한다.
4 다른 사람들을 당신이 바라는 대로 바꾸려고 하지 마라.

[어휘] windmill 풍차 for the first time 처음으로

15-2 주의해야 할 관계부사 p.101

> **Exercise** **A** **1** where **2** why **3** when **4** that

[어휘] used to ~이었다, ~했었다 be absent from ~에 결석하다

> **Exercise** **B** **1** where **2** where **3** when

1 나는 부산을 방문했는데, 거기서 국제영화제가 열렸다.
2 그는 다음 달에 미국에 갈 예정인데, 거기에 그의 가족 모두가 살고 있다.
3 Bryan은 오늘 아침에 어머니에게 전화를 했는데, 그때 어머니는 아파서 누워계셨다.

[어휘] be held 개최되다 sick in bed 아파서 누워 있는

15-3 복합관계사 p.102

> **Exercise** **A** **1** 그 규칙을 어기는 사람은 누구든지 처벌을 받게 될 것이다.
> **2** 네가 무엇을 하든, 난 네 편이다.
> **3** 네가 원하는 어디든지 앉아도 된다.
> **4** 내가 말할 때마다 그녀는 내 말을 듣지 않는다.

[어휘] break 어기다 punish 처벌하다 side ~쪽(편)

> **Exercise** **B** **1** No matter how **2** anything

1 너는 아무리 많이 가지고 있어도 항상 도움이 필요할 것이다.
2 개는 너를 사랑할 것이고 너를 즐겁게 하기 위해 그들이 할 수 있는 것은 무엇이든 할 것이다.

Grammar Practice pp.103-104

> **A** **1** when **2** that **3** where **4** why
> **B** **1** Whenever → Whatever **2** where → when
>   **3** why → where **4** which → whichever
> **C** **1** how you think **2** Whatever you discover
>   **3** why second-hand smoking is dangerous
>   **4** when the aircraft crashed
> **D** **1** Whichever **2** however **3** when **4** which
> **E** **1** Whoever **2** where **3** no matter when
>   **4** How
> **F** ② → which / ③ → whenever

A **1** 지금은 우리가 결정을 해야 할 때이다. **[해설]** 선행사가 시간을 나타내는 the time이므로 관계부사 when이 알맞다.
 2 어떤 영어 단어는 보이는 방식으로 소리가 나지 않는다. **[해설]** 선행사가 the way이므로 that이 알맞다. the way와 how는 동시에 쓸 수 없다.
 3 소셜 미디어는 사람들이 정보를 공유하는 온라인 공간이다.

해설 선행사가 장소를 나타내는 an online space이므로 관계부사 where를 쓰는 것이 알맞다.

4 이것은 내가 수년간 대규모 서적들을 수집해 온 이유들 중 하나이다. 해설 선행사가 the reasons이므로 관계부사 why가 알맞다.

B 1 해설 '무엇을 ~하든지'라는 뜻의 복합관계사는 Whatever로 쓴다. Whenever는 '~할 때마다'라는 뜻이다.
2 해설 선행사가 시간을 나타내는 times in your life이므로 관계부사 when이 알맞다. where는 장소를 나타낸다.
3 해설 선행사가 장소를 나타내는 beautiful cafes이므로 장소를 나타내는 관계부사 where가 알맞다. why는 이유를 나타낸다.
4 해설 목적어 자리이면서 seat을 수식해야 하므로, 복합관계형용사 whichever가 알맞다. which는 선행사가 필요하므로 알맞지 않다.

C 1 해설 '방법'에 관한 것이므로 관계부사 how를 이용하며, how 앞에 the way를 쓰지 않는 것에 주의한다.
2 해설 '무엇을 ~하든지'는 whatever를 이용한다.
3 해설 the reasons를 선행사로 하는 관계부사 why를 이용한다.
4 해설 선행사가 시간을 나타내는 Sunday afternoon이므로 관계부사 when을 이용한다.

D 1 당신이 어떤 천을 고르더라도, 그것을 잘라도 되는지를 확실히 해야 한다. 해설 부사절이 필요하고, 명사 fabric을 수식하고 있으므로 복합관계형용사 Whichever로 고쳐야 한다.
2 너의 길에 아무리 무서운 장애물이 놓여있다 하더라도 희망을 포기하지 마라. 해설 문맥상 '아무리 ~하더라도'라는 의미로 쓰이는 however로 고치는 것이 알맞다.
3 내가 버스에서 내릴 때마다 날마다 나의 개 Nicky는 나를 반기느라 대문을 뛰어넘으려고 애쓰곤 했다. 해설 선행사가 시간을 나타내는 Every day이고, 뒤에 주어와 동사로 이루어진 완전한 문장이 왔으므로 관계부사 when으로 고쳐야 한다.
4 다른 국가들보다 더 오랫동안 이산화탄소를 배출해 온 몇몇 나라들은 더 큰 몫을 차지해야 할 것이다. 해설 관계사절의 주어이면서, 선행사 Some countries를 보충 설명하고 있으므로, 주격 관계대명사 which로 고쳐야 한다.

E 1 첫 번째로 오는 사람은 누구든지 제일 먼저 제공받게 될 것이다. 해설 Anyone who는 '~하는 사람이면 누구든지'라는 의미이므로 Whoever로 바꿔 쓸 수 있다.
2 Harry는 그가 공부하고 싶은 대학의 입학시험을 치렀다. 해설 선행사가 the university이므로 at which는 where로 바꿔 쓸 수 있다.
3 어렸을 때, 우리는 위험한 상황에 있다는 것을 알게 될 때마다 물체 뒤에 숨었다. 해설 whenever는 '~할 때마다'라는 뜻이며 no matter when으로 바꿔 쓸 수 있다.
4 우리가 생각하는 방식과 사용하는 단어들은 삶에 대한 우리의 반응을 결정한다. 해설 The way 대신에 How를 쓸 수 있다.

F 지문해석 | 비판이 일으키는 분노는 종업원, 가족 구성원, 친구들을 화나게 만들 수 있고, 문제가 되는 그 상황을 여전히 바로잡지 못할 수도 있다. George는 엔지니어링 회사의 안전 관리

자이다. 그의 임무 중 하나는 작업자들이 현장에서 작업을 할 때마다 안전모를 쓰는지 확인하는 것이다. 그는 안전모를 쓰고 있지 않은 작업자들을 만날 때마다 그들에게 규정을 따라야 한다고 말하곤 했다.

어법 설명 | ② the situation을 선행사로 하는 주격 관계대명사가 필요한 자리이므로 which로 고쳐야 한다.
③ 직원들이 작업 현장에 '있을 때마다' 안전모를 착용해야 한다는 의미이므로 whenever로 고쳐야 한다.

구문 분석 | [1행] The anger [**that** criticism causes] can upset employees, family members, and friends, / and still not correct the situation [**which** is a problem]. ▶ 첫 번째 [ ]는 The anger를 수식하는 목적격 관계대명사절이고, 두 번째 [ ]는 the situation을 수식하는 주격 관계대명사절이다.

수능 FOCUS 기출로 짚어 보는 **관계부사** p. 105

1 where **2** when **3** in which **4** where **5** when **6** who

1 교차로가 없는 긴 내리막길은 기본 기술을 연습할 수 있는 완벽한 장소가 될 수 있을 것이다. 해설 선행사가 the perfect area이므로 장소를 나타내는 관계부사 where가 알맞다.

2 그 누구도 그때가 인구 3억을 기록한 정확한 시점이라고는 믿지 않는다고 생각한다. 해설 선행사가 the precise moment이므로 시간을 나타내는 관계부사 when이 알맞다.

3 현지 조사는 대부분의 문화 인류학자들이 자신들의 전문적인 입장을 획득하는 방법이다. 해설 선행사 the way 다음에는 관계부사 how는 올 수 없으므로 in which가 알맞다.
어휘 precise 정확한 population 인구 fieldwork 현지 조사 cultural anthropologist 문화 인류학자 professional 전문적인 standing 입장

4 물이 맑고 충분한 빛이 있는 수면 근처에서는 아마추어 사진작가가 저렴한 수중 카메라로 멋진 사진을 찍을 가능성이 상당히 높다. 해설 관계절이 주어, 동사, 보어로 이루어진 완전한 문장이므로 관계부사 where가 알맞다.

5 야생의 고양이들은 이른 아침과 저녁에 가장 활동적인데, 그 때 그들은 대부분의 사냥을 한다. 해설 선행사가 the early morning and evenings이고, 관계사절이 주어, 동사, 목적어로 이루어진 완전한 문장이므로 관계부사 when이 알맞다.

6 이 섬은 영국인들이 차지했는데, 그들은 파리 강화 조약에 의해서 그 다음 해에 프랑스인들에게 그것을 돌려주었다. 해설 네모 뒤에 주어 없이 동사 restored로 시작하는 불완전한 문장이 이어지고 있으므로 사람을 나타내는 the English를 선행사로 하는 주격 관계 대명사 who를 써야 한다.
어휘 restore 돌려주다, 반환하다 the Peace of Paris 파리 강화 조약

Let's Do It! 답 ③

지문해석 | 리얼리티 TV 프로그램은 티셔츠나 커피와 마찬가지로 상품이며, 소비자들은 그것들을 꺼버릴 수 없을 것 같다. 하지만 왜 소비자들이 그것들을 계속 볼까? 이것은 소비자 행동 연구자들이 대

답하는 데 관심이 있는 질문의 한 유형이다. 연구자들은 리얼리티 TV 프로그램이 그들의 호기심을 만족시켜주는 것을 포함하여 소비자들에게 몇 가지 이익을 제공한다고 말한다. "우리 모두는 우리 자신이 압박감을 느낄지도 모르는 상황에 있는 사람들을 보고 싶어 한다. 우리는 그들이 느끼는 것을 느낄 수 있지만, 다만 안전한 거리만큼 떨어져서이다."라고 Macquaric 대학의 Kip Williams 교수가 말한다. 우리는 또한 비슷한 상황에서 우리가 어떻게 반응할지를 상상하면서 그 쇼의 상황 속에서 우리 자신과 함께 역할극을 한다. 연구자들은 이것이 우리가 스스로 발전하고 있도록 가르칠 수 있다고 말한다.

어법 설명 | ③ 선행사가 추상적 의미의 장소인 situations(상황)이고, 관계절이 완전한 문장이므로 관계대명사 which는 관계부사 where로 고쳐야 한다.

① keep은 목적어로 동명사를 취하는 동사이므로 watching이 온 것은 알맞다.

② 동사 say의 목적어 역할을 하는 명사절을 이끄는 접속사로 that이 온 것은 알맞다.

④ 주절의 동사가 role-play이므로 imagine이 올 수 없고 부대상황을 나타내는 분사구문인 imagining ~이 온 것은 알맞다.

⑤ teach는 '~에게 …하도록 가르치다'라는 의미로 쓰일 때 목적격보어로 to부정사를 취한다. 따라서 to be가 온 것은 알맞다.

구문 분석 | [2행] This is **one type of question** [consumer behavior researchers are interested in answering]. ▶ [ ]는 관계사가 생략된 형태의 관계절로 앞의 one type of question을 수식한다.

어휘 consumer 소비자   behavior 행동   benefit 이익, 이점   curiosity 호기심   safe distance 안전 거리   context 상황, 문맥

Real Test   Chapter 11~15
pp.106-109

1 ⑤   **2** ③   **3** ①   **4** ③   **5** ⑤   **6** ④   **7** ②   **8** ④

1 **지문해석 |** 아내와 나는 여름 휴가 동안에 부모님을 방문했다. 집으로 돌아오는 길에 타이어에 펑크가 났지만 여분의 타이어가 없었다. 우리는 도움을 청하기 위해 근처의 농가까지 걸어갔다. 그곳에 살고 있던 농부가 자신의 차에서 타이어를 떼어 낸 뒤 말했다. "마을에 차를 몰고 가서 타이어를 고치고, 제 것은 주유소에 두고 가세요. 저는 지금 바빠서 함께 갈 수가 없네요. 제 것은 나중에 제가 가서 찾을게요." 우리를 믿어준 그의 행동이 그 날의 우리를 구해주었다.

어법 설명 | (A) 네모 다음에 명사구가 왔으므로 전치사 during이 알맞다.

(B) 주어인 The farmer를 수식하는 관계사절이 who lived there이므로 다음에 동사 took이 알맞다.

(C) 동사 leave의 목적어 자리이고 문맥상 '나의 타이어'를 주유소에 놔두어 달라는 의미이므로 소유대명사 mine이 알맞다.

구문 분석 | [4행] ~ "Drive into town, **get** your tire **fixed**, and leave mine at the gas station. ▶ get의 목적어와 목적격보어가 수동 관계이면 목적격보어로 과거분사가 온다. 즉, 타이어가 '수리되는' 수동 관계이므로 과거분사 fixed가 왔다.

어휘 flat tire 펑크난 타이어   take off 떼어내다

2 **지문해석 |** 여러분의 부모는 여러분이 용돈을 현명하게 쓰지 않을 것을 걱정할 수도 있다. 여러분이 돈을 쓰는 데 몇 가지 어리석은 선택을 할 수도 있지만, 만일 여러분이 그렇게 한다면 그 결정은 여러분 자신의 결정이고 바라건대 여러분은 자신의 실수로부터 배울 것이다. 배움의 많은 부분이 시행착오를 거쳐서 일어난다. 돈은 여러분이 평생 동안 처리해 나가야 할 어떤 것임을 여러분의 부모에게 설명해라. 삶에서 나중보다 이른 시기에 실수를 저지르는 것이 더 낫다. 여러분이 언젠가는 가정을 갖게 될 것이라는 것과, 자신의 돈을 관리하는 법을 알 필요가 있다는 것을 설명해라. 모든 것을 다 학교에서 가르쳐 주는 것은 아니다!

어법 설명 | ③ what의 뒷부분이 완전한 절이므로, 형식상의 주어 It에 상응하는 내용상의 주어인 명사절을 이끄는 that으로 고쳐야 한다.

① 문맥상 make some foolish spending choices를 받는 대동사이므로 do가 온 것은 알맞다.

② Much of learning은 단수 취급하므로 단수 동사 occurs가 온 것은 알맞다. 「much of + 단수 명사」이면 단수 취급, 「much of + 복수 명사」이면 복수 취급한다는 것에 주의한다.

④ 문맥상 '돈을 관리하는 방법을 알아야 한다'는 의미이므로 know의 명사 역할을 하는 「의문사 how + to부정사」의 형태가 온 것은 알맞다.

⑤ everything은 단수 취급하므로 단수 동사 is가 온 것은 알맞다.

어휘 allowance 용돈   choice 선택   decision 결정   mistake 실수   hopefully 바라건대   occur 일어나다, 생기다   trial and error 시행착오   deal with ~을 처리하다   early on 이른 시기에, 초기에   manage 관리하다

3 **지문해석 |** 산이 있는 대부분의 나라에서 사람들은 스키의 독특한 매력을 즐긴다. 가장 간단한 형태로 보면, 스키는 스키라고 불리는 한 쌍의 길고 가느다란 판을 신고 눈 덮인 경사지를 미끄러져 내려오는 것이다. 그것은 동력발생장치 없이 고속으로 움직이게 해 주는 몇 안 되는 스포츠 중의 하나이다. 가장 진보된 형태로 보자면, 스키는 전문가들이 산길을 시속 90마일 이상으로 미끄러져 내려오거나, 하늘로 수백 피트 올라가거나, 또는 장애물 코스를 통과하는 빠른 턴을 하는 매우 기술적인 운동이다.

어법 설명 | (A) 관계사가 이끄는 절이 완전한 문장으로 이루어져 있으므로 관계부사 where가 알맞다.

(B) 「enable + 목적어 + to부정사」 구문이므로 목적격보어 자리에 to move가 알맞다.

(C) can 다음에 동사원형인 slide down, soar와 병렬구조를 이루고 있으므로 make가 알맞다.

어휘 appeal 매력   slope 경사지, 비탈면   power-producing 동력을 발생하는   soar 날아오르다, 솟구치다   obstacle 장애물

4 **지문해석 |** 좋은 결정을 내린다 해도 나쁜 결과가 올 수 있음을 기억하는 것은 중요하다. 여기 한 가지 사례가 있다. 나는 학교를 졸업하자 곧 일자리를 제안받았다. 그것이 나에게 아주 잘 맞는 것인지 확신이 없었다. 나는 그 기회에 대해 곰곰이 생각해 본 후, 그 제안을 거절하기로 마음먹었다. 나는 그보다 더 잘 맞는 다른 일자리를 찾을 수 있을 것이라고 생각했다. 유감스럽게도, 경제는 곧 빠르게 나빠졌고, 나는 다른 일자리를 찾기 위해 수개월을 보냈다. 나는 그 일자리를 선택하지 않은 것에 대

해 자책했고, (거절한) 그 일자리는 점점 더 매력적으로 보이기 시작했다. 나는 그 당시에 가진 모든 정보에 기초하여 좋은 결정을 내렸지만, 단기적인 관점에서 보면 그것은 그다지 좋은 결과를 가져온 것은 아니었다.

어법 설명 | ③ what은 선행사를 포함하는 관계사이다. another job이 선행사이므로 관계사는 that이나 which로 고쳐야 한다.
① 일자리의 제안을 받은 것이므로 수동태인 was offered가 온 것은 알맞다.
②「동사+부사」로 이루어진 동사구의 목적어가 대명사이면「동사+대명사 + 부사」의 어순으로 쓰므로 turn it down은 알맞다.
④「spend + 시간/돈 + -ing(~을 하면서 시간/돈을 보내다/소비하다)」구문이므로 looking이 온 것은 알맞다.
⑤ 동명사의 부정에서는 not을 동명사 앞에 쓰므로 not taking은 알맞다.

구문 분석 | [6행] I kicked myself for not taking that position, **which** started to look more and more appealing. ▶ 계속적 용법의 관계대명사 which는 앞에 나온 that position을 부연 설명하고 있다.

어휘 outcome 결과, 성과   turn down ~을 거절하다   kick oneself 자책하다   appealing 매력적인, 흥미를 끄는   in the short run 단기적인 관점에서 보면

5 **지문해석 |** 수천 년간 사람들은 밤하늘을 올려다보며 달을 보아 왔다. 그들은 달이 무엇으로 만들어졌는지 궁금해 했다. 그들은 달이 얼마나 큰지 그리고 얼마나 멀리 떨어져 있는지 알고 싶어 했다. 가장 흥미로운 질문들 중 하나는 "달이 무엇으로부터 기원했는가?"이다. 어느 누구도 확실히 알지 못했다. 과학자들은 많은 다양한 이론이나 추측을 발전시켰지만, 자신들의 생각이 옳다는 것을 증명하지 못했다. 그러다 1969년과 1972년 사이에 미국은 우주비행사들이 달을 연구하고 암석 표본을 지구로 가지고 오도록 그들을 달에 보냈다.

어법 설명 | (A) was made of의 목적어가 필요하므로 what이 알맞다.
(B) 뒤에 복수 명사인 theories와 guesses가 왔으므로 many가 알맞다.
(C) 전치사 for의 목적어로 동명사 studying과 병렬구조를 이루어야 하므로 returning이 알맞다.

구문 분석 | [2행] They wanted to know [how big it was] and [how far away it was]. ▶ 두 개의 [ ]는 know의 목적어 역할을 하는 간접의문문이다. 간접의문문의 어순은「의문사 + 주어 + 동사」이다.

어휘 for sure 확실히   develop 발전시키다   prove 증명하다

6 **지문해석 |** 심리학자인 Gary Klein이 부엌에 화재가 난 집으로 진입한 한 팀의 소방관들에 대한 이야기를 해준다. 그들이 호스로 부엌에 물을 뿌리기 시작한 직후에 지휘관은 이유도 모른 채 "여기에서 나가자!"라고 자신이 외치는 소리를 들었다. 소방관들이 피하고 난 거의 직후에 마루가 무너졌다. 그 사실 이후에야 지휘관은 불이 이상하게 잠잠하고 자신의 귀는 여느 때와 달리 뜨거웠다는 것을 깨달았다. 이런 느낌들이 함께 합쳐져서 그가 '위험에 대한 육감'이라고 칭했던 것을 불러일으켰다.

그는 무엇이 잘못되었는지 몰랐지만 무언가 잘못되었다는 것을 알았다. 화재의 중심이 부엌이 아니라 바로 밑의 지하실에 있었다는 것이 밝혀졌다.

어법 설명 | ④ 동사 called의 목적어이면서 선행사를 포함하는 관계대명사 what이 적절하다.
① 선행사가 a house이므로 관계부사 where가 온 것은 알맞다.
② 문맥상 '자기 자신이 소리치는 것을 들었다'는 내용이므로 재귀대명사 himself가 온 것은 알맞다.
③ Only after the fact가 강조되어 문두로 왔으므로 다음에는「do/does/did + 주어 + 동사원형」이 왔다. 시제가 과거이므로 did가 온 것은 알맞다.
⑤ 주절이 과거시제이고, that절의 내용이 주절보다 앞선 일을 말하고 있으므로 과거완료로 쓴 것은 알맞다.

구문 분석 | [8행] It turned out that the heart of the fire had **not** been in the kitchen **but** in the basement below. ▶「not A but B」는 'A가 아니라 B이다'라는 의미이다. but 다음에 been이 생략되었다.

어휘 commander 지휘관   collapse 무너지다   escape 빠져나오다   impression 느낌, 감정   prompt 불러일으키다   sixth sense 육감   turn out ~임이 밝혀지다, 판명되다   basement 지하실

7 **지문해석 |** 나는 해발 3,346 피트의 가파른 산비탈에 서서, 숨이 쉽게 차오름을 느꼈다. 아침 안개가 걷히면서, 호에타우에른 산맥의 날카로운 봉우리들이 서서히 모습을 드러냈고, 그 중 일부 봉우리들은 생동감으로 가득 차 있었다. 우리가 목재 발코니에서 뜨거운 커피를 음미하며 우리의 입김이 차가운 공기 속으로 사라지는 것을 지켜볼 때, 당나귀 소리는 우리 집을 떠올리게 했다. 저 아래로, 작은 강이 비단 리본처럼, 계곡의 목재 가옥들과 교회 지붕들 사이로 굽이쳐 흘러가는 것이 보였다. 양과 소들이 산 위 풀밭에서 풀을 뜯고 있고, 산골 농장의 오래된 건물들이 우리를 둘러싸고 있었다.

어법 설명 | (A) 주어인 I의 동사로 stood와 found가 and로 연결된 병렬구조이므로 found가 알맞다.
(B) the sharp peaks를 가리키는 관계대명사이므로 which가 알맞다.
(C) 주어인 the old buildings가 복수명사이므로 동사도 복수형인 were가 알맞다.

구문 분석 | [4행] The sound of a donkey **reminded** us **of** our home [as we **drank** hot coffee on a wooden balcony and **watched** our visible breath disappear into the cold air]. ▶「remind A of B」는 'A에게 B를 생각나게 하다'라는 뜻이다. [ ]는 시간을 나타내는 접속사 as가 이끄는 부사절로, drank와 watched가 병렬구조를 이루고 있다.

어휘 breathless 숨 가쁜   lift (안개가) 걷히다   range 산맥   emerge 나타나다   pasture 목장, 목초지

8 **지문해석 |** Greg는 모든 과제에서 만점을 얻지 못하면 실패한 사람인 것처럼 느꼈다. 95점이라는 점수는 그로 하여금 "어떻게 내가 100점을 받지 못했을까?"라는 질문을 계속하게 만들었다. 그는 완벽을 추구하는 자신의 욕구가 자신을 지속적인 스트레스 상태로 몰아넣고 있다는 사실을 깨달았다. Greg는 스

트레스 관리를 시작하기로 마음먹었다. 그는 "92점도 여전히 A학점이다."라는 간단한 메시지를 적어놓은 쪽지를 모든 곳에 붙여놓는 독창적인 아이디어를 생각해냈다. 점차로, 생각을 일깨워주는 이 단순한 메모는 Greg로 하여금 다른 관점을 갖게 하고 자신이 모든 것에 대해서 완벽할 필요가 없다는 사실을 깨닫게 해주었다. 그는 여전히 수업에서 'A' 학점을 받을 수 있었지만, 훨씬 더 적은 압박을 받았다.

어법 설명 | ④ realized는 these simple reminder notes를 주어로 하는 동사가 아니라 「allow + 목적어 + 목적격보어」 구문에서 목적격보어인 to have 이하와 and로 연결된 병렬구조이므로 realize로 고쳐야 한다.
① 「leave + 목적어 + 목적격보어」는 '~가 …인 상태로 계속 있게 하다'라는 의미이다. 따라서 현재분사 asking이 온 것은 알맞다.
② 동사 decided의 목적어 자리이므로 to부정사가 온 것은 알맞다.
③ 전치사 of의 목적어 역할을 해야 하므로 동명사 posting이 온 것은 알맞다.
⑤ 비교급을 강조하는 말이므로 much가 온 것은 알맞다.

어휘 perfectionism 완벽주의   come up with ~을 생각해내다   reminder 생각나게 해주는 것   pressure 압박, 압력

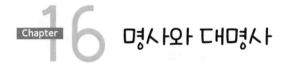

Chapter 16 명사와 대명사

16-1 대명사 it의 쓰임 p.110

Exercise **1** 주 **2** 비 **3** 목 **4** 비

1 요즘, 스마트폰 없이 사는 것은 쉽지 않다.
2 거기에서 여기까지 버스로 약 30분이 걸린다.
3 나는 매일 저녁 산책하는 것을 규칙으로 정했다.
4 밖으로 나가기에 너무 더울 때 너는 실내에서 독서를 즐길 수 있다.

어휘 make it a rule to ~하는 것을 규칙으로 삼다

16-2 부정대명사 one/other/another p.111

Exercise **1** the other **2** the others **3** ones

어휘 dot 점   damaged 손상된

16-3 재귀대명사 p.112

Exercise **1** herself **2** yourself **3** itself

1 Amy는 멋진 휴가를 보냈다. 그녀는 정말 많이 즐겼다.
2 이 음식을 네가 직접 요리했니?
3 전등이 저절로 나갔다.

어휘 enjoy oneself 즐기다   light 전등   go out (불·전깃불이) 꺼지다(나가다)

16-4 수 일치 p.112

Exercise **1** its **2** is **3** that **4** are **5** is

1 그 아파트는 낡았지만 위치가 편리하다.
2 그 웹사이트의 방문자 수가 증가하고 있다.
3 개의 후각은 인간의 그것보다 약 1,000배 더 민감하다.
4 적어도 교통사고의 70퍼센트는 사람이 실수한 결과이다.
5 그 학생들 각자는 그 시험을 위해 공부하고 있다.

어휘 location 위치   sense of smell 후각   sensitive 민감한, 예민한

Grammar Practice pp. 113-114

A **1** × → its **2** × → it **3** × → yourself **4** × → it
5 ○

B **1** one **2** the other **3** others **4** ones

C **1** It's getting **2** found it difficult
3 It is necessary to wear **4** to examine ourselves

D **1** were **2** were **3** were **4** has

E **1** me → myself **2** them → themselves
3 the other → another **4** its → their

F (1) why you have failed to do what you intended
(2) ② you → yourself / ④ They → It

A **1** 모든 날에는 그 날만의 의미가 있다. **해설** every는 단수 취급하므로 its로 받는 것이 알맞다.
2 '미(美)'란 무엇인가? 서로 다른 문화들은 그것을 아주 다르게 정의한다. **해설** 앞의 beauty를 받는 대명사이므로 it이 알맞다.
3 미국인들은 종종 그들의 손님들에게 "편히 계세요."라고 말한다. **해설** make yourself at home은 '편히 있다'라는 의미의 관용 표현이다. 이 표현을 모르더라도, 명령문 Make ~의 주어는 you이고 동일한 대상을 목적어로 쓸 때는 재귀대명사를 써야 하므로 yourself가 알맞다.
4 나는 그녀의 역사 공책을 빌렸는데, 그것을 잃어버렸다. **해설** 내가 빌린 바로 그 역사 공책을 가리키는 것이므로 it이 알맞다. one은 같은 종류의 물건을 가리킬 때 쓰인다.
5 한 연구는 물고기의 뇌가 인간의 그것과 매우 유사하다는 것을 보여준다. **해설** 비교 대상이 the brains이므로 복수 지시대명사인 those가 알맞다.

B **1** 나는 내 스마트폰을 잃어버렸다. 나는 하나 사야 한다. **해설** a smartphone을 받는 부정대명사이므로 one이 알맞다. '잃어버린 그 스마트폰'을 사는 것이 아니므로 it은 부적절하다.
2 나는 쌍둥이 한 명과 나머지 한 명을 구분할 수 없다. **해설** 둘 중 하나는 one, 나머지 하나는 the other를 쓴다.
3 우리들 중 일부는 아침형 인간인 반면 다른 일부는 저녁형 인간이다. **해설** '(여럿 중) 일부'는 some, '또 다른 일부'는 others를 쓴다.
4 진지한 TV 프로그램들은 드라마라고 불린다. 재미있는 것

들은 코미디라고 불린다. 해설 programs를 받는 부정대명사이므로 복수형인 ones가 알맞다.

C 1 해설 날씨를 나타내는 비인칭 주어 It을 사용하고, 진행의 의미를 나타내므로 It's getting으로 쓴다.
2 해설 find가 5형식 동사이고, to realize his dream이 진목적어이므로 가목적어 it을 쓴다.
3 해설 주어인 '보호 장비를 착용하는 것'이 문장의 뒷부분에 나오므로 가주어 「It ~ to부정사」 구문을 이용하여 문장을 완성한다.
4 해설 '우리 자신'은 we의 재귀대명사인 ourselves를 이용한다. 「It's time to + 동사원형」: ~할 때이다.

D 1 많은 새로운 발견들이 그에 의해서 이루어졌다. 해설 new findings가 주어이므로 복수 동사 were가 알맞다. A number of는 '많은'이라는 뜻으로 주어를 수식하는 어구이므로 A number를 주어로 착각하지 않도록 주의한다.
2 상자 안에 있는 사과들 중 절반이 썩었었다. 해설 Half of 뒤의 명사가 복수(the apples)이므로 동사는 복수 동사 were가 알맞다. in the box는 주어를 수식하는 전치사구이므로 동사의 수에 영향을 미치지 않는다.
3 땅을 뒤집기 위해 쟁기를 끄는 동물들은 인간보다 훨씬 더 효율적이었다. 해설 주어는 Animals이고 that ~ the earth는 주어를 수식하는 관계대명사절이다. 주어가 복수 명사이므로 동사는 were가 알맞다.
4 자동차에 의해 죽거나 부상당하는 사람들의 수는 감소해 왔다. 해설 The number가 주어이고 of people ~ vehicles는 주어를 수식하는 전치사구이다. 전치사구에서 who are killed and injured by motor vehicles는 people을 수식하는 관계대명사절이다. The number는 단수 취급하므로 has가 알맞다.

E 1 나는 나 자신을 편안하게 하려고 애쓰며, 차가운 음료를 즐기기 위해 앉는다. 해설 분사구문 trying ~의 의미상 주어는 문장 주어 I이고, make의 목적어도 동일한 대상을 가리키므로 me는 재귀대명사 myself로 고쳐야 한다.
2 그 학생들은 마음껏 커피를 마실 수 있었고, 대가로 50센트를 둘 것을 요구받았다. 해설 의미상 '~을 마음껏 먹다'라는 의미의 help oneself to가 되어야 한다.
3 나는 모자를 세 개 샀다. 하나는 빨간색, 또 다른 하나는 분홍색, 나머지 하나는 파란색이다. 해설 셋일 경우에는 one, another, the other로 쓰므로 첫 번째 the other를 another로 고쳐야 알맞다.
4 뮤지컬 '그리스(Grease)'는 Rydel 고등학교의 스릴을 좋아하는 학생들에 관한 것이다. 그것은 그들의 걱정, 사랑, 그리고 우정을 보여준다. 해설 thrill-loving students를 가리키므로 its는 their로 고쳐야 한다.

F 지문해석 | 뭔가를 시도했다가 실패할 때, 여러분은 의도했던 것을 실패한 이유를 자신에게 물어보아야 한다. 새롭고 예상치 못한 방법으로 이 질문에 답하는 것이 필수적인 창의적 행동이다. 그것은 다음번에 여러분이 성공할 가능성을 높여 줄 것이다.
어법 설명 | (1) 문맥상 (a)this question이 가리키는 것은 'why you have failed to do what you intended'이다.
(2) ② 문장의 주어인 you와 동일한 대상인 자기 자신에게 물어보는 것이므로 재귀대명사 yourself가 되어야 한다. ④ Answering ~

unexpected way를 받는 대명사가 올 자리인데, 동명사구는 단수 취급하므로 대명사 It이 와야 한다.
① attempt는 목적어로 to부정사를 취하므로 to do가 온 것은 알맞다.
③ 주어는 Answering ~의 동명사구이므로 단수 동사인 is가 온 것은 알맞다.
⑤ 전치사 of의 목적어 역할을 해야 하므로 동명사 succeeding이 온 것은 알맞다.

수능 FOCUS 기출로 짚어 보는 **명사와 대명사** p. 115

1 is **2** were **3** have **4** were **5** ones **6** it
7 himself

1 꽃을 주는 일은 요즘 매우 인기가 있는데, 꽃을 주는 가장 흔한 이유는 낭만적 사랑을 표현하기 위해서이다. 해설 주어가 the most common reason으로 단수이므로 단수 동사 is가 알맞다.

2 그들 중 거의 40퍼센트가 다른 학생들이 셔츠에 무엇이 쓰여 있는지 기억할 것이라고 확신했지만, 단지 10퍼센트가 실제로 그러했다. 해설 percent of 다음에 복수 명사 them이 왔으므로 복수 동사 were가 알맞다.

3 젊은이들에게 친화적인 많은 정신 건강 웹사이트들이 발달되어 왔다. 해설 주어가 'youth friendly mental health websites'로 복수이므로 복수 동사 have가 알맞다.

4 그들의 행운에 놀람과 감사를 표현하였던 사람들이 너무 적어서 그 숫자를 한 손으로도 셀 수 있었을 것이다. 해설 문장의 전체 주어인 those는 보통 사람들(people)을 지칭하는 대명사로 복수 동사 were를 쓰는 것이 알맞다.

5 변화를 인식함에 있어, 우리는 가장 최근의 변화를 가장 혁명적인 것으로 여기는 경향이 있다. 해설 changes를 지칭하는 대명사이므로 ones가 알맞다.

6 만약 당신의 사회적 이미지가 형편없다면, 스스로를 들여다보고 그것을 개선하기 위해 '오늘' 필요한 조치를 취하라. 해설 social image를 지칭하는 대명사이므로 it이 알맞다.

7 점수를 획득하면서 Jing은 스스로에 대해 가치 있고 훌륭하다고 느꼈고 아빠와 귀중한 시간을 보냈다. 해설 문장의 주어와 목적어가 동일한 대상이고, 문맥상 '그 자신 스스로'를 가치 있고 훌륭하게 여긴다는 뜻이므로 재귀대명사 himself가 알맞다.
어휘 perceive 인식하다 regard A as B A를 B로 여기다

Let's Do It! 답 ⑤

지문해석 | 만약 당신이 1960년대 초에 야구팬이었다면, 당신은 아마도 Maury Wills라는 이름을 가진 야구 선수를 기억할 것이다. 1960년부터 1966년까지 Wills는 최고 기록을 만들어 가는 도루 선수였다. 1965년에, 그는 메이저 리그에 있는 어떤 다른 선수보다도 더 많은 도루를 했었는데, 또한 도루하다가 잡힌 횟수가 가장 많은 것에 대한 기록도 가지고 있었다. 그러나 만약 Wills가 아웃된 것에 의해서 자신이 좌절하도록 내버려두었다면, 그는 결코 어떠한 기록도 세우지 못했을 것이다. Thomas Edison은 말했다. "나는 낙담하지 않습니다. 왜냐하면 모든 버려진 잘못된 시도가 앞으로 향하는

또 다른 발걸음이기 때문입니다." 비록 성공하지 못한 실험이 오천 번이나 된다 할지라도, 성공을 향한 길 위의 이정표는 항상 실패이다.

어법 설명| ⑤ 주어가 복수인 milestones이므로 단수 동사 is 대신에 복수 동사 are가 와야 한다.
① 구체적인 기간이 나왔으므로 전치사 during이 온 것은 알맞다.
② 선행사가 a year이므로 관계부사 when이 온 것은 알맞다.
③ allow는 목적격보어로 to부정사를 취하므로 to become이 온 것은 알맞다.
④ 주어가 실망하게 된 것이므로 과거분사 discouraged가 온 것은 알맞다.

구문 분석| [4행] However, if Wills **had allowed** himself to become frustrated by his outs, he **would have never set** any records. ▶가정법 과거완료 문장으로 과거 사실과 반대되는 일을 가정하고 있다.

어휘 stealer 도루 선수   discard 버리다   milestone 이정표

Chapter 17 형용사와 부사

17-1 형용사 vs. 부사 p.116

Exercise A 1 certain **2** strangely **3** innocent
4 quickly

1 나는 그가 올 거라고 확신한다.
2 그 식당은 이상하리만치 조용했다.
3 판사는 그가 결백하다는 것을 알게 되었다.
4 아이들은 외국어를 빨리 배우는 것 같다.

어휘 certain 확신하는; 확실한   judge 판사   innocent 무죄의, 결백한

Exercise B 1 Cats ∨ do **2** is ∨ difficult
3 has ∨ been

1 고양이는 보통 소란을 많이 피우지 않는다.
2 가난한 나라에서는 여자아이들이 교육을 받는 것이 흔히 어렵다.
3 직업을 바꾸는 것은 전문직에서는 항상 더 흔한 일이 되어 왔다.

어휘 make a noise 소란을 피우다   profession 전문직

17-2 주의해야 할 형용사 p.117

Exercise 1 much, a little **2** a few
3 something wrong **4** alive **5** are

1 나는 할 일이 너무 많은데, 남은 시간이 조금밖에 없다.
2 나는 내 생일파티에 친한 친구 몇 명을 초대했다.
3 내 컴퓨터에 뭔가 잘못된 게 있나요?
4 우리는 살아 있기 위해서 호흡할 산소가 필요하다.

5 젊은이들은 희망과 의지력으로 가득 차 있다.

어휘 oxygen 산소   breathe 호흡하다   stay alive 살아 있다   willpower 의지력

17-3 주의해야 할 부사 p.118

Exercise A 1 try them on **2** nearly **3** hard
4 beautiful enough

1 사이즈가 맞는지 그것들을 신어 보시지 그래요?
2 나는 계단 아래로 넘어져서 거의 다리가 부러질 뻔했다.
3 비가 너무 심하게 오고 있어서 나는 나갈 수 없었다.
4 네가 충분히 아름답지 않다고 걱정하는 것은 소용없다.

Exercise B 1 나는 그가 말한 것을 거의 믿을 수 없다.
2 당신은 최근에 어디에 있었나요?
3 아즈텍 인디언들은 매우 진보된 생활을 했다.

어휘 developed 진보된

Grammar Practice pp.119-120

A 1 × → interesting **2** ○ **3** ○ **4** × → sleeping
5 × → easy

B 1 seldom are → are seldom
2 look up it → look it up
3 enough large → large enough
4 couldn't → could

C 1 you something interesting
2 didn't give it up
3 very much money for a few years
4 I turn on the TV / I turn the TV on

D 1 high → highly **2** near → nearly
3 freely → free **4** 첫 번째 alike → like

E 1 a little → a few, 최초의 상점들은 고기와 빵과 같은 몇몇 제품들만 팔았다.
2 neatly → neat, 우리가 나이가 들어감에 따라, 엄마는 우리 방을 깨끗하게 하는 것으로 우리의 임무를 하는 것을 확실하게 하셨다.
3 enough high → high enough, 각각의 공은 저글러에게 다른 공들을 다룰 시간을 줄 만큼 충분히 높이 던져져야만 한다.
4 warn always → always warn, 스컹크는 나쁜 냄새를 뿌리기 전에 여러분에게 항상 경고하기 때문에 매우 공정하다.

F (1) latest (2) free (3) living

A 1 나는 그 영화가 재미있다는 것을 알게 되었다. **해설** 목적격보어 자리이므로 형용사 형태가 와야 한다.
2 당신과 잠깐 이야기를 나눌 수 있을까요? **해설** talk는 셀 수 없는 명사이므로 a little이 맞다.

3 이 비누를 사시면 다른 한 개를 무료로 가지실 수 있습니다. 해설 문맥상 '무료로'라는 의미의 부사가 필요하므로 free가 맞다.

4 잠자고 있는 아기를 방해하지 않도록 조용히 해라. 해설 asleep은 명사를 수식하는 한정적 용법으로는 쓸 수 없으므로, '잠자고 있는'이라는 의미를 나타내는 현재분사 sleeping이 와야 한다.

5 저글링을 잘하는 사람은 저글링을 아주 쉽게 보이게 한다. 해설 look의 주격보어 자리이므로 형용사 easy가 알맞다. 「look + 형용사」: ~하게 보이다

B **1** 내가 너를 찾아갈 때마다 너는 좀처럼 집에 없다. 해설 빈도부사 seldom은 be동사 뒤에 위치한다.

2 나는 그것을 인터넷에서 찾아볼 것이다. 해설 look up은 「동사 + 부사」로 이루어진 동사구이므로 대명사 목적어 it은 look과 up 사이에 써야 한다.

3 중앙홀은 100명을 수용할 만큼 충분히 커야 합니다. 해설 부사 enough는 형용사를 뒤에서 수식한다.

4 그녀는 너무 조용하게 말해서 나는 그녀의 말을 거의 들을 수 없었다. 해설 hardly는 자체에 부정의 의미가 포함되어 있으므로 부정어 not과 함께 쓰지 않는다.

C **1** 해설 something은 형용사가 뒤에서 수식한다.

2 해설 give up(포기하다)의 목적어가 대명사 it이므로 대명사 it은 give와 up 사이에 위치해야 한다.

3 해설 money는 셀 수 없는 명사이므로 very much를 쓰고, years는 셀 수 있는 명사의 복수형이므로 a few를 쓴다.

4 해설 turn on의 목적어가 일반명사이므로 동사 뒤나 부사 뒤에 모두 쓸 수 있다. Would you mind if ~?: ~해도 될까요?

D **1** 해설 high 높은; 높이 / highly 매우

2 해설 near 가까운; 가까이 / nearly 거의

3 해설 free 무료의, 자유로운; 무료로 / freely 자유롭게, 한가하게

4 해설 alike 비슷한, 같은 / like ~처럼

E **1** 해설 products는 복수 명사이므로 a little을 a few로 고쳐 써야 한다. a little은 셀 수 없는 명사 앞에 쓰인다.

2 해설 keeping의 목적격보어 자리이므로 형용사 neat가 되어야 한다.

3 해설 enough는 형용사나 부사 뒤에서 수식하므로 high enough가 되어야 한다

4 해설 빈도부사는 일반동사 앞에 오므로 always warn이 되어야 한다.

F 지문해석 | 홈 마스터는 삼십년이 넘도록 사람들의 집까지 청소 서비스를 해 드리고 있습니다. 전용 청소액과 최신 장비들이 갖춰진 우리 차량이 잘 훈련된 전문가들과 함께 도착할 것입니다. 그들은 함께 가구, 바닥, 창문, 그리고 발코니까지 가장 깔끔하게 청소해 드립니다. 세 시간이면 당신의 집을 먼지 하나 없이 만들어 드릴 것입니다. 저희 청소 서비스는 당신의 생활환경의 질을 높여 줄 것을 약속드립니다. 지금 전화하셔서 무료 방문 상담 받아보세요.

어법 설명 | (1) late가 '시간'의 의미일 경우, 비교급과 최상급이 later-latest이므로 latest가 알맞다. 그러나, '순서'의 의미일 때는 latter-last임을 주의한다.

(2) 당신의 집을 깨끗하게(먼지에서 자유롭게) 만들어 주겠다는 내용에 적합한 목적격보어로 형용사인 free(없는)가 알맞다.

(3) 환경(environment)을 수식해 줄 수 있는 형용사로 living(생활의)이 알맞다.

구문 분석 | [2행] Our van comes with highly-trained professionals [equipped with exclusive cleaning solutions and the latest equipment]. ▶ [ ]는 앞의 highly-trained professionals를 수식하는 분사구이다.

수능FOCUS 기출로 짚어 보는 **형용사와 부사** p. 121

1 regularly **2** increasingly **3** great **4** interesting
5 like **6** almost **7** write them down **8** a few

1 정기적인 만남에서 구성원들은 자신들의 이야기, 스트레스, 감정, 문제점, 그리고 극복 사례를 공유한다. 해설 형용사 scheduled를 수식해야 하므로 부사 regularly가 알맞다.

2 젊은이들은 또한 점점 더 사회망 웹사이트에 접속한다. 해설 동사 access를 수식해야 하므로 부사 increasingly가 알맞다.

3 이것은 낮에 그 돌 위를 걷고 밤에 다시 그 돌 위를 걷는 어떤 곤충에게는 엄청난 변화이다. 해설 명사 change를 수식해야 하므로 형용사 great가 알맞다.

4 Greg Marshall은 빨판상어의 눈을 통해 상어의 삶을 볼 수 있는 것은 흥미로울 것이라고 생각한다고 말했다. 해설 be동사의 보어 역할을 해야 하므로 형용사 interesting이 알맞다.

어휘 recovery 회복, 극복   access 접근하다

5 대부분의 다른 부모님들처럼, 나의 어머니는 내가 그 이점들을 혼자 힘으로 깨닫도록 하지 않았다. 대신에 그녀는 잔소리를 선택했다. 해설 alike는 서술적 형용사나 부사로 쓰이지만, like는 전치사로 쓰인다. 여기서는 바로 뒤에 명사구가 있으므로 전치사 like가 알맞다.

6 개개의 물고기나 새가 (물고기) 떼나 (새의) 무리에서 자신의 옆에 있는 동료들의 움직임에 거의 즉각적으로 반응하고 있다. 해설 부사 instantly를 수식해야 하므로 부사 almost가 알맞다.

7 당신의 목표에 집중하는 가장 효과적인 방법은 이를 적어보는 것이다. 해설 「동사 + 부사」로 이루어진 동사구의 목적어가 대명사이면 반드시 「동사 + 목적어 + 부사」의 어순으로 쓴다.

8 만화를 만드는 사람들은 간단한 그림과 몇 마디 말로 많은 것을 이야기할 수 있다. 해설 다음에 나오는 words가 복수 명사이므로 a few가 알맞다. a little은 셀 수 없는 명사 앞에 쓰인다.

어휘 benefit 이점   lecture 잔소리를 하다   instantly 즉각적으로, 즉시   school (물고기·해양 동물의) 떼   flock (양·염소·새의) 떼

Let's Do It! ③

지문해석 | 어느 토요일 늦은 저녁에, 나는 전화 벨 소리에 잠이 깼다. 나는 졸린 목소리로 "여보세요."라고 말했다. 전화 건 상대편은 잠시 멈추었다가 장황한 말을 쏟아냈다. "엄마, Susan이에요. 깨워서 죄송해요. 그러나 조금 늦게 집에 가게 될 것 같아서 전화해야만 했어요. 우리가 극장에 있는 동안에 아빠 차의 타이어가 펑크 났어요." 나는 딸이 없기 때문에, 그 사람이 전화를 잘못 걸었다는 것을 알았다. "미안해요." 나는 대답했다. "그런데 나는 Susan이라는 이

름의 딸이 없어요." 젊은 여성의 목소리가 "오, 엄마! 나는 엄마가 그렇게 화나리라고 생각지 못했어요."라고 말했다.

어법 설명 | ③ '늦은'이라는 의미의 형용사 late가 필요하다. lately는 '최근에'라는 의미이다.
① 주어가 놀라게 된 것이므로 수동태의 과거분사 awaken이 온 것은 알맞다.
② 전치사 before의 목적어 역할을 하므로 동명사 rushing이 온 것은 알맞다.
④ 주절의 동사가 과거이고, that절의 내용이 주절보다 더 앞선 일을 가리키고 있으므로 대과거가 쓰인 것은 알맞다.
⑤ think의 목적어 역할을 하는 명사절이므로 접속사 that이 온 것은 알맞다.

어휘 party 당사자 misdial 전화번호를 잘못 누르다[돌리다]

Chapter 18 비교 구문

18-1 원급 구문 p.122

Exercise 1 as well as 2 as much as possible
3 twice as tall as

18-2 비교급 구문 p.123

Exercise 1 more difficult 2 higher, cooler
3 faster, faster

1 '노'라고 말하는 것(거절하는 것)은 '예스'라고 말하는 것(승낙하는 것)보다 더 어려울 수 있다.
2 높이 갈수록 더 시원해진다.
3 그를 봤을 때, 내 심장은 점점 더 빨리 뛰었다.

어휘 beat (심장이) 뛰다; 두들기다

18-3 최상급 구문 p.123

Exercise 1 the third longest 2 the most precious
3 the most interesting

18-4 주의해야 할 비교 구문 p.124

Exercise 1 those 2 that 3 much
4 more important than 5 to

1 일부 거북이의 수명은 인간의 수명보다 더 길다.
2 2015년에 인천의 인구는 대구의 인구보다 더 많았다.
3 어젯밤에 나의 아버지는 평소보다 훨씬 더 늦게 집에 오셨다.

4 나는 건강이 다른 어느 것보다 더 중요하다고 생각한다.
5 다른 문화보다 더 우수하거나 열등한 문화는 없다.

어휘 turtle 거북이 population 인구

Grammar Practice pp. 125-126

A 1 high than 2 faster than 3 to 4 you can
B 1 × → the higher 2 × → stronger 3 ○
  4 × → that
C 1 is bigger than 2 the third largest
  3 The more, the better 4 the easiest
D 1 those in the city 2 that
  3 much / even / still / far / a lot broader
  4 easier
E 1 can → could 2 influence → influences
  3 popularly → popular 4 than → to
F (1) the better it is (2) walking in the park

A 1 네 점수는 내 점수보다 더 높다. = 내 점수는 네 점수보다 덜 높다. **해설** 「less + 원급 + than …」: …보다 덜 ~한(하게)
  2 치타는 모든 동물 중에서 가장 빨리 달릴 수 있다. = 다른 어떤 동물도 치타보다 더 빨리 달릴 수 없다. **해설** 「No other + 단수명사 ~ 비교급 + than …」: 다른 어떤 것도 …보다 더 ~하지 않다(비교급을 이용한 최상급 표현)
  3 나는 주말에 밖에 나가기보다는 집에 있는 것을 더 좋아한다. **해설** prefer는 비교급 접속사 than 대신에 전치사 to를 쓴다.
  4 우리는 네가 가능한 한 빨리 일을 시작할 수 있기를 희망한다. **해설** 「as + 원급 + as possible」 = 「as + 원급 + as + 주어 + can」: 가능한 한 ~한(하게)

B 1 물속으로 깊이 들어갈수록 압력이 높아진다. **해설** '~할수록, 더 …하다'의 「the + 비교급 ~, the + 비교급 …」 구문이 쓰인 문장이다. 따라서 higher는 the higher가 되어야 한다.
  2 거미 명주는 다른 어떤 천연섬유보다 더 강하다. **해설** 「비교급 + than any other ~」는 최상급의 의미를 나타내는 표현이다. 따라서 strong은 stronger가 되어야 한다.
  3 치료는 예방보다 훨씬 더 비용이 많이 든다. **해설** 비교급 more expensive를 강조할 수 있는 부사는 much이므로 맞다.
  4 달의 중력은 지구의 그것(중력)보다 더 적다. **해설** 비교하는 대상이 '달의 중력'과 '지구의 중력'이다. the gravity가 단수이므로 지시대명사도 that이 되어야 한다.

C 1 **해설** 「비교급 + than …」: …보다 더 ~한
  2 **해설** the third largest: 세 번째로 큰
  3 **해설** 「the + 비교급 ~, the + 비교급 …」: ~할수록 더 …하다
  4 **해설** 「one of the + 최상급 + 복수 명사」: 가장 ~한 … 중 하나

D 1 시골 사람들은 도시 사람들보다 더 친절하다. **해설** 시골 사람들과 도시 사람들을 비교하는 것이므로, the people in the city가 비교 대상이다. 동일한 어구 the people은 지시대명사 those로 바꿔 those in the city로 쓴다.
  2 우리의 야간 시력은 일부 동물들의 그것(야간 시력)만큼 날

카롭지 않지만, 우리의 색각(색깔을 구분하는 시력)은 우수하다. **해설** 「as + 원급 + as …」 동등 비교 구문이 쓰인 문장이다. 비교 대상이 night vision으로 단수이므로, those를 that으로 바꿔 써야 한다.

3 미켈란젤로의 '다비드상'은 깊이(옆면의 폭)보다는 폭(앞면의 폭)이 훨씬 더 넓었는데, 그래서 그것은 옆면보다는 정면에서 감상되어야 한다. **해설** 비교급을 강조하는 부사는 much, even, still, far, a lot 등이다. very는 비교급을 수식할 수 없다.

4 전쟁 시의 스파이가 적군의 말을 모방하는 것보다 적군의 제복을 입는 것이 더 쉽다. **해설** 적군의 말을 모방하는 것과 적군의 제복을 입는 것을 비교하고 있으므로 easy는 비교급 easier가 되어야 한다.

E 1 Gino와 Judy는 있는 힘을 다해 미친듯이 물을 퍼내기 시작했다. **해설** 주절의 동사가 과거시제이므로 can을 could로 고쳐야 한다.

2 편지는 당신의 생활에서 가장 큰 영향력 중에 하나가 될 수 있다. **해설** 「one of the + 최상급 + 복수 명사」이므로 influence를 influences로 고쳐야 한다.

3 대중교통에 대한 접근성이 비즈니스 여행객들에게는 무료 아침 식사만큼 인기가 있지는 않다. **해설** 「as + 원급 + as」 구문으로, 동사 is 뒤에 형용사 보어가 와야 하므로 popularly는 popular로 고쳐야 한다.

4 입장(관람)권 판매는 문 닫기 1시간 전에 끝납니다. **해설** prior는 비교급 접속사 than 대신에 전치사 to를 쓴다.

F 지문해석 육상부터 요가까지 어떤 운동도 심장에 도움이 된다. 이러한 활동들은 당신의 심장을 돌볼 수 있게 돕는다. 다른 어떤 근육들처럼 심장은 사용할수록 더 강해진다. 운동은 규칙적으로 자주 할 필요가 있다. 그리고 운동은 격렬할수록 당신에게 더 좋다. 열심히 수영하는 것은 공원에서 산책하는 것보다 당신에게 더 좋다. 당신이 계속해서 할 수 있는 운동을 시작하는 것은 좋은 생각이다.

어법 설명 (1) 「the + 비교급 ~, the + 비교급 …」 구문이 쓰인 문장이므로 the better it is로 써야 한다..
(2) 비교 대상이 Swimming hard이므로 이와 같은 형태인 동명사 walking in the park로 고쳐야 한다.

구문 분석 [6행] It's a good idea [to start a sport that you can continue]. ▶ It은 가주어이고 to start 이하가 진주어이다. { }는 a sport를 수식하는 목적격 관계대명사절이다.

수능 FOCUS 기출로 짚어 보는 비교 구문   p. 127

1 important   **2** than   **3** the most   **4** much
5 that   **6** is

1 그 결과로 일어나는 경제적·사회적 변화의 측면에서, 인터넷 혁명은 세탁기와 다른 가전제품들만큼 중요하지는 않았다. **해설** 「as + 원급 + as」 구문으로 문장에서 보어 역할을 하는 말이 와야 하므로 important가 알맞다.

2 동일한 양의 물이 망망대해를 흘러갈 때보다 좁은 해협을 통과할 때 물살이 더 빠르고 가팔라진다. **해설** 앞에 faster and stronger의 비교급이 나왔으므로 than이 알맞다.

3 호수는 매우 다양하며, 많은 요소가 그것들의 식물과 동물을 결정한다. 가장 중요한 요소 중 하나가 호수의 크기이다. **해설** 문맥상 「the + 최상급(+ 명사)」의 형태로 factor가 생략된 형태이다. important는 3음절로 최상급을 나타낼 때 -est를 붙이는 대신 앞에 most를 쓰므로 the most가 알맞다.
어휘 in terms of ~의 측면에서   consequent ~의 결과로 일어나는   revolution 혁명   household appliances 가전제품들   strait 해협   extremely 매우   vary 다양하게 하다   factor 요소   dictate ~을 결정하다

4 스케이트보딩에서는 당신이 넘어졌을 때 아스팔트가 눈보다 훨씬 더 다치게 하는 경향이 있다. **해설** 비교급을 강조하는 말은 much, a lot, still, far, even 등이며, very는 비교급을 강조할 수 없다.

5 이 정원을 들어가자마자 내가 본 첫 번째는 발목 높이의 잔디가 다른 쪽 울타리의 것(잔디)보다 더 싱그럽다는 것이었다. **해설** 비교하는 대상이 grass이므로 단수 대명사인 that으로 받아야 한다.

6 주의하라: 교수를 화나게 하는 가장 확실한 방법 중의 하나는 교수의 희망과는 반하여 그들의 이름을 부르는 것이다. **해설** 「one of the + 최상급 + 복수 명사」는 단수 취급하므로 다음에 단수 동사가 온다.
어휘 tend to ~하는 경향이 있다   beware 주의하다

Let's Do It! 🔲 ①

지문해석 대부분의 부모와 마찬가지로, 당신은 자녀가 그다지 많이 가지고 놀지 않는 장난감에 돈을 쓴 적이 있을지도 모른다. 당신은 자녀가 장난감보다는 그것이 들어 있던 상자를 더 많이 가지고 노는 것을 보았을지도 모른다. 아이들의 마음을 확실히 사로잡는다고 입증된 한 가지 장난감이 '블록'이다. 한 세트의 테이블 블록이나 큐브 블록, 혹은 카드보드 블록을 구입하는 것은 자녀의 놀이에 매우 훌륭하게 투자하는 것이다. 블록은 아이들이 많은 주제를 배우도록 도와준다. 아이들은 모양과 크기에 대해 많이 배우게 된다. 어린 아이들은 놀이를 하는 동안 블록으로 셈을 하고, 짝을 맞추고, 분류하고, 종류별로 모으고, 더함으로써 수학 능력을 익힌다.

어법 설명 ① 뒤에 나오는 than으로 보아 비교급 문장이다. playing하는 횟수는 셀 수 있으므로, many의 비교급 more가 쓰여야 한다.
② 문장의 주어가 없으므로 주어 역할을 하는 동명사 Buying이 온 것은 알맞다.
③ help의 목적격보어로 동사원형 learn이 온 것은 알맞다.
④ 동사 learn을 수식하는 말로 a lot이 온 것은 알맞다.
⑤ by 다음에 동명사 counting, matching, sorting, grouping이 병렬 구조로 연결되어 있으므로 and 다음에도 동명사 adding이 온 것은 알맞다.

구문 분석 [1행] Like most parents, you **might have spent** money on **a toy** [that your child didn't play with very much]. ▶ 「might have p.p.」는 과거의 불확실한 추측을 나타내어 '~였을지도 모른다'라고 해석한다. [ ]은 a toy를 수식하는 관계대명사절이다.
어휘 guarantee 보증하다   cardboard 마분지   investment 투자   subject 주제   match 맞추다, 조화시키다   sort 분류하다

Chapter 19 가정법

19-1 가정법 과거/가정법 과거완료　p.128

Exercise **A** **1** didn't cost, could buy
2 were, take part in　**3** had not been, have gone

1 이 스마트폰은 너무 비싸서 나는 그것을 살 수 없다.
→ 이 스마트폰이 그렇게 비싸지 않으면 나는 그것을 살 수 있을 텐데.
2 아파서 그녀는 대회에 참석할 수 없다.
→ 아프지 않으면 그녀는 대회에 참석할 텐데.
3 나는 어제 바빠서 그녀와 영화를 보러 갈 수 없었다.
→ 어제 바쁘지 않았다면 나는 그녀와 영화를 보러 갈 수 있었을 텐데.
어휘 take part in ~에 참가하다　contest 대회, 경기

Exercise **B** **1** were　**2** had driven　**3** had married
4 had caught

1 네가 만약 과거로 갈 수 있다면 너는 무엇을 할까?
2 그가 좀 더 주의하여 운전했더라면 그는 다치지 않았을 텐데.
3 내가 그때 그녀와 결혼했더라면 지금 내 삶은 다를 텐데.
4 버스를 탔으면 나는 지각하지 않았을 텐데.

19-2 wish/as if + 가정법　p.129

Exercise **1** could spend　**2** allowed
3 were flying　**4** had happened

어휘 criminal 범인, 범죄자　behave 행동하다

19-3 주의해야 할 가정법 구문　p.130

Exercise **1** Were I　**2** Had he had　**3** But for him
4 If it were not for　**5** A true friend

1 내가 10년 더 젊다면 나는 그것을 시도해 볼 텐데.
2 그가 시간이 더 있었다면 그는 그 문제를 풀 수 있었을 텐데.
3 그가 없었다면 우리 팀은 게임에 졌을 텐데.
4 사랑이 없으면 세상은 살아가기 힘든 곳이 될 텐데.
5 진정한 친구라면 너의 험담을 하지 않을 텐데.
어휘 harsh 힘든, 험한　talk behind one's back ~의 험담을 하다

Grammar Practice　pp.131-132

A **1** were　**2** would not wear　**3** had told
4 had thought　**5** had not stayed up
B **1** be　**2** had traveled　**3** had not been invented
4 Had you taken

C **1** if you were a president　**2** were not for you
3 he had taken, would be healthy
4 I had taken a trip
D **1** were　**2** had not met, never(not) have developed
3 it had not been for　**4** put up, could share
E **1** We had → Had we　**2** With → Without
3 were → are　**4** have been → be
F If they didn't wear gloves

A **1** 내가 너의 입장이라면, 나는 그 제안을 받아들일 텐데.
　해설 가정법 과거에서 if절의 be동사는 인칭과 수에 상관없이 were를 쓰는 것이 원칙이다.
2 그녀가 시력이 좋으면 안경을 쓰지 않을 텐데.　**해설** if절의 동사가 과거시제인 것으로 보아 가정법 과거 문장이다. 따라서 주절은 「조동사의 과거형 + 동사원형」로 쓴다.
3 네가 나에게 더 일찍 말했더라면 내가 너를 도울 수 있었을 텐데.　**해설** 주절의 could have helped로 보아 if절의 동사는 「had + 과거분사」를 쓴다.
4 그녀가 신중하게 생각했다면 그런 결정을 내리지 않았을 텐데.　**해설** 과거 사실에 대한 반대 가정이므로 if절의 동사는 「had + 과거분사」 형태로 써야 한다.
5 내가 어젯밤에 늦게까지 깨어 있지 않았더라면 나는 지금 피곤하지 않을 텐데.　**해설** 과거 상황에 대한 가정과 현재 사실에 대한 가정이 혼합된 문장이다. 어젯밤 일이므로 if절에는 가정법 과거완료(had + 과거분사)를, 주절에는 가정법 과거(조동사의 과거형 + 동사원형)를 쓴다.

B **1** 내가 다시 태어난다면 나는 예술가가 될 것이다.　**해설** if절이 가정법과거이므로 주절에도 가정법 과거(조동사의 과거형 + 동사원형)가 와야 한다.
2 그는 전에 세계여행을 했던 것처럼 말한다.　**해설** '전에 세계를 여행했던 것처럼'이라는 과거 사실에 대한 가정을 나타내야 하므로 as if 다음에 가정법 과거완료(had + 과거분사)가 와야 한다.
3 스마트폰이 발명되지 않았다면 당신의 삶은 어떻겠는가?　**해설** 과거와 현재를 혼합하여 가정하는 혼합 가정법이 쓰인 문장이다. 스마트폰이 발명된 것은 과거의 일이므로 if절에는 가정법 과거완료가 와야 한다.
4 네가 한 발짝만 더 갔더라도 너는 절벽에서 떨어졌을 수도 있었다.　**해설** If절에서 If가 생략되면 조동사가 도치되므로 Had you taken이 되어야 한다.

C **1** **해설** 가정법 과거 문장이므로 if절에서 be동사는 were를 쓴다.
2 **해설** If it were not for ~: ~이 없다면
3 **해설** 의미상 과거에 못한 일에 대한 후회가 현재까지 영향을 미치고 있으므로 혼합 가정법을 써서 if절에는 「had + 과거분사」를, 주절에는 「조동사의 과거형 + 동사원형」 형태로 쓴다.
4 **해설** 과거 사실에 대한 후회나 유감을 나타내므로 I wish 뒤에 가정법 과거완료(had + 과거분사)를 쓴다.

D **1** 내 삶이 영화 속의 삶과 같으면 좋을 텐데.　**해설** 현재의 소망을 나타내므로 be동사의 과거형으로 쓴다.

2 내가 Shawn을 만나지 않았다면 나는 문학과 글쓰기에 대한 나의 애정을 결코 발전시키지 못했을 것이다. **해설** 과거 사실에 반대되는 상황을 가정하는 것이므로 if절의 동사는 「had not + 과거분사」로 쓰고 주절에는 「조동사의 과거형 + have + 과거분사」로 쓴다.

3 열정이 없었다면 세상의 어떤 위대한 것도 성취되지 않았을 텐데. **해설** 주절에 「조동사의 과거형 + have + 과거분사」가 왔으므로 without은 if it had not been for로 쓴다.

4 학교가 다른 게시판을 설치한다면 학생들은 더 많은 정보를 공유할 수 있을 텐데. **해설** 현재 사실에 반대되는 상황을 가정하는 것이므로 if절의 동사는 과거형으로 쓰고 주절에는 「조동사의 과거형 + 동사원형」으로 쓴다.

E **1** 우리가 친구에게 캠핑카를 빌려줬더라면, 그녀는 그 상자들을 발견했을 것이다. **해설** 가정법 과거완료의 If절에서 If가 생략된 형태이다. 「Had + 주어 + 과거분사」의 어순으로 도치시켜 Had we let ~ 으로 써야 한다.

2 당신의 도움이 없었더라면, 나는 이 일을 그때까지 끝내지 못했을 것입니다. **해설** 문맥상 '당신의 도움이 없었더라면'의 의미가 되어야 하므로, With를 Without으로 고쳐야 한다.

3 많은 아이들이 상상의 친구들에게 그들이 진짜인 것처럼 말을 한다. 사실, 그들은 진짜가 아니다. **해설** 문맥상 현재 사실과 반대되는 내용을 가정하는 것이므로 were를 are로 고쳐야 한다.

4 운전자가 좀 더 조심했더라면 저 사망한 사람들은 지금 살아 있을 텐데. **해설** 혼합 가정법이 쓰인 문장이다. 조건절은 과거에 대한 가정이지만, 주절은 현재에 대한 가정이므로 동사는 「조동사의 과거형 + 동사원형」이 되어야 한다.

F **지문해석ㅣ** 모든 자전거에는 브레이크가 있어야 한다고 생각할 것이다. 하지만 트랙 경기에 사용되는 자전거는 브레이크가 없다. 트랙 경기용 자전거는 무게를 가볍게 하기 위해 필수적인 부분으로만 이루어져 있다. 그렇다면 이 자전거를 어떻게 멈추는가? 바로 이 부분에서 장갑이 등장한다. 선수는 페달을 뒤로 돌린 다음 앞바퀴를 힘껏 손으로 잡는다. 이것은 바퀴가 회전하지 못하게 한다. 만약 그들(선수들)이 장갑을 끼지 않는다면, 매번 멈추려 할 때마다 그들의 손은 심각한 부상을 입을 것이다.

어법 설명ㅣ 주절에 would get이 쓰인 것으로 보아 가정법 과거 문장이므로, if절에는 동사의 과거형이 와야 한다.

수능 FOCUS 기출로 짚어 보는 가정법
p. 133

1 purchased **2** were **3** have been **4** were
5 could **6** had received

1 만약 당신이 온라인에서 매우 감동적인 축사를 구입한다면 당신은 아마도 그것을 감출 것이다! **해설** 주절에 가정법 과거인 would (probably) cover (it) up이 왔으므로 if절에 동사의 과거형이 알맞다.

2 만약 과거에 미래까지 계속되었던 패턴이 없다면 지구상의 인간과 다른 동물의 존재는 불가능할 텐데. **해설** 주절에 「조동사의 과거형 + 동사원형 (would be)」이 왔기 때문에 조건절에는 동사의 과거형태(were)를 써서 가정법 과거구문으로 쓰는 것이 알맞다.

3 그 젊은 음악가가 세계적으로 유명한 바이올린 연주자인 Tony Adamson이란 것을 그들이 알았더라면 그 장면은 꽤 달랐을 텐데. **해설** if절에 가정법 과거 완료인 had known이 왔으므로 주절에 have been이 알맞다.

어휘 toast 축사 cover up 감추다 existence 존재

4 여러분은 실제로 자신에게 긍정적으로 말하고 마치 여러분이 이미 되고 싶었던 사람인 것처럼 행동함으로써 자신만의 치어 리더가 될 수 있다. **해설** 문맥상 '(현재는 아니지만) 마치 ~인 것처럼'의 의미가 되어야 하므로 가정법 과거인 were가 알맞다.

5 나는 모험을 하면서 인생을 살아왔고, 여러분에게 그 모험들이 모두 성공적이었다고 말하면 좋겠지만, 모두 그렇지는 않았다. **해설** 문맥상 '~할 수 있으면 좋을 텐데'라는 의미가 되어야 하므로 가정법 과거인 could가 알맞다.

6 나는 내가 가진 것보다 더 많은 삶의 경험을 가진 사람들로부터 현명한 조언을 받았더라면 하고 바란다. **해설** I wish 다음에는 가정법 형태만 올 수 있는데 단서는 맨 뒤에 오는 I had이다. 가정법 과거완료 형태인 had received가 알맞다.

어휘 take a risk 모험을 하다

Let's Do It! 답 ④

지문해석ㅣ Sherlock Holmes의 창조자인 Arthur Conan Doyle 경은 다른 사람들의 감정에 관해 굉장한 섬세함을 갖고 있었다. 그가 한 번은 소설가 George Meredith를 방문했는데, 그때 Meredith는 늙고 약했었다. Meredith는 때때로 그를 쓰러지게 하는 특이한 병으로 고통 받았다. 그 두 남자가 Meredith의 여름 별장으로 향하는 길을 걷고 있었는데, 그 때 앞서 가던 Conan Doyle은 그 늙은 소설가가 그의 뒤에서 쓰러지는 소리를 들었다. 그는 그 소리를 통해서 쓰러짐이 단순한 미끄러짐이라고 판단했고, Meredith의 자존심을 상하게 할 수 없었다. 그래서 그는 뒤돌아보지 않고 그가 마치 아무것도 듣지 못한 것처럼 걸어갔다. "그는 맹렬하게 자존심이 강한 나이든 남자였어요."라고 Conan Doyle은 나중에 설명했다. "그리고 나의 직감은 그를 일으켜 도와주는 것이 내가 그에게 줄 수 있는 어떠한 안도감보다 훨씬 더 큰 그의 굴욕이라는 것을 말해 주었죠."

어법 설명ㅣ ④ 주절의 동사 strode보다 앞선 시점의 일을 가정하므로 가정법 과거완료 형태인 「as if +가정법 과거완료」인 had heard가 되어야 한다.

① 선행사가 추상적인 의미인 a great sense of delicacy이므로 관계부사 where가 온 것은 알맞다.

② cause는 목적격보어로 to부정사를 취하므로 to fall이 온 것은 알맞다.

③ judged의 목적어 역할을 하는 명사절을 이끌어야 하므로 that이 온 것은 알맞다.

⑤ 비교급 greater를 수식하는 말이므로 far가 온 것은 알맞다.

어휘 suffer from ~으로 고생하다 occasionally 가끔 mere 단순한 slip 미끄러짐 instinct 직감, 본능 relief 안도감

Chapter 20 기타 구문

20-1 도치 　　　　p.135

Exercise A 1 did I　2 neither is

Exercise B 1 Here comes the rain.
2 Little did I dream of meeting you.
3 Hardly did she feel any pain in her knee at that time.

1 이곳에 비가 온다.
2 당신을 만나리라고는 거의 꿈도 꾸지 않았다.
3 그 당시에 그녀는 무릎에 어떤 고통도 거의 느껴지지 않았다.

20-2 강조 　　　　p.136

Exercise 1 It was the woman that(who) complained about the customer service.
2 It was in Berlin that(where) the film was made.
3 The paintings of the realism do look real.

1 고객 서비스에 대해서 불만을 제기했던 사람은 바로 그 여자였다.
2 그 영화가 만들어진 곳은 바로 베를린에서였다.
3 사실주의 그림들은 정말 실제인 것처럼 보인다.

20-3 생략/동격 　　　　p.136

Exercise A 1 to ∨. / have it
2 While ∨ reading / he was　3 than ∨ him / I love
4 two ∨ in / birds

1 당신이 원한다면 그것을 가져도 된다.
2 책을 읽는 동안 그는 잠이 들었다.
3 나는 그보다 너를 더 사랑한다.
4 손 안의 새 한 마리가 수풀 속의 새 두 마리보다 낫다.

Exercise B 1 [my favorite subject]
2 [teaching children]　3 [that I was a foreigner]

1 나는 내가 가장 좋아하는 과목인 화학을 전공할 것이다.
2 아이들을 가르치는 것인 내 직업은 힘들지만 보람이 있다.
3 내가 외국인이라는 사실은 내게 큰 이점이었다.

어휘 major in ~을 전공하다　chemistry 화학　fruitful 결실 있는, 보람 있는
advantage 강점, 유리한 점

Grammar Practice 　　　　pp.137-138

A 1 So am I　2 neither did John　3 Here you are
4 have I been　5 that

B 1 ○　2 × → influence　3 × → so is his brother
4 ○

C 1 my father who saved the little girl
2 the tablet PC that he left on the bus
3 When asked his opinions
4 the fact that you are imperfect

D 1 did he expect　2 is a computer
3 are several secrets　4 did he know

E 1 which → that(when)　2 This is → It is
3 what → that　4 is covered → are covered

F do they realize

A 1 A: 나는 학교 축제를 고대하고 있어. B: 나도 그래.
해설 앞 문장의 동사에 be동사가 있으므로 So am I.가 알맞다.
2 Chris는 파티에 오지 않았고, John도 오지 않았다.
해설 didn't come의 의미를 대신 받고 있으므로 neither did John이 알맞다.
3 A: 그 잡지 좀 건네주시겠어요? B: 여기 있어요.
해설 대명사 주어일 때는 부사가 문장 앞으로 가더라도 어순이 바뀌지 않는다. Here you are. / Here it is. 등은 '여기 있어요.' 라는 의미의 관용 표현이다.
4 나는 해외에 가본 적이 한 번도 없다. 해설 I have never been abroad.에서 부정어 never를 문장 앞으로 이동한 문장이다. 현재완료를 나타내는 have가 있으므로 「조동사 + 주어 + 동사」의 어순인 have I been으로 쓴다.
5 나는 그가 병원에 입원했다는 소식을 들었다. 해설 the news와 동격을 이루는 명사절이 나와야 하므로 접속사 that이 알맞다.

B 1 네가 원한다면 여기에 머물러도 된다. 해설 to 다음에 stay here가 생략된 대부정사가 온 문장이다.
2 날씨는 정말로 우리의 삶에 영향을 미친다. 해설 원래 Weather influences our life.인 문장에서 조동사 do를 이용하여 influences를 강조하는 문장이다. 주어가 3인칭 단수이므로 does가 오고, 뒤에는 동사원형(influence)을 써야 한다.
3 Brandon은 매우 똑똑하고, 그의 남동생도 그러하다.
해설 앞 문장의 동사에 be동사가 있으므로 so is his brother가 알맞다.
4 피곤했지만 나는 계속 일했다. 해설 Though I was tired인 부사절의 주어와 주절의 주어가 같으므로 부사절의 「주어 + be동사」가 생략된 문장이다.

C 1 해설 강조하는 말인 my father를 It was와 who 사이에 쓴다. 강조하는 말이 사람인 경우, that 대신 who로 바꿔 쓸 수 있다.
2 해설 강조하는 말인 the tablet PC를 It was와 that 사이에 쓴다.
3 해설 시간의 부사절(When he was asked ~)의 주어와 주절의 주어가 같으므로, 부사절에서 he was가 생략된 문장이다.
4 해설 '~라는 사실'은 동격의 that절을 이용하여 「the fact that + 주어 + 동사」의 순서로 쓴다.

D 1 그는 그 지갑을 찾으리라고는 결코 예상하지 못했다. 해설 부정어 Never가 문두에 나왔으므로 「동사 + 주어」의 어순으로

바뀌어야 하고, 조동사가 없는 문장에서 시제가 과거이므로 「did + 주어 + 동사원형」 형태로 쓴다.

2 컴퓨터는 인간보다 좀처럼 더 민감하지도 더 정확하지도 않다. **해설** 부정의 의미를 나타내는 부사 Rarely가 문두에 나왔으므로 「be동사 + 주어」의 어순으로 쓴다.

3 그 숫자 뒤에는 여러 가지 비밀이 있다. **해설** 위치를 나타내는 부사구가 문두에 나왔으므로 「동사 + 주어」의 어순으로 쓴다.

4 그는 아들에게 열정을 불어넣고 있다는 사실을 거의 알지 못했다. **해설** 부정어 Little이 문두에 나왔으므로 「동사 + 주어」의 어순으로 바뀌어야 하고, 일반동사 knew가 과거이므로 「did + 주어 + 동사원형」 형태로 쓴다.

E **1** 오전 9시가 지나서야 비로소 비행기 한 대가 활주로를 달리기 시작했다. **해설** 「It is not until ~ that …(~해서야 비로소 …하다)」의 강조 구문이 쓰인 문장으로 which를 that으로 바꿔 써야 한다. 이때 시간의 부사를 강조하고 있으므로 강조 구문의 that은 관계부사 when으로 바꿔 쓸 수도 있다.

2 대부분의 아이들이 음악을 진정한 관심으로 받아들이는 때는 10세에서 11세 즈음이다. **해설** 부사구 around the age of ten or eleven을 강조하는 문장이므로 「It is ~ that …」 강조 구문으로 쓰는 것이 알맞다. This is는 It is로 고쳐야 한다.

3 미래의 상호작용에 대한 기대는 사람들이 개인을 매력적이라고 생각할 가능성을 증가시킨다. **해설** people will find the individual attractive는 the chances를 부연 설명하는 동격절이므로, what은 that으로 고쳐야 한다.

4 새끼를 젖으로 키우는 동물인 포유동물은 머리카락이나 털로 덮여 있다. **해설** animals ~ with milk는 주어인 Mammals에 대한 동격어구이다. 주어는 milk가 아니라 Mammals로 복수이므로 복수 동사 are covered가 되어야 한다.

F **지문해석 |** 버빗 원숭이는 서로 다른 포식 동물에 대해 서로 다른 소리를 낸다. 새끼 원숭이는 더 나이가 든 원숭이가 소리를 듣고 관찰하면서 이런 소리의 의미를 배운다. 새끼 원숭이들이 독수리를 본 것에 대한 경고 신호를 배운 후에 그것들은 큰 새를 볼 때마다, 심지어 그 새가 해를 끼치지 않는 새라도, 그 경고 신호를 사용한다. 오직 많은 시행착오 후에야 비로소 그들은 독수리 경고 신호는 독수리에게만 사용되어야 한다는 것을 깨닫게 된다.

어법 설명 | Only after a lot of trial and error의 부사구가 문장 맨 앞으로 왔으므로, 주어와 동사가 도치되어야 한다. 일반동사는 「조동사 do + 주어 + 동사원형」의 어순이 되어야 한다.

⚡FOCUS 기출로 짚어 보는 **기타 구문** p. 139

1 are **2** remembering **3** that **4** have **5** did
6 do

1 털 같은 튀어나온 부분들이 수천 개가 아니더라도 수백 개가 그러한 수십 개의 홈들의 각각에 있다. **해설** 도치된 문장으로 주어가 hundreds of hairlike bumps로 복수이므로 동사는 are가 알맞다.

2 미안하다고 말하는 것이 중요한 것처럼 당신이 앞으로 움직이도

록 도와 준 사람에게 고맙다고 말할 것을 기억하는 것도 중요하다. **해설** 「so + (조)동사 + 주어」 구문으로 saying이라는 동명사 형태가 왔으므로 같은 형태인 remembering을 쓰는 것이 알맞다.

어휘 groove 홈 bump 튀어나온 부분, 요철 matter 중요하다

3 복어에 관한 또다른 특이한 점은 그것이 다른 물고기처럼 수영할 수 없다는 사실이다. **해설** the fact 다음의 절이 동격을 나타내므로 that이 알맞다.

4 북 버마 사람들은 Jinghpaw 언어로 생각하는데, 그들은 자신들의 친족을 설명하기 위해 18개의 기본 용어를 가지고 있다. **해설** 주어인 People of Northern Burma와의 수일치를 위해 have가 알맞다. who ~ language는 주어를 보충 설명하는 관계대명사절이다.

어휘 puffer fish 복어 term 용어, 말 kin 친족

5 그러면 당신은 그것이 보수를 받은 전문가에 의해 쓰였다는 것을 알기 전인 처음에 그 축사가 의미했던 때보다 축사의 의미가 덜하다는 것인가? **해설** 앞에 나온 일반동사 mean을 대신하는 것이므로 did가 알맞다.

6 어떤 연구자들은 초기 인간들은 오늘날 우리가 그런 것처럼 동물의 근육살을 주로 먹었다고 추정했다. **해설** 앞에 나온 ate를 대신 받아야 하므로 일반동사를 받는 대동사 do가 알맞다.

어휘 toast 축사 paid 보수를 받은 assume 추정하다 flesh 고기, 살

Let's Do It! 답 ②

지문해석 | 감사할 줄 아는 사람들은 건전한 결정을 내리는 경향이 있다. 인생과 스포츠는 중요하고 어려운 결정이 내려져야 하는 많은 상황들을 제시한다. 이기적인 어른들이나 아이들은 감사할 줄 아는 사람들만큼 건전한 결정을 내리지 못한다. 이것은 스스로 동기를 부여하는 결정을 포함한다. 좌절한 부모는 묻는다. "아이에게 스포츠를 하거나 스포츠를 계속하도록 동기를 부여하려면 어떻게 해야 할까요? 때때로 제 아이가 낙심하여 스포츠에 필요한 노력을 기울이려 하지 않는 것은 아닐까요? 부모로서 돕기 위해 제가 무엇을 하거나 말해야 할까요?" 자기들만의 편협하고 이기적인 욕구에 중점을 두는 아이들이나 어른들에게 동기를 부여하는 것은 어렵고 거의 불가능한 일이다. 그러나 감사할 줄 아는 사람들로서 살아가는 아이들과 어른들은 스스로에게 동기를 부여할 수 있다. 그들은 또한 다른 사람들, 심지어는 부모들의 제안도 환영한다.

어법 설명 | ② 비교를 나타내는 접속사 as 뒤에서 주어와 동사가 도치된 구문으로, make sound decisions를 대신하는 대동사가 와야 하므로 are가 아니라 일반동사를 대신하는 do를 써야 한다.

① 추상적 의미의 장소인 situation(상황)이 선행사이므로 관계부사 where는 알맞다.

③ 아이가 '낙심한' 것이므로 과거분사 discouraged가 온 것은 알맞다.

④ It이 가주어이므로 문장의 진주어로 to부정사구 to motivate가 쓰인 것은 알맞다.

⑤ 타동사 motivate의 목적어가 절의 주어 grateful people과 동일한 대상을 가리키므로 재귀대명사가 온 것은 알맞다.

구문 분석 | [6행] It is difficult and almost impossible [to motivate **kids or adults** {who are centered on their own narrow selfish desires}]. ▶ It은 가주어이고 [ ]가 진주어이다. { }는 kids or adults를 선행사로 하는 주격 관계대명사절이다.

어휘 be inclined to ~하는 경향이 있다   critical 중요한   sound 건전한   frustrated 좌절감을 느끼는   motivate 동기를 부여하다   narrow 편협한, 좁은

Real Test   Chapter 16~20

1 ③   **2** ③   **3** ③   **4** ④   **5** ③   **6** ④   **7** ③   **8** ④

1 **지문해석 |** 뉴욕에도 돈이 거의 없는 사람들이 많이 있다. 집이 없는 많은 사람들이 거리에서 산다. 그들은 종종 지하철이나 기차역에서 잠을 잔다. 가난한 사람들은 음식이나 의복이 충분하지가 않다. 뉴욕에 처음 오는 사람들은 정말로 부유한 사람들과 정말로 가난한 사람들이 그렇게도 많은 것을 보고 종종 놀라움을 금치 못한다.

어법 설명 | (A) 돈(money)은 셀 수 없는 명사이므로 little로 수식해야 한다.

(B) the poor는 poor people을 뜻하므로 뒤에는 복수 동사 don't가 알맞다.

(C) 사람들이 뉴욕에 와서 놀라움을 겪는 것이므로 surprised가 알맞다.

어휘 homeless 집이 없는   newcomer 처음 온 사람, 신입자

2 **지문해석 |** 잊지 못할 뮤지컬 'Rent'는 1996년에 처음 공연을 시작한 이래로 5,140회의 공연을 해 왔다. 이 공연은 팬들의 대단한 지지를 불러일으켜 여러 번 관람한 팬들은 'Rent-heads'라고 불리게 되었다. 팬들이 계속해서 다시 관람하는 많은 이유들 가운데 하나는 이 공연에 등장하는 인물들이 매우 현실적이라는 것이다. Larson은 Puccini의 오페라 'La Boheme'을 바탕으로 'Rent'를 작곡했다. 그러나 이 뮤지컬의 등장인물들은 그 오페라의 등장인물들과는 상당히 다르다. Broadway에서 공연을 시작하자마자, 중년의 보수적인 관객들 사이에서 특히 논쟁을 불러일으켰다. 하지만 언론으로부터 열렬한 평을 받은 후, 'Rent'는 도심에서 가장 많은 인기를 얻게 되었다.

어법 설명 | ③ 주어 One of the numerous reasons fans kept coming back의 핵은 One이므로 복수 동사 are가 아니라 단수 동사 is가 와야 한다.

① 주절이 현재완료이고 since가 이끄는 부사절이 '~이래로'의 의미이므로 과거형 opened가 온 것은 알맞다.

② '~로 알려졌다'는 의미이므로 수동형 to부정사인 to be known이 온 것은 알맞다.

④ 지칭하는 대상이 characters이므로 복수형 대명사 those가 온 것은 알맞다.

⑤ upon -ing는 '~하자마자'라는 의미이며, 문맥상 알맞게 쓰였다.

구문 분석 | [2행] It generated **such** support **that** fans [who saw the production many times] came to be known as 'Rent-heads.' ▶「such ~ that …」은 '매우 ~해서 …하다'라는 의미이다. that절의 주어는 fans, 동사는 came이고, [ ]는 주어를 수식하는 관계대명사절이다.

어휘 generate 일으키다   controversy 논쟁   conservative 보수적인

3 **지문해석 |** 2시간의 서핑 후에, 한 소년이 물 쪽을 가리키며 달려올 때 Clauss는 그의 젖은 옷을 벗고 있었다. "두 어린이가 위험에 처해 있어요!" 그가 말했다. Clauss는 두 명의 헤엄치는 사람들이 물을 튀기며 손을 젓고 있는 것을 보았다. 그의 보드를 들고, 그는 파도로 뛰어갔다. 힘차게 노를 저으면서, Clauss는 둘 중 하나를 건져내 자신의 서핑보드에 태웠다. 그는 또 다른 소년을 찾기 위해서 차가운 물속으로 일곱 번이나 뛰어들었지만 운이 없었다(찾지 못했다). 해변에 있던 경찰이 말하길, 만약 Clauss가 빠르고 결정적으로 대처하지 않았다면 익사 사고가 하나 대신 둘이었을 것이라고 말했다.

어법 설명 | (A) As he grabbed ~에서 접속사와 주어를 생략하고, 주어 he가 판자를 잡고 있는 것이므로 Grabbing이 알맞다.

(B) 2명의 사람 중 1명을 one이라는 대명사로 표시했고, 다른 또 한 명을 뜻하는 대명사를 골라야 하므로 the other가 알맞다.

(C) 경찰관이 '만약 Clauss가 그렇게 신속하고 단호하게 반응하지 않았더라면'이라고 이미 일어난 과거의 일을 반대로 가정하는 것이므로 가정법 과거완료 형태 hadn't reacted가 알맞다.

구문 분석 | [2행] Clauss **saw** a pair of swimmers **splashing and waving** their arms. ▶지각동사 saw의 목적격보어로 현재분사인 splashing과 waving이 병렬로 연결된 구조이다.

어휘 splash 물을 튀기다   grab 잡다, 쥐다   paddle 노를 젓다   furiously 힘차게, 격렬하게   chilly 차가운   drowning 익사

4 **지문해석 |** 세탁기가 발명되기 전, 사람들은 비벼 빨기 위해 빨래판을 이용하거나, 세탁물을 강이나 개울가로 가져가 그곳에서 바위에 때리거나 문질러 빨았다. 그러한 대단히 힘든 노동은 세계 각지에서 아직도 흔한 일이지만, 대부분의 집을 가진 사람들에게 그 일은 이제 자동으로 물의 온도를 조절하고, 세제를 덜어내고, 빨고, 헹구고, 원심력으로 탈수하는 기계에 의해 행해지고 있다. 세탁기는 그 전기적이고 기계적인 체계 때문에 대형 가전제품 중 가장 기술적으로 진보한 예 중 하나이다. 그것은 옷을 깨끗하게 할뿐만 아니라, 손으로 빠는 것이 요구하는 것보다 훨씬 적은 양의 물과 세제, 에너지를 가지고 그렇게 한다. 롤러에 빨래를 넣어서 남은 물기를 짜냈던 구식 세탁기와 비교할 때, 현대식 세탁기는 정말로 경이로운 전기적·기계적 물건이다.

어법 설명 | ④ cleans를 대신하는 동사가 와야 하므로 is를 does로 고쳐 써야 한다.

① riverbanks and streams를 선행사로 한 관계부사이므로 where가 온 것은 알맞다.

② 동사 regulates를 수식하므로 부사인 automatically가 온 것은 알맞다.

③ the washing machine을 지칭하는 대명사이므로 its가 온 것은 알맞다.

⑤ '~와 비교할 때'를 의미하는 분사구문이므로 과거분사 Compared가 온 것은 알맞다.

구문 분석 | [6행] With its electrical and mechanical system, the washing machine is **one of the most technologically advanced examples** of a large household appliance. ▶「one of the + 최상급 + 복수명사」는 '가장

'~한 것들 중 하나'의 의미로, 최상급 다음에 복수 명사가 온다.

어휘 washboard 빨래판   scrub 비비다   backbreaking 매우 힘든
commonplace 흔한   regulate 조절하다   measure out ~을 덜어내다
detergent 세제   squeeze out 짜내다   feed (기계에) 넣다

5 **지문해석 |** 책을 읽지 않는 아이들의 가장 큰 불만은 그들에게 흥미를 일으키는 어떤 읽을거리도 그들이 찾을 수 없다는 것이다. 부모인 우리가 우리 아이들이 자신들을 설레게 하는 장르를 찾도록 도와주는 일을 더 잘할 필요가 바로 여기에 있다. 여러분의 지역 공공 도서관의 어린이 담당 사서, 학교 사서 혹은 좋은 서점의 아동 도서 부분 담당자가 여러분에게 익숙하지 않은 새로운 읽을거리를 선택할 수 있도록 도울 수 있다. 또한, 여러분이 아이였을 때 좋아했던 책들을 회상해 보라. 남편과 나, 둘 다 Beverly Cleary가 쓴 책들을 좋아했고 결국 우리 아이들도 그 책들을 사랑하게 되었다.

어법 설명 | (A) 선행사가 anything인 주격 관계대명사절의 동사이므로, 수 일치를 위해 interests가 알맞다.
(B) 복수 명사인 kids를 가리키는 대명사이므로 them이 알맞다.
(C) 문맥상 때를 나타내는 부사절을 이끄는 접속사가 와야 하므로 when이 알맞다.

구문 분석 | [1행] The biggest complaint of kids [who don't read] is [that they can't find **anything to read** that interests them]. ▶ 첫 번째 [ ]는 kids를 선행사로 하는 관계대명사절이며, 두 번째 [ ]는 동사 is의 보어 역할을 하는 명사절이다. to read는 anything을 수식하는 형용사적 용법의 to부정사이다.

어휘 identify 찾다   be familiar to ~에게 친숙하다   think back on 회상하다

6 **지문해석 |** 어떤 것이 멋진 휴가인가에 대해서는 사람마다 의견이 다르다. 어떤 사람들은 숲에서 오래도록 산책하는 것을 좋아한다. 그곳에서는 며칠 동안 아무도 보지 않을 것이다. 다른 사람들은 신나는 도시에서 휴가를 보내기를 더 좋아한다. 그곳에서 그들은 박물관, 극장, 그리고 좋은 식당을 방문할 수 있다. 또 어떤 사람들은 해변에서 신선한 공기를 마시기를 좋아한다. 그들은 낮에는 해변에서 보내고 밤에는 파도 소리를 들을 수도 있다. 어떤 사람들은 집에 머무르면서 중요한 집안일을 하기로 마음먹기도 한다. 그들은 집의 현관을 칠하거나 아파트 창문을 모두 닦으면서 휴가를 보낼지도 모른다.

어법 설명 | ④ people은 셀 수 있는 명사이므로 A little을 A few로 고쳐야 한다.
① 뒤에 복수 명사 ideas가 왔으므로 셀 수 있는 명사 앞에 오는 many를 쓴 것은 알맞다.
② 문맥상 미래의 일을 추측하는 것이므로 won't를 쓴 것은 알맞다.
③ '그런데'를 의미하는 Still을 문장의 맨 앞에 쓴 것은 알맞다.
⑤ spend에 이어지는 painting ~과 washing ~이 병렬 구조를 이루는 문장이므로 알맞다.

어휘 prefer to ~하기를 더 좋아하다   household project 집안일

7 **지문해석 |** 바퀴, 쟁기, 그리고 범선이라는 세 가지 매우 중요한 발명품이 메소포타미아에서 나왔다. 바퀴와 쟁기는 축력(畜力)의 이용 가능성 때문에 가능했다. 말이 끄는 바퀴가 있는 수레

는 더 많은 상품을 더 빠르게 시장으로 운반할 수 있었다. 파종할 땅을 갈기 위해 쟁기를 끄는 동물들은 사람들보다 훨씬 더 효율적이었다. 돛은 바다를 통해서만 갈 수 있는 나라들과 무역하는 것을 가능하게 했다. 세 가지 발명품은 모두 메소포타미아의 도시들을 각각 3만 명이나 되는 사람들이 있는 강력한 무역 중심지로 만들었다.

어법 설명 | (A) 뒤에 명사구가 이어지므로 because of가 알맞다. because는 뒤에 절(주어 + 동사)이 이어진다.
(B) 문장의 주어는 Animals이고 that ~ planting은 주어인 Animals를 수식하는 관계절이므로 be동사는 복수 주어에 일치시켜 were가 알맞다.
(C) 동등비교 「as + 원급 + as」 구문에서 원급에 해당하는 말이 30,000 people을 수식하므로 셀 수 있는 명사를 수식하는 many가 알맞다.

구문 분석 | [3행] **Wheeled carts** [pulled by horses] could transport more goods to market more quickly. ▶ [ ]는 주어 Wheeled carts를 수식하는 분사구이다.

[7행] All three inventions **made** the cities of Mesopotamia **powerful trading centers** with as many as 30,000 people each. ▶ 동사 made는 「make + 목적어 + 목적격보어」의 형태로 쓰였고, 목적격보어로 명사구인 powerful trading centers가 왔다. '~을 …로 만들다'라는 뜻으로 해석한다.

어휘 availability 이용 가능성   transport 운반하다   turn over (흙을) 뒤집다, 갈다   efficient 효율적인

8 **지문해석 |** 내가 성장기였을 때 가장 즐겼던 장소 중의 하나는 뒤뜰의 벚나무였다. 여름마다 체리가 익기 시작했을 때, 나는 높은 나무에서 달콤하고 태양에 의해 따뜻하게 된 체리를 따서 먹는 데 시간을 보냈다. 나의 어머니는 항상 내가 나무에서 떨어질까봐 걱정했지만 나는 결코 떨어지지 않았다. 그러나 나는 체리를 위해 경쟁을 했다. 새떼들도 나만큼 체리를 즐겼고 내가 거기에 없을 때마다 새떼들은 그 나무에 모여 그 과일을 빨리 그리고 열심히 먹었다. 나는 어른들이 왜 그 체리의 어떤 것도 먹지 않는지 의아해하곤 했다.

어법 설명 | ④ as ~ as 사이에는 동사 enjoyed를 수식하는 부사가 필요하므로 형용사 many를 부사 much로 고쳐야 한다.
① 시간을 나타내는 선행사 Every summer를 수식하는 관계부사이므로 when이 온 것은 알맞다.
② 「spend + 시간 + -ing」의 형태로 쓰므로 picking이 온 것은 알맞다.
③ worried를 대신하는 동사이므로 did를 쓴 것은 알맞다.
⑤ 부정문에서는 any가 쓰이므로 알맞다.

구문 분석 | [7행] I **used to** wonder [why the grownups never ate any of the cherries]. ▶ used to는 '~하곤 했다'라는 뜻의 조동사이다. [ ]는 wonder의 목적어 역할을 하는 간접의문문이다.

어휘 grow up 자라다, 성장하다   ripen 익다   sun-warmed 태양에 의해 데워진   competition 경쟁   flock (새·양 등의) 떼, 무리   eagerly 열심히, 열망하여   grown-up 성인, 어른

GRAMMAR
BITE

학습하다가 이해되지 않는 부분이나
정오표 등의 궁금한 사항이 있나요?
미래엔 홈페이지에서 해결해 드립니다.
www.mirae-n.com

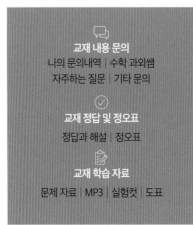

교재 내용 문의
나의 문의내역 | 수학 과외쌤
자주하는 질문 | 기타 문의

교재 정답 및 정오표
정답과 해설 | 정오표

교재 학습 자료
문제 자료 | MP3 | 실험컷 | 도표

영문법 기본서

GRAMMAR BITE

중학교 핵심 필수 문법 공략, 내신·서술형·수능까지 한 번에!

중등 영문법 　PREP
중등 영문법 　Grade 1, Grade 2, Grade 3
중등 영문법 　SUM

영어 독해 기본서

READING BITE

끊어 읽으며 직독직해하는 중학 독해의 자신감!

중등 영어독해 　PREP
중등 영어독해 　Grade 1, Grade 2, Grade 3
중등 영어독해 　PLUS 수능

영어 어휘 필독서

word BITE

중학교 전 학년 영어 교과서 분석, 빈출 핵심 어휘 단계별 집중!

핵심동사 561
중등필수 1500
중등심화 1200

미래엔 교과서 연계 도서

자습서

 **자습서**

핵심 정리와 적중 문제로 완벽한 자율학습!

국어 　1-1, 1-2, 2-1, 2-2, 3-1, 3-2 　　도덕 　①, ②
영어 　1, 2, 3 　　　　　　　　　　　　과학 　1, 2, 3
수학 　1, 2, 3 　　　　　　　　　　　　기술·가정 　①, ②
사회 　①, ② 　　　　　　　　　　　제2외국어 　생활 일본어, 생활 중국어, 한문
역사 　①, ②

평가 문제집

 평가 문제집

정확한 학습 포인트와 족집게 예상 문제로 완벽한 시험 대비!

국어 　1-1, 1-2, 2-1, 2-2, 3-1, 3-2
영어 　1-1, 1-2, 2-1, 2-2, 3-1, 3-2
사회 　①, ②
역사 　①, ②
도덕 　①, ②
과학 　1, 2, 3

예비 고1을 위한 고등 도서

룩

이미지 연상으로 필수 개념을 쉽게 익히는 비주얼 개념서

국어 　문학, 독서, 문법
영어 　비교문법, 분석독해
수학 　고등 수학(상), 고등 수학(하)
사회 　통합사회, 한국사
과학 　통합과학

NEW 올리드

탄탄한 개념 설명, 자신있는 실전 문제

수학 　고등 수학(상), 고등 수학(하), 수학 I, 수학 II, 확률과 통계, 미적분
사회 　통합사회, 한국사
과학 　통합과학

수학중심

개념과 유형을 한 번에 잡는 개념 기본서

수학 　고등 수학(상), 고등 수학(하), 수학 I, 수학 II, 확률과 통계, 미적분, 기하

유형중심

체계적인 유형별 학습으로 실전에서 더욱 강력한 문제 기본서

수학 　고등 수학(상), 고등 수학(하), 수학 I, 수학 II, 확률과 통계, 미적분

BITE

GRAMMAR　문법의 기본 개념과 문장 구성 원리를 학습하는
　　　　　　고등 문법 기본서

　　　　　　핵심문법편, 필수구문편

READING　정확하고 빠른 문장 해석 능력과 읽는 즐거움을
　　　　　키워 주는 고등 독해 기본서

　　　　　도약편, 발전편

word　동사로 어휘 실력을 다지고 적중 빈출 어휘로
　　　수능을 저격하는 고등 어휘력 향상 프로젝트

　　　핵심동사 830, 수능적중 2000

손쉬운

작품 이해에서 문제 해결까지 손쉬운 비법을 담은 문학 입문서

현대 문학, 고전 문학

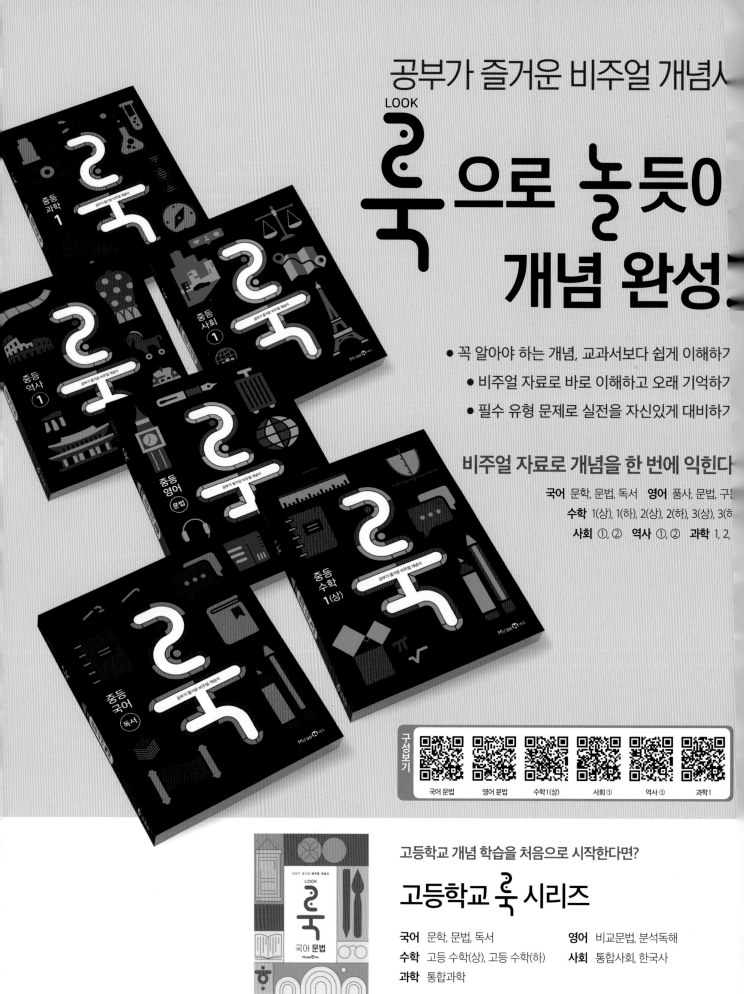